欧亚历史文化文库

总策划 张余胜

兰州大学出版社

唐代塑像中的西域人

丛书主编　余太山

〔美〕　J.G.马勒　著

王欣　译

图书在版编目（CIP）数据

唐代塑像中的西域人/（美）J. G. 马勒著
王欣译 . —兰州：兰州大学出版社,2012.5
（欧亚历史文化文库/余太山主编）
ISBN 978-7-311-03898-4

Ⅰ.①唐… Ⅱ.①马… ②王… Ⅲ.①雕塑
像—研究—中国—唐代②文化史—西域—唐代
Ⅳ.①K879.34②K294.5

中国版本图书馆 CIP 数据核字（2012）第 089928 号

总　策　划　张余胜

书　　名　**唐代塑像中的西域人**
丛书主编　余太山
作　　者　〔美〕J. G. 马勒　著
　　　　　　王欣　译
出版发行　兰州大学出版社　（地址：兰州市天水南路 222 号　730000）
电　　话　0931 - 8912613（总编办公室）　0931 - 8617156（营销中心）
　　　　　　0931 - 8914298（读者服务部）
网　　址　http://www.onbook.com.cn
电子信箱　press@lzu.edu.cn
印　　刷　兰州人民印刷厂
开　　本　700mm×1000mm　1/16
印　　张　18.5
字　　数　247 千
版　　次　2012 年 6 月第 1 版
印　　次　2012 年 6 月第 1 次印刷
书　　号　ISBN 978-7-311-03898-4
定　　价　58.00 元

出 版 说 明

　　随着 20 世纪以来联系地、整体地看待世界和事物的系统科学理念的深入人心，人文社会学科也出现了整合的趋势，熔东北亚、北亚、中亚和中、东欧历史文化研究于一炉的内陆欧亚学于是应运而生。时至今日，内陆欧亚学研究取得的成果已成为人类不可多得的宝贵财富。

　　当下，日益高涨的全球化和区域化呼声，既要求世界范围内的广泛合作，也强调区域内的协调发展。我国作为内陆欧亚的大国之一，加之 20 世纪末欧亚大陆桥再度开通，深入开展内陆欧亚历史文化的研究已是责无旁贷；而为改革开放的深入和中国特色社会主义建设创造有利周边环境的需要，亦使得内陆欧亚历史文化研究的现实意义更为突出和迫切。因此，将针对古代活动于内陆欧亚这一广泛区域的诸民族的历史文化研究成果呈现给广大的读者，不仅是实现当今该地区各国共赢的历史基础，也是这一地区各族人民共同进步与发展的需求。

　　甘肃作为古代西北丝绸之路的必经之地与重要组

成部分,历史上曾经是草原文明与农耕文明交汇的锋面,是多民族历史文化交融的历史舞台,世界几大文明(希腊—罗马文明、阿拉伯—波斯文明、印度文明和中华文明)在此交汇、碰撞,域内多民族文化在此融合。同时,甘肃也是现代欧亚大陆桥的必经之地与重要组成部分,是现代内陆欧亚商贸流通、文化交流的主要通道。

基于上述考虑,甘肃省新闻出版局将这套《欧亚历史文化文库》确定为2009—2012年重点出版项目,依此展开甘版图书的品牌建设,确实是既有眼光,亦有气魄的。

丛书主编余太山先生出于对自己耕耘了大半辈子的学科的热爱与执著,联络、组织这个领域国内外的知名专家和学者,把他们的研究成果呈现给了各位读者,其兢兢业业、如临如履的工作态度,令人感动。谨在此表示我们的谢意。

出版《欧亚历史文化文库》这样一套书,对于我们这样一个立足学术与教育出版的出版社来说,既是机遇,也是挑战。我们本着重点图书重点做的原则,严格于每一个环节和过程,力争不负作者、对得起读者。

我们更希望通过这套丛书的出版,使我们的学术出版在这个领域里与学界的发展相偕相伴,这是我们的理想,是我们的不懈追求。当然,我们最根本的目的,是向读者提交一份出色的答卷。

我们期待着读者的回声。

总　序

　　本文库所称"欧亚"(Eurasia)是指内陆欧亚,这是一个地理概念。其范围大致东起黑龙江、松花江流域,西抵多瑙河、伏尔加河流域,具体而言除中欧和东欧外,主要包括我国东三省、内蒙古自治区、新疆维吾尔自治区,以及蒙古高原、西伯利亚、哈萨克斯坦、乌兹别克斯坦、吉尔吉斯斯坦、土库曼斯坦、塔吉克斯坦、阿富汗斯坦、巴基斯坦和西北印度。其核心地带即所谓欧亚草原(Eurasian Steppes)。

　　内陆欧亚历史文化研究的对象主要是历史上活动于欧亚草原及其周邻地区(我国甘肃、宁夏、青海、西藏,以及小亚、伊朗、阿拉伯、印度、日本、朝鲜乃至西欧、北非等地)的诸民族本身,及其与世界其他地区在经济、政治、文化各方面的交流和交涉。由于内陆欧亚自然地理环境的特殊性,其历史文化呈现出鲜明的特色。

　　内陆欧亚历史文化研究是世界历史文化研究中不可或缺的组成部分,东亚、西亚、南亚以及欧洲、美洲历史文化上的许多疑难问题,都必须通过加强内陆欧亚历史文化的研究,特别是将内陆欧亚历史文化视做一个整

1

体加以研究,才能获得确解。

中国作为内陆欧亚的大国,其历史进程从一开始就和内陆欧亚有千丝万缕的联系。我们只要注意到历代王朝的创建者中有一半以上有内陆欧亚渊源就不难理解这一点了。可以说,今后中国史研究要有大的突破,在很大程度上有待于内陆欧亚史研究的进展。

古代内陆欧亚对于古代中外关系史的发展具有不同寻常的意义。古代中国与位于它东北、西北和北方,乃至西北次大陆的国家和地区的关系,无疑是古代中外关系史最主要的篇章,而只有通过研究内陆欧亚史,才能真正把握之。

内陆欧亚历史文化研究既饶有学术趣味,也是加深睦邻关系,为改革开放和建设有中国特色的社会主义创造有利周边环境的需要,因而亦具有重要的现实政治意义。由此可见,我国深入开展内陆欧亚历史文化的研究责无旁贷。

为了联合全国内陆欧亚学的研究力量,更好地建设和发展内陆欧亚学这一新学科,繁荣社会主义文化,适应打造学术精品的战略要求,在深思熟虑和广泛征求意见后,我们决定编辑出版这套《欧亚历史文化文库》。

本文库所收大别为三类:一,研究专著;二,译著;三,知识性丛书。其中,研究专著旨在收辑有关诸课题的各种研究成果;译著旨在介绍国外学术界高质量的研究专著;知识性丛书收辑有关的通俗读物。不言而喻,这三类著作对于一个学科的发展都是不可或缺的。

构建和发展中国的内陆欧亚学,任重道远。衷心希望全国各族学者共同努力,一起推进内陆欧亚研究的发展。愿本文库有蓬勃的生命力,拥有越来越多的作者和读者。

最后,甘肃省新闻出版局支持这一文库编辑出版,确实需要眼光和魄力,特此致敬、致谢。

余太山

2010 年 6 月 30 日

目 录

前　言

当我还是学生的时候,第一次到位于多伦多的皇家昂塔利奥博物馆(Royal Ontario Museum)参观,便痴迷于那里大量的中国雕塑藏品,尤其是其中的外国人塑像。毕晓普·威廉姆·C. 怀特馆长(Bishop William C. White)于是便鼓励我就此开展专题研究,而他的继任者海伦·弗纳德小姐(Miss Helen Fernald)则在我后来开始研究的时候给予了热情的支持。修复师威廉姆·托德(William Todd)先生慷慨地让我分享了他在工艺方面的知识。

感谢那些奖学金和研究基金的资助,我才能得以去参观收藏在欧洲和亚洲的大量中国艺术藏品。1955 年到 1956 年的最后一次研究旅行得以成行则得到了美利坚联合女子大学的玛丽奥·塔伯特研究基金(Marion Talbot Fellowship)的资助,亚细亚基金(Asia Foundation)则资助了剩余的部分。伊朗、阿富汗、巴基斯坦、印度和斯里兰卡等国的考古总负责人及其下属的各级主任、馆长、地区官员和看管员们都给予了我很好的配合。在参观的时候,英国、法国、瑞典、芬兰、俄国、希腊和日本等国的有关主任、馆长和学者们同样给予了我帮助。我还要感谢日本的原田博士(Jiro Harada)准许使用他所著的《皇家正仓院(Shosoin)藏品图录》中的图片。

在美国,我获准研究那些库藏的和展出的材料,因此要特别感谢巴尔迪莫的瓦尔特斯艺术陈列馆(Walters Art Gallery)、波士顿美术博物馆(The Museum of Fine Arts,Boston)、芝加哥艺术研究所(The Chicago Art Institute)、堪萨斯城的威廉·柔克义·尼尔森陈列馆(The William Rockhill Nelson Gallery)、明尼波里斯艺术研究所(The Minneapolis Art Institute)、纽约的大都会博物馆(The Metropolitan Museum in New York)、费城的费城艺术博物馆(The Philadelphia Art Museum)和宾夕法

1

尼亚大学博物馆(The Museum of the University of Pennsylvania)以及塞特艺术博物馆(Seattle Art Museum)。他们和皇家昂塔利奥博物馆都慨允我在此书中印制那些用于图解的藏品照片。我在此感谢他们以及所有在本书第158页列出的藏品机构。

纽约的艺术品商们同样协助我注意到那些价值不菲的雕塑。梅瑟斯·查特(Messrs Chait)、寇克斯(Cox)、考莫(Komor)和姚(Yau)以及爱丽丝·伯尼小姐(Miss Alice Boney)都曾请我检验过他们的收藏品,并以适当的价格予以刊布。我要向所有中国艺术专业学生的伟大朋友C. T. 鲁(Loo)表示敬意,他在促进东方艺术知识在美国的传播与发展方面曾发挥了独一无二的作用。其后继者弗兰克·卡若(Frank Caro)先生则延续了鲁先生开创的这一传统,将他的材料无条件地提供给我和其他学者们。

本研究有关历史和文献方面的背景主要基于我在哥伦比亚大学申请哲学博士学位论文的一部分。该校图书馆的设施非常完善,尤其是东亚分馆、阿弗瑞建筑分馆以及艺术分馆的馆员和职员们的周到服务在此项工作中居功至伟。我的同事富路特(Dr. Carrington Goodrich)、卡尔·蒙哥斯博士(Dr. Carl Menges)、玛格丽特·毕伯博士(Dr. Margarete Bieber)、王志成教授(Professor Wang Chi-Chen)以及其他同仁们,始终都在他们各自的领域内给予我支持和帮助;富路特和蒙哥斯博士在本书的准备过程中给予了无法估价的指导。我还要感谢奥斯瓦尔德·斯润博士(Dr. Osvald Sirén)、伍德布里奇·宾汉姆(Woodbridge Bingham)、亚历山大·索珀(Alexander Soper)、理查德·艾汀豪森(Richard Ettinghausen)、约翰·珀佩(John Pope)、威廉姆·B. 丁斯莫尔(William B. Dinsmoor)以及保利尼·西蒙尼斯小姐(Miss Pauline)等所提出的各种建议,并感谢堪萨斯城纳尔逊艺术陈列馆主任劳伦斯·斯克曼先生(Laurence Sickman)及其助手珍妮·哈里斯小姐(Miss Jeanne Harris)。蕾阿·基塞尔高弗夫人(Mrs. Lea Kiss)为我提供了最近俄文报告的提要;拜尔德·韦斯·哈伊斯夫人(Mrs. Byrd Wise Hays)绘制了图13的线描图,而邵芳小姐(Miss Shao Fang)美妙的画笔则衬托出了我本人在服装架构方面的拙劣。

如果没有我的丈夫查尔斯·亨利·马勒博士(Dr. Charles Henry Mahler)的理解和支持,本书是无法完成的。他帮助校对此书并在几次旅行中陪伴、鼓励我。

很荣幸本书能够列入由基尤塞普·杜齐博士(Dr. Giuseppe Tucci)主编的意大利中东与远东研究所(Istituto Italiano per il Medio ed Estremo Oriente)丛书之中,在安东尼奥·伽格诺博士(Dr. Antonio Gargano)的精心指导下,他的秘书为本书的出版作了充分的准备工作。

作为对新材料的发掘与刊布,我们可以了解到我们研究主题的不同方面,这将有助于证明或者反证在此所提出的各种观点。我希望这一初步研究的提出或许有益于那些专业收藏者、业余爱好者以及学生们,进而揭示亚洲历史上的新的一章。这些人自由地徜徉于高原与荒漠之间,最终进入到了中国的核心地带。这些雕塑如他们所代表的游荡者那样,始终处于流动状态。他们离开故乡且数量众多,并离散于遥远、辽阔的异域殊方。正因为如此,尽管唐代的陶俑闻名于世且令人称羡,但是引征私人藏品似乎并不明智。

哥伦比亚大学,纽约,1958 年。

·欧·亚·历·史·文·化·文·库·

3

引　言

　　我之所以研究唐代这些"西方人"或者"胡（Hu[1]）人"雕塑，就是为了再现当时中国受西方邻居们影响下的真实生活场景。本书使用的材料包括唐代史籍中有关外交、政治和军事事务的记载以及对相关地区和人民的描述。[2] 生活在公元618—907年间或者前后的人们的日记以及其他第一手记载也具有重要的价值，特别是高僧玄奘所著的《西域记》，他曾于628—645年前往中亚和印度游历。

　　除了上述这些文献记述外，我还利用了考古学家和探险家们发掘到的那些古老的艺术珍品。感谢各地的发掘者和学者们，使我们得以检视当时在这些"戎狄"（Barbarians）生活的地方所创造出的雕塑和绘画，并直观地了解到他们那时到底长得是什么样子。通过比较这些在中国所塑造的各种细小形象，我们则有可能辨识出他们的种属和身份。

　　在本书中，我不仅为了展示某种用于辨识的材料，还试图根据我们所了解到的当时的生活情况以及考古资料，提出一部与这些雕塑相关的系统的习俗史。这样我们就可以为这些雕塑以及其他雕塑和年代不明的绘画，建立一个年代谱系。

　　从民间艺术的角度探讨小型陶质塑像的制作工艺，我主要是为了强调中国在与西方接触过程中所发生的某些变化，特别是来自希腊化佛教（Greco-Buddhist）的阿富汗斯坦（Afghanistan）和西北印度的艺术类型的影响。在时空上都远离希腊文化圈（Hellenistic spheres）的情况下，人们依然能够在中国看到那种艺术的最终影响。希腊（Greece）、罗马（Rome）、波斯（Persia）、印度（India）、花剌子模（Khorezmia）、巴克特

---

　　〔1〕见原著第157页附录所列出的汉字表1。
　　〔2〕这些史籍包括大约940年修订成书的《旧唐书》以及在此基础上于11世纪中叶补充、修订的《新唐书》，其中后者有关唐末历史的记载更为简明扼要。

里亚（Bactria）、费尔干纳（Ferghāna）、草原和绿洲，所有这些地方都向中国输送礼物，其中包括一些有形的"贡品"——织物、音乐、金属和宝石，还有一些无形的高尚的道德概念、幻术、艺术观念以及观星术等。所有这些都以某种方式改变了中国人的生活，而它们大部分都是由那些勇敢的人们穿过新疆带入中国内地的。

1　中国与"西戎"

从公元 618 年到 907 年,唐朝皇帝统治下的中国势力远播,同时也 3
经历了繁盛和动乱。日本在随后的几个世纪里通过派遣使节、商贾、僧
侣和学生,实现了构成其生活基础的文明转型;朝鲜(Northern Korea)
在汉代(公元前 202—公元 9 年;公元 25—220 年)曾是中国的一个郡,
其后则将唐朝视为她的母亲之国(mother country);从西伯利亚(Siberi-
a)到中亚绿洲诸城郭的突厥(Turkic)、蒙古(Mongol)和通古斯(Tun-
gusic)部落的首领们则向唐朝纳贡或者与天子结盟;从波斯来了新教
义的导师和使节,末代萨珊(Sassanian)王子则在这里找到了庇护所。
来自地中海的商贾背负行囊,艺人、杂技和舞蹈演员跟随商队从近东
来到远东,来自亚洲各地的雇佣军出现在西京长安,加入到中国的军
队中。来自阿富汗和印度的许多高僧也携带佛经前往中国,光大佛法,
并用香料和魔法取悦那里的大臣与王子们。在南方,吐蕃(Tibet)和安
南(Annam)派遣代表来到中国;山地的侏儒们则从他们的家中被带到
了长安,用以取悦于皇帝及其朝廷。中国的确成为了名副其实的中央
王国(Middle Kingdom)、主导文化的核心和诸方辐辏的中心。在势力
鼎盛之时,帝国的边界与印度和波斯相连,而其影响力则远远超出了
政治边界的范围。

当开化的中国人向这些众多被称为"戎狄"的外国人打开大门的
时候,其所带来的变化也对唐朝的生活产生了很大的影响。

编年史家告诉我们,许多之前闻所未闻的语言在京城变得几
乎家喻户晓。有一个宫廷官员被在长安所见到的殊方异俗种类
之多搞得目瞪口呆,唐太宗遂命他作画,原原本本地表现这一场
景。客栈内的异域人摩肩接踵,而某些小饭馆里则提供许多各民 4
族独特的美味佳肴,以至于突厥可汗就食时离不开大尾肥羊,而

3

新罗的使节则用幼犬宴请宾客。[1]

虽然这些画作未能流传下来,但是人们还是能在一些保存下来的艺术品甚至宗教作品里看到这些异域者的形象,而与中国人葬俗相关的塑像更是清晰地呈现了这一点。数世纪前的西周时期(公元前770年至公元前256年)就已经建立了墓葬制度,将墓主人生前喜爱的物品和人俑随葬墓室之中。这些唐代的所谓"明器"[2]反映出了当时中国人生活和喜好的世界性特征。这些充斥街肆的外国人自由地供奉着各自的神祇,保持着自己的风俗习惯,人们也乐于接受他们所带来的新观念和新时尚。西亚人(Western Asians)似乎尤其唤起了当地人的好奇心。我们的研究便是基于这些人,他们来中国的原因,以及由于他们在中央王国的出现所导致的变化。

1.1 唐代以前的历史游牧者

中央王国的人们对中国境内的外来者并不陌生。早在汉初,来自西部和北部的游牧部落便不断地给中国派出的使节施加压力,而其他一些游牧部队则越过南部边界进入了印度支那(Indo-China)。正是在汉代,与地中海世界大量的丝绸贸易达到顶峰,从而使得外来的商贾、士卒和质子与汉代的子民混杂在一起。

1.1.1 与罗马的贸易以及罗马有关中国北方的记载

对于罗马人来讲,丝绸(silk)是一种奢华的必需品。在当时只有

---

[1]Warner(华纳,Langdon), "An Approach to Chinese Sculpture." (《中国雕塑技法》),In Hackin and others(哈金等),*Studies in Chinese Art and Some Indian Influences*(《中国艺术与印度的影响研究》). London,1936,p.49.

[2]明器(附录汉字 ch2)指的是放置在墓中供死者使用的物品,包括雕塑和许多其他物品。"明"字的原意是"闪亮、光亮或明亮",但它有时也与其他特定的字连用,具有和"供死者使用"有关的含义。用于祭祀死者和祖先的器物也称"明",所以它的含义又与祭祀和供奉给亡人的东西有关。该字可释为"神明",其含义不仅仅指的是与死者有关的器物,而且还和丧服一样具有与丧葬仪式相关的意义。因此它的含义已超出了"光亮"的意思,更接近"献祭"和"神灵"。参见 Maspero,H.(马斯伯乐),"Le mot Ming"(《"明"字考》),in the *Journal Asiatique*,vol. CCXXIII,Oct. Dec. 1933,p. 249 et seq.

中国出产这种东西,人们冒着生命危险将这些东西沿海路和陆路运来。从罗马帝国早期开始,地中海的探险者们将罗马人视为帝国的主人而不是起初的希腊人和闪米特人(Semitic),他们从各自的故乡或者叙利亚(Syria)和埃及(Egypt)等附属国出发,取道海路前往印度或者从陆路穿越亚洲,前去寻求这种珍贵的织物。安息人(Parthians)和其他中间人从这种过境贸易中获利颇丰,他们阻止来自中国的商队继续前行并从输往地中海的商品里收取关税,或者从东去中国做生意的"罗马人"身上收税。这些中间人建立的这套制度十分完备,以至于中国人(即罗马人所说的"秦人"或"赛里斯人",men of Sin or Serica)和罗马人(即中国人所说的"大秦人",men of Ta Ts′in)彼此之间几乎没有发生直接的接触。

这种兴旺的贸易一直延续到公元7世纪,并为唐都长安的繁荣增色不少,直到中国人失去了丝绸织造的专利权。尽管这一庞大的贸易停止了,但是从拜占庭人(Byzantines,即东罗马人)和中国人的记载中我们可以知道,他们相互之间还是有所了解的。公元7世纪前期(毛里斯 Maurice 在位期间,公元582—602年),有一个名叫塞奥菲拉克特斯·西莫卡塔(Theophylactus Simocatta)的拜占庭作家在其所著的《历史》中曾引述了一个希腊人眼中的中国,他谈到:

> 有一个被称为"唐家子"(Thaugast)的伟大的国家和人民,在东方声名远扬;这里原本是突厥的一个殖民地,现在则成了国力和人口都世罕其匹的国家……唐家子土地上的统治者被称为"天子"(Taisan),翻译过来的意思就是"天之子"(Son of God)……有一项约束人民的法律条文禁止男子穿戴黄金饰品,即使他们从自己利润丰厚的大生意中赚取到大量的金银财富。其疆域被一条河流一分为二,而此河在过去曾经是两个相互征战的大国之间的分界线。两者以服饰的不同区分彼此,其中一方穿黑,另一方着红……在这座唐家子的城市里,国王的妇人们出门乘坐的是一头牛拉的金质敞篷双轮车,她们身上佩戴着华丽的黄金饰品以及价格昂贵的珠宝,驾牛的笼套也是镀金的。权力至高无上的国王拥有

6　　700名嫔妃。唐家子主要贵族的妇人们则乘坐银质的双轮车……王子去世后,他的女人们就要剃去头发、身着黑衣,终身守寡,以示哀悼。[1]

1.1.2　拓跋魏的入侵

在考察同时期中国历史的时候,彼特·布德伯格(Peter Boodberg)[2]对此给出的如下解释似乎显得合情合理——汉代以后是一段动荡的历史时期,鞑靼(Tatar)集团入侵中国北方并在420年到589年间建立了各自的王国,中国编年史中称之为六朝时期。他指出西魏和后来在6世纪取代他们的北周军队一样都穿着黑色的制服,而东魏的军队则着黄色制服,取而代之的北齐军队身着红色制服。北朝的历史表明,黑色和红色或者至少有两种不同的色调,是周、齐两个北方国家军服的正式色调,两者在6世纪作为后继者分别代表着之前的西魏和东魏。那条河指的一定就是黄河。齐朝君主高湛(Kao Chan)在565年的时候拥有700名嫔妃,而这些嫔妃所乘坐的又的确是黄金装饰的双轮车。实际上从早些时候开始就已有详细的规定,即车辆的种类代表着不同的级别,装饰的等级以及使用何种金属则视主人的社会地位而定。禁止男子佩戴金饰品可能在周宣帝(Hsuan-ti)统治时期,因为他本人是一个清教徒,从不佩戴金银珠宝,并曾下诏摧毁其所占领的齐国境内的许多华丽宫殿和建筑。女子以剃发示哀可能指的是丧夫的妻妾们出家为尼,身穿黑衣,履行宗教誓约。

"唐家子"(Thaugast)一词曾被释作"大魏"(Ta-göei),即拓跋鞑靼人在中国北方建立的王朝,正是这些虔诚的佛教徒为后世留下了云冈和龙门(Lung-mên)石窟中大量精美的雕塑。当地的汉人王朝退到南方并建都南京(Nankin)的时候,他们便不能像过去在北方的时候那样,在生活方式、法律和语言等方面较快地吸收入侵者的文化。早在汉

---

〔1〕Yule,Sir Henry(亨利·玉尔爵士著,考迪尔 Cordier,H. 编辑),*Cathay and the Way Thither*（《古代中国闻见录》）. London,1915. p.29.

〔2〕Boodberg,P.（彼特·布德伯格,卜彼得）,"Marginalia to the Histories of the Northern Dynasties."（《北朝史补白》）In HJAS,v. III,no. I,1938. p.223 ff.

代,游牧的匈奴人曾于公元 3 世纪的时候被允许作为援军进入长城之 7
内,369 年他们扩张进入到内地的城市和郡县,取而代之的则是鞑靼
人。公元 3 世纪二三十年代,在山西北部出现了少量的游牧部落,但他
们基本上没有引起汉人的注意。他们最初是大鲜卑联盟的一部分,半
世纪后也成为所谓"戎狄"大迁徙中的一分子。他们的力量逐渐壮大,
并在 450 年成为整个北方中国地区的主宰者。"拓跋"之得名与他们
辫发的习俗有关。他们的词汇主要是蒙古语,其中混杂了一些突厥语
的成分。[1]

1.1.3　北魏的佛教艺术

公元 2 世纪时在位的贵霜王迦腻色迦(King Kaniska of Kushans)
热心于佛教的传播,曾派遣大量的僧人进入中亚传教,而拓跋人可能
随后就皈依了佛教。尽管佛教的弘法者在汉代就来到中国,但在鞑靼
人入居山西(Shansi)与河南省之前,这一外来的宗教对中国寻常百姓
生活的影响并不大。在西北的敦煌,当地人在地方首领的带领下开凿
并装饰石窟寺,将之献给佛陀。石窟内充斥着各种形象,用以表达来自
印度和中亚的思想和观念,教化众生。这样,六朝时期的北方汉人便与
外来血统的人们以及原来的前蒙古人(proto-Mongol)进行交往,并在他
们的帮助下按照印度和中亚的样式开凿石窟寺,在里面绘制和雕塑佛
陀以及其他难以计数的诸神形象与事迹,还铸造了金属佛像。于是著
名的云冈、龙门和敦煌石窟艺术就这样产生了。

尽管这些神祇的形象都是按照传统的样式塑造的,但是那些出资
开凿石窟的供养人们也出现在装饰框架之中,而他们的形象自然是依
照日常生活里的样子绘制的。在山西云冈石窟里,他们身着与汉人宽
袖飘逸的长袍不同的服装,样子看起来像"戎狄"(图3)。龙门石窟开
凿于 494 年,当时北魏将都城从大同(Ta-t'ung)南迁到位于今河南省的 8
洛阳(Lo-yang),而汉人的风格在石窟里占据主导地位。实际上该石窟

〔1〕Boodberg,P.（布德伯格,卜彼得）,"The Language of the T'o-pa Wei."（《拓跋魏的语言》）
In *HJAS*,v. I,1936. pp.167-185.

里包括主尊神在内的所有雕像看起来都更像是汉人，[1]佛教和中国文化就这样结合在一起。

对于依然聚集在北方边境线上的游牧部落来讲，北魏起到了缓冲器的作用。450 年，拓跋焘（T'o-pa Tao）由于将柔然（Juan-juan）赶入戈壁沙漠而在中亚诸绿洲城郭的居民中声名远振，高昌（Turfān）、焉耆（Qarashahr）、龟兹（Kuchā）和疏勒（Kashghār）等国纷纷遣使朝贡。[2]这场胜利重建了中国与西方的联系。商贾们随商队来了，街道上又可以见到来自异域的士卒，中国的佛教僧侣前往印度求法，而印度和中亚的高僧则进入中国弘法布道（参见附录 1 有关旅行者的论述）。

隋朝在公元 589 年统一了南北方。这时许多北方人虽然拥有与古代汉人一样的姓名，但他们实际上已经是混血了。在此前数世纪的时间里，进入这一地区的大量被称为"戎狄"的游牧人中出现的统治者，实际上已经不像南方人那样是所谓的纯汉人了。[3]

1.1.4　隋朝的扩张

这个新王朝开始实施的扩张政策被唐朝统治者继承并发扬光大。我们前文已经强调指出了当时中日关系（Sino-Japanese relations）的重要意义，前往东方的海陆交通开始活跃起来。对流球岛（Lin-Ch'iu）和印度支那发动的军事行动，不仅俘获了大量的战俘，也引发了中国人对域外事务的兴趣。在西部，派出的使节们穿过新疆，扩大了与西方的贸易，带回了有关当地局势、地理和风土民情等方面的报告，并使得那里的小君王们向中国纳贡。他们的报告充满激情，出使也获得成功，在609 年就有 20 个国家的君王受到皇帝的接见和款待，承认中国的宗主权。

派遣驻防部队和设置各级行政管理区，标志着中国在中亚扩张的

〔1〕堪萨斯城纳尔逊艺术陈列馆收藏的帝后系列藏品与大都会博物馆收藏的帝王系列藏品。参见 Sickman, L.（斯克曼），*The University Print. Series O, scet. Ⅱ, China,* plate 149. Newton, Mass, 1938.

〔2〕Grousset, R.（格鲁塞），*Histoire del'Extréme Orient.*（《远东史》）Paris, 1929. p. 253.

〔3〕Bingham, W.（宾汉姆），*The Founding of the T'ang Dynasty. The Fall of the Sui and the Rise of the T'ang.*（《唐朝的建立——隋的衰亡与唐的兴起》）Baltimore, 1941. p. 4.

开始。

来到隋朝东京的外国人被那里的繁华所折服,龟兹则派来了一支由 20 个人组成的女子乐队,演奏的乐器有竖箜篌、琵琶、笙、笛、箫、鼓和钹等。[1] 游牧的突厥人也倾慕中国的强盛,其西部可汗在 612 年来的时候就带了大约 1 万人,并受到了隋炀帝的款待。这些人在炀帝征高丽的战争中表现突出。[2]

从 582 年开始突厥汗国分裂成两部分,北突厥或东突厥的活动中心在鄂尔浑(Orkhon)河流域,西突厥则在吐鲁番至谋夫(Merv)一带发展。西突厥由于中国人的挑拨而陷于内乱并导致分裂,因为中国允许他们去夺占突骑施人(Turkish)的大部分领地。不久费尔干纳和巴克特里亚并被置于中国的势力范围之内,撒马尔罕的国王则接受了天子的册封。近东地区的大帝国萨珊波斯在与竞争对手东罗马帝国的长期战争中,国力日衰。东罗马帝国在康斯坦丁大帝(Constantinine,Emperror)在位的时候建都君士坦丁堡(Constantinople),故又称拜占庭帝国。从 4 世纪开始,这个基督教与希腊化色彩浓厚的拜占庭帝国便在西亚占据主导地位。中国的史籍所指称的叙利亚便是帝国的一部分,由于其城市和港口连接着到阿富汗的商路并进而与通往东方的古老丝绸之路相接,所以叙利亚要比拜占庭下属的其他国家的名气都要大。

1.2 初唐时期

1.2.1 来自地中海地区的商贾

根据中国史书记载,东罗马在唐代曾经数次遣使中国。

太宗皇帝(627—650 年)……在 643 年接见了携带厚礼的拂 10 菻(即罗马,拜占庭,过去称大秦 Ta Ts'in)波多力王(King Po-to-li

---

〔1〕Goodrich, L. C(古德里奇,富路特),Ch'ü T'ung-tsu(曲冬竹),"Foreign Music at the Court Sui Wen-ti."(《隋文帝宫廷的外来音乐》) In JAOS, July-Sept, 1949. p. 148.

〔2〕Bingham, W.(宾汉姆),*The Founding of the T'ang Dynasty. The Fall of the Sui and the Rise of the T'ang.* (《唐朝的建立——隋的衰亡与唐的兴起》) Baltimore, 1941. p. 4. pp. 24 – 38.

of Fu-lin)。《旧唐书》还提到拂菻于 667 年、711 年和 719 年派来了使臣,还有 742 年派来的一个由"德行高尚的教士"组成的使团……但是中国方面的上述记载在现存的拜占庭史料中却无迹可寻。这一点似乎表明这些所谓的使臣实际上是商人团体,他们之所以假冒外交使节乃是为了增加在中国做生意的机会,而中国的朝廷为了显示其威望也总是乐于接受这些来自遥远国度的所谓"朝贡"使团[1]

1.2.1.1 闪米特人(Semites)

到了唐代,我们发现这种外国人已经成为当时日常生活中不可或缺的组成部分,无数墓葬里随葬的陶俑中经常可以见到他们的形象。一个墓室里随葬的俑器种类大致包括动物、诸神、仆人,来自罗马以及地中海其他地区的人,还有身毒人、突厥人以及统称的所谓"胡"(西方人)。其中一种特点鲜明的商人俑就是闪米特人,他背负行囊,长着一个鹰钩鼻(图版 2)。毕晓普·怀特曾对犹太人有如下描述:

> 这些商贾中必定有犹太教信徒,而在商路沿线的各个贸易中心里,这类商人所组成的团队不仅规模大而且很重要,这就使得他们得以在宗教领袖的带领下保持着自己的会堂宗教活动。某些汉文文献中有关犹太人的记载,以及墓葬中随葬的一些陶俑都证明了这一点。[2]

接下来怀特还引述了 A. H. 古德贝(Godbey)《部落失踪之谜》:

> 有两件犹太人文书残片已经表明了犹太教在中国新疆的影响。奥里尔·斯坦因爵士在丹丹乌里克(Dandanuliq)曾发现……一件用方体希伯来文书写的波斯语商业信函。马格里欧斯(Margoliouth)教授系之于公元 708 年。这表明这名犹太商人操波斯语,有可能是犹太化的波斯人,而他的收信人也使用同一种语言。

---

[1]Hudson,G. F(赫德逊),*Europe and China*.(《欧洲与中国》)London,1923. pp.29 - 30. 汉译者按:本书有汉译本。此处译文见王遵仲、李申、张毅等译、何兆武校:《欧洲与中国》,中华书局 1995 年,第 102 - 103 页。

[2]White,W. C(怀特),*Chinese Jews*.(《中国的犹太人》)Toronto,1942. Part I,p.10.

这也意味着我们也许会从在高昌(Khocho)发现的大量记录中找到更多的犹太人材料。……鲍尔·伯希和(Paul Pelliot)在敦煌发现了其他写卷已由 M. 施瓦伯(Schwab)出版,其时代也属于 8 世纪……当时用纸张书写的文书只能出自中国。因此,这种古老的废旧文书告诉我们,那时的中国犹太商人也在使用那条商道。[1]

扫瓦格特(Sauwaget)[2]也指出,那波恩(Narbonne)的犹太人在 9 11 世纪曾到过信德(Sind)、印度和中国。

1.2.1.2 亚美尼亚人(Armenoids)

在波士顿美术博物馆也收藏有一件奇特的雕塑(图版 3a),富田先生(Mr. Tomita)[3]根据布克斯顿(Buxton)所著的《亚洲人》[4]的区分标准,称这尊雕塑为类亚美尼亚人。布克斯顿强调区分现代的亚美尼亚人(Armenians)、阿拉伯人和犹太人还有难度,但是冯·鲁山(von Luschan)[5]却指出,在自赫梯人(Hittites)时代以来的数千年时间里,类亚美尼亚人的体质特征几乎没有什么变化,他们的颅骨与现代亚美尼亚人的几乎完全一样。在古代的诗歌里就有赞美他们的大眼睛、大

〔1〕White,W. C(怀特),*Chinese Jews*. (《中国的犹太人》) Toronto,1942. Part I,p. 136.

〔2〕Sauvaget,J.(索瓦格特),*Relation de la Chine et de l'Inde rédigée en* 851. (《851 年中国与印度的关系》)Paris,1948. Introduction,p. xxxviii.

〔3〕Tomita,K. (富田),"Three Chiese Pottery Figurines of the T'ang Dynasty."(《唐代的三尊中国陶制塑像》) In the Bulletin of the Museum of Fine Arts,Boston(《波士顿美术博物馆集刊》),v. XLII,Dec,1944. pp. 64 – 67.

〔4〕"很明显,犹太人与亚美尼亚人之间存在惊人的相似性,尽管在本族中为主的亚美尼亚类型在犹太种族的构成中只是属于次要类型。"他在第 90 页中还继续谈到:"闪米特一词常常被当做种族的或语言的概念在使用,与含义使用混乱的雅利安一词相比有过之而无不及。它有时被用以指称犹太人,有时又是阿拉伯人,有时又泛指操闪米特语的人们。在其他情况下,它又被作为闪米特种族的意思使用,意为在象年(the Year of Elephant,即公元 570 年——本书作者按:此说不确。570 年是阿比西尼亚基督徒侵占麦加的标志年份,而阿拉伯人直到 639—640 年的时候才侵占北非。)以及此后扩张到北非的阿拉伯征服者的后裔们。我曾遇到过一些自称为阿拉伯人的人,他们有些人的血统实际上更接近欧洲人,有些则是纯粹的黑人(Negroes),还有一大部分是马来人(Malays),而有些人在外表上与中国人区别不大。所有这些人都操闪米特语。当我们在纯体质意义上讨论种族的时候,这种含义过于宽泛的概念显然不适于用作种族区分。"Buxton,L. H(布克斯顿),*The Peoples of Asia*. (《亚洲人》) New York,1925. p.97.

〔5〕Von Luschan,Felix(菲里克斯·冯·鲁山),*Vilker*,*Rassen*,*Sprachen*.(《民族、种族和语言》)Berlin,1922. pp. 142 – 148,and Pls. 11 and 14.

鼻子的诗句,而他们的鼻子曾被比作黎巴嫩(Lebanon)山上眺望大马士革(Damascus)的灯塔。[1] 他们那在鼻梁上相连的浓黑眉毛格外显眼,冯·鲁山还指出他们那弯曲的鼻子和刀削线条的脸庞使他想起猛禽的形象。托米塔先生的分类方式似乎更精确一些,可以被用于识别塞特、多伦多和波士顿博物馆等处收藏的卖酒人俑的身份。(图版 3,c 与 e)

12 1.2.2 波斯人(Persians)

位于大运河上的南方城市扬州北距扬子江(Yangtze)50 公里,在当时是一个很大的集市,也是阿拉伯—波斯人的贸易中心。[2] 《新唐书》记载说[3],在 760 年扬州爆发的地方骚乱中,有数千阿拉伯和波斯商人被杀。这说明在隋唐时期,长江下游地区一度曾被商人们当做从南亚和西亚通往中国的贸易通道。中国与高丽、中国与日本之间的贸易量很大,唐代通往东方的海上交通也十分繁荣。[4] 由于将高丽人和日本人与当地的中国人区分开来十分困难,所以我们还没有从中发现确属这些民族的塑像。

萨珊王朝时期的波斯人服饰特点鲜明,曾流行于互不相连的杜拉·罗普斯(Dura Europos,位于今叙利亚境内——译者注)、阿富汗和龟兹等地。我们知道他们在贸易中的作用很重要,其文化的影响也在西亚历史的发展中占据主导地位。在远方的日本,著名的佛教高僧鉴

---

〔1〕参见 Song of Solomon(《雅歌》),*Old Testament*(《旧约》),7:4.

〔2〕Reischauer,E. O(赖治华),"Notes on the T'ang Dynasty Sea Routes."(《唐朝海路考》)In *HJAS*,1940,vol. 5,pp. 142 – 164.

〔3〕Reischauer,E. O(赖治华),"Notes on the T'ang Dynasty Sea Routes."(《唐朝海路考》)In *HJAS*,1940,vol. 5,p. 143,note3.

〔4〕Reischauer,E. O(赖治华),"Notes on the T'ang Dynasty Sea Routes."(《唐朝海路考》)In *HJAS*,1940,vol. 5,p. 144,以及 Edwin O. Reischauer(赖治华),*Ennins' Travels in T'ang China*(《圆仁的唐代中国之旅》),New York,1955,pp. 42 – 47. 汉译者按:圆仁(794—864)即慈觉大师,日本佛教天台宗山门派创始人,838 年以请益僧身份随遣唐使到中国求法,著有《入唐求法巡礼记》4卷,汉文本有(台北)文海出版社 1976 年版、上海古籍出版社 1986 年版。又有小野胜年校注,白化文、李鼎霞、许德楠修订校注,周一良审阅:《入唐求法巡礼行记校注》,花山文艺出版社 1992年。

真和尚的核心圈子内就有一名波斯医生。[1] 他们在中国也人数众多，常见于史书的记载以及众多的纯文学作品里。例如,《义山杂纂》(Miscellanea of I-Shan)[2] 第一条"不相称"(Incongruity)中就有"穷波斯"之语。

有些财富来自奢华的化妆品贸易。我们得知[3] 散沫花即俗称的"指甲花"就是由波斯人带到中国的,隋朝以后即开始流行用它画眉。炀帝在位时,宫廷妇女彼此之间争相画长眉毛,值日官员每天都要支出两品脱[4] 来自波斯的黑染料,表明了朝廷追逐时尚的刺激作用。劳费尔则认为,制作染料的靛青实际上产于印度。[5]

13

1.2.2.1 与萨珊王朝的外交关系

数世纪以来中国与波斯之间一直就在互派使节,而638年抵达长安的一名波斯使者,则特别急切地恳求唐太宗帮助萨珊君主耶兹德格三世(Yezdegerd III,即唐代史书中的"伊嗣俟"——汉译者注)抵抗阿拉伯人。但是这一请求却遭到拒绝,波斯君主随即被杀。在阿拉伯人占领费恒(Ferheng)之后的674年,耶泽德格之子菲鲁兹(Firuz,即卑路斯,Peroz)出现在唐西京。他在此定居下来并被皇帝任命为右武卫将军,还获准建造波斯胡寺从事祭祀活动,但是他在里面只住了很短的一段时间。

〔1〕Takakusu,J.（高楠顺次郎）,"Le Voyage de Ganshin."（《鉴真航海》）In *BEFEO*,vol. XXVII,1928—29,p. 4.

〔2〕Li Shang-yin（李商隐,813—858）,I-shan tsa tsuan（《义山杂纂》）,p. 127,转引自 Edwards,E. D.（爱德华兹）*Chinese Prose Literature of the T'ang Period.*（《唐代中国的散文文学》）London,1937—1938,I,p. 129.

〔3〕Li Shang-yin（李商隐,813—858）,I-shan tsa tsuan（《义山杂纂》）,p. 127,转引自 Edwards,E. D.（爱德华兹）*Chinese Prose Literature of the T'ang Period.*（《唐代中国的散文文学》）London,1937—1938,I,p. 156.

〔4〕汉译者按:品脱(pint),液体的计量单位,1 品脱相当于 0.56 或 0.473 升。

〔5〕Laufer,B.（劳费尔）,*Sino-Iranica.*（《中国伊朗编》）Chicago,1919. Field Museum of Natural History,no. 201,Anthropological series,Vol. XV,no. 3. P. 317."奇怪的是中国人有一个时期从波斯输入靛青,波斯无疑是从印度得到的,而中国人不把印度看做产靛青的主要国家。"汉译者按:本书有汉译本。此处译文见于林筠因译:《中国伊朗编》,商务印书馆 1964 年,第 197 页。

德拉克（Drake）在分析了各种不同的记述后总结道：[1]

耶泽德格之子菲鲁兹，汉文中称作卑路斯，曾逃到吐火罗斯坦（Tocharistan，即巴克特里亚，Bactria）。根据《新唐书》的记载，他随后遣使中国求援，但是高宗皇帝（650—683 年）认为路途遥远，无法派军前往援助他。《旧唐书》对第一次遣使失载，但是两者都记载了他在 661 年遣使请求帮助抵抗阿拉伯人。此次唐朝派出一名官员前往西域，任命菲鲁兹为波斯都督府都督。[2] 然而该计划却未见成效，菲鲁兹本人则在 670—673 年之间来到中国。皇帝给了他一个军队中的职位，并允许 677 年的时候在长安建造波斯胡寺。

《旧唐书》记载说，皇帝于 678 年派遣一支军队助菲鲁兹恢复波斯王位，但是领军官员却畏惧路途遥远，只到了龟兹便返回，留下菲鲁兹一人继续独自前行。菲鲁兹也没有成功，只得和数千波斯人避居吐火罗斯坦 20 多年。这些波斯人逐渐离散，而他本人则在 708 年再次回到中国朝廷并获得左威卫将军的头衔。《新唐书》将所有这些事迹都归于一直客居唐廷的纳尔塞斯（Narses，即泥涅师，Ni-nieh-shih）而不是菲鲁兹，这显然是正确的。

从两者各自的年龄来看（如果菲鲁兹的父亲在 70 年之前被杀，那么此时他的岁数就显得太大了），这一结论更为合理。

14　　波斯人信奉琐罗亚斯德教（Zoroastrians，即祆教），该教源于公元前 600 年左右在伊朗高原兴起的一种宗教。中国人称之为"祆"教，意为"天神"（Heaven-God）、"胡天神"（Foreign Heaven-God）或"火神"（Fire God）的光明之神（God of Light）。他们知道除了波斯外，康国（撒马尔罕）、安国（布哈拉）、曹国（忽毡，Khojent）、史国（塔什干）、米国（Mi，弭末，Maimargh）、疏勒（喀什噶尔）、于阗（和田）和伊州（哈密）也

---

〔1〕Drake, F. S（林仰山），"Mohammedanism in the T'ang Dynasty".（《唐代的伊斯兰教》）In Monumenta Serica（《华裔学志》），VIII, Peking, 1943. pp. 1－8.

〔2〕汉译者按：《旧唐书·波斯传》："卑路斯龙朔元年（661）奏言频被大食侵扰，请兵救援。诏遣陇州南由县令王名远充使西域，分置州县，因列其地疾陵城为波斯都督府，授卑路斯为都督。"

信奉袄教。[1]

1.2.2.2　波斯宗教在中国的活动

袄教在北魏的时候似乎就已经进入了中国的上层社会。灵皇后（灵太后）当权期间（516—527 年）曾下令"废诸淫祀,而胡天神不在其列"（《魏书·灵太后传》——汉译者注）,表明该教在某种程度上得到了国家的认可。[2] 还有记载说,北齐后主在 576 年以鼓舞祭祀天神,而且这种淫祀活动在他的都城邺城（Yeh,今河北临漳——汉译者注）有很多。北周当局为了招揽西域人也建立了拜"外国天神"的制度,皇帝们亲自参加祭祀,而且由于其仪式均遵从外来的习俗,所以没有人认为他们的行为有何怪异。[3] 隋代（589—617 年）专门指定政府官员（萨宝）管理外国人及其相关的宗教事务,唐代因袭之,因为我们发现了萨宝与其他官员并列。中国人在早期的时候就允许某种域外的外国人照管他们自己的人,管理自己的宗教事务。

在当时的都城里以及"碛西诸州"中都有很多袄祠（他们的宗教建筑被称为"祠"shrine,而景教（Nestorians）和佛教的则被称作"寺"monasteries）,长安有 5 座,洛阳有 3 座,凉州（Liang-chou）1 座,沙州 1 座和敦煌 1 座。[4] 这些袄祠主要供外国居民使用,中国人则禁止参加里面的祭祀活动,这也是唐代使外国人在中国感觉如在家乡的政策的一部分。据记载,"祠中没有偶像,只有一间西开的小屋,礼拜者面向东方。据说礼拜的对象有天与地、日与月、水与火,还有一些净化仪式的细节。"[5]

---

〔1〕Drake,F. S（林仰山）,"Foreign Relations of the T'ang Dynasty. "（《唐代的对外关系》）In *The Chinese Recorder*（《中国纪录》）,June 1940,vol. LXXXI,no. 6,Shanghai,pp. 347 - 348.

〔2〕Drake,F. S（林仰山）,"Foreign Relations of the T'ang Dynasty. "（《唐代的对外关系》）In *The Chinese Recorder*（《中国纪录》）,June 1940,vol. LXXXI,no. 6,Shanghai,pp. 349 et seq.

〔3〕汉译者按:此处依据的是《隋书·礼仪志》的记载,原文为:"〔后齐〕后主末年,祭其非鬼,至于躬自鼓舞,以事胡天。邺中遂多淫祀,兹风至今不绝。后周欲招来西域,又有拜胡天制,皇帝亲焉,其仪并从夷俗,淫僻不可纪也。"

〔4〕Drake,F. S（林仰山）,"Foreign Relations of the T'ang Dynasty. "（《唐代的对外关系》）In *The Chinese Recorder*（《中国纪录》）,June 1940,vol. p. 352.

〔5〕Drake,F. S（林仰山）,"Foreign Relations of the T'ang Dynasty. "（《唐代的对外关系》）In *The Chinese Recorder*（《中国纪录》）,June 1940,vol. P. 348.

·欧·亚·历·史·文·化·文·库·

与基督教和摩尼教不同,该教是一个不对外宣教的集团,但是其成员还是和其他外国人一样在845年的禁法中遭受磨难,这些琐罗亚斯德教的圣徒们被强迫还俗。根据不同的记载,其人数估计在2000～3000人之间,甚至少至60人。[1]

除了中国文献的证据外,在中亚发掘出的材料也显示出了波斯人在通往中国的道路上的巨大影响。冯·勒柯克在1904—1914年之间就发现有穹顶波斯建筑、波斯钱币、写本,并在吐鲁番、焉耆、克孜尔(Kizil)和库车等地毁弃的寺院和居住遗址内的壁画中发现了波斯人的形象。[2] 俄国的报告则表明,粟特人(Sogdiana)在向东方的发展过程中发挥了重要的作用。[3]

1.2.2.3 波斯人(Persian people)

尽管萨珊波斯对中亚和中国的影响很大,但是唐代史籍有关西方的记载却偏于新奇而疏于准确,所以并不完全可信。对此,沙畹(Chavannes)根据唐代的历史的记载告诉我们:

> 波斯(Po-se)位于底格里斯河(Tigris river)以西……人民祭祀天与地、日与月、水与火。在祭祀那天的夜晚,他们在面颊、前额、鼻子和耳朵上涂抹膏油……他们习惯赤脚行走,男子剪发,长袍用整块布制作且正面不开襟;他们制作绿色和白色的帽子和衬衣,以杂色丝绸镶边。女子则辫发于身后。他们在作战的时候骑骆驼,每个骆驼配备100名战士,被征服者都将处死。判案不使用书写的文书,判决由法庭作出;遇到叛乱的案子就用烙铁烤灼舌头,灼伤为白色的无罪,黑色的则有罪。刑罚包括剃发……砍掉双脚和鼻子,轻一些的是割掉胡子或者依照时间和季节长短在脖子

16

〔1〕Drake, F. S(林仰山), "Foreign Relations of the T'ang Dynasty." (《唐代的对外关系》)In The Chinese Recorder(《中国纪录》), June 1940, vol. P. 354.

〔2〕Le Coq, A. von(勒柯克), *Buried Treasures of Chinese Turkestan.* (《中国突厥斯坦地下的宝藏》) London, 1928, P. 83, 97, 100, 124, 142(汉译者按:汉译本见陈海涛译:《新疆的地下文化宝藏》,新疆人民出版社1999年。)Soper, A. (索珀), "The Dome of Heaven in Asia." (《亚洲的"天穹顶"》)In the *Art Bulletin*(《艺术集刊》), vol. XXIX, Dec. 1947, pp. 225 - 248.

〔3〕Zhivopis Drevnego Piandzhikenta. (《片治肯特古代彩画》)Akademin Nauk SSSR (俄罗斯科学院), Moscow, 1954. Institut Istorli Materyalnoi Kultury(物质文化史研究所).

上带枷。抢劫者终身监禁,偷盗者罚款。人死了就扔在山上,丧服要穿上一个多月。那里的气候一直很炎热,土地成片且平敞,人民勤于劳作和耕作。那里的鹰鹫能吃羊,还有很多良犬、驴和骡子……[1]

按照波斯人自己的经典《赞德·阿维斯塔》(Zend Ävestā)中的描述,他们的体质特点是这样的:

> 身材高大,体型苗条,强壮,灵活,眼睛明亮,脚跟小巧,胳膊修长,小腿圆润。女子的面容美丽、高雅,十分迷人。外形匀称,细腰大眼……是少女的主要美丽之处……还有面色尤其是胳膊的肤色较浅,手指纤细,乳房丰满。[2]

在吉若(Geiger)的笔下,这些波斯人后裔现在的样子如下:

> 普通男子一般身材高大、结实,胸部宽阔而饱满……眼睛大而明亮……胡须浓密。大部分人的头发是深棕色,但是浅棕色和红色[3]的也很常见……脸型椭圆,鼻子、嘴、前额、肢体和手足都线条分明。[4]

在波斯波利斯(Persepolis)公元前5世纪雕刻的石浮雕像中,阿契美尼德波斯人(Achaemenid Persians)的形象被刻画得栩栩如生。[5] 那时的男子身着齐膝的圆领短袍,长袖松软、宽松而合体的外套挂在肩

---

〔1〕Chavannes,E.(沙畹),*Documents sur les Tou-kiue(Tures) Occidentaux.*(《突厥史文献》)St. Petersburg,1903;该书补充注释后又在巴黎重印,无年代,pp. 170 - 171. 初刊于 Tong Pao(《通报》),1904 年,v. V,pp. 1 - 100. 此处引《文献》。汉译者按:此书有冯承钧先生译本,名为《西突厥史料》,1933 年由商务印书馆出版;中华书局 1958 年重印,2004 年新 1 版。沙畹此处引述的是《新唐书·波斯传》,原文为:"波斯,居达遏水西……祠天地日月水火。祠夕,以麝揉苏,泽肟颜鼻耳……俗徒跣,丈夫祝发,衣不剖襟,青白为巾帔,缘以锦。妇辫发著乡。战乘象,一象士百人,负则尽杀。断罪不为文书,决于廷。叛者铁灼于舌,疮白为直,黑为曲。刑有髡、钳、刖、剠,小罪剺,或系木于颈,以时月而置。劫盗囚终老,偷者输银钱。凡死,弃于山,服阅月余。气常歊热,地夷漫,知耕种畜牧。有鹫鸟,能噉羊。多善犬、骡、大驴……"

〔2〕Ävestā(《阿维斯塔》),转引自 Geiger,W(吉若),*Civilization of the Eastern Iranians in Ancient Times.*(《古代东伊朗人的文明》)London,1885,pp. 51 - 52.

〔3〕Dr. Karl Menges(卡尔·蒙哥斯博士)的看法与吉若不同,他认为红头发的很少见。

〔4〕吉若上引书。

〔5〕Sarre,F(萨勒):*L'Art de la Perse ancienne.*(《古代波斯艺术》)Paris,1921,pl. 26.

·欧·亚·历·史·文·化·文·库·

上,就像是一个短斗篷。[1] 头上戴的尖顶高帽上的尖顶前倾,就和我们在一座小金属像上见到的一样。[2] 从石雕像上两名骑马女子的装束来判断,当时的女子们身穿百褶长裙、紧袖上衣,头上蒙着长头巾。[3]

萨珊王朝时期,以上这些风尚仍在继续流行。在石刻中和一些金属碗与盘子上可以见到君主与大臣们的形象,[4] 而在《综览》[5] 以及萨勒的著作[6] 中则有女子供奉的场景。巴尔迪莫瓦尔特斯藏品(Walters Collection)中(图版4)的一只碗上装饰着一对国王夫妇的形象,理查德·埃廷汉森(Ettinghausen,R.)将其时代系于公元5世纪,并称之为耶兹德格格二世(Yezdegerd II)国王夫妇,而《综览》则认为他们是巴拉姆·菊尔(Bahram Gur)国王夫妇。[7] 他们的形象被同时代的人雕刻在石刻浮雕[8] 印章,[9] 可能还有钱币上。[10] 他们现在的体质特征仍然表现为高耸的鼻子、深陷而犀利的眼睛、卷曲的头发以及趾高气扬的神态。[11]

这种圆领短袍正面开襟,领子和开襟上都饰以织锦或刺绣。打开领子就成了两片漂亮的翻领;与此相对应,窄袖的袖口上也缝缀着一条织锦或刺绣宽带。一条宽腰带束紧短袍的腰身,腰带上垂有带扣,用

〔1〕Sarre,F(萨勒):L'Art de la Perse ancienne.(《古代波斯艺术》)Paris,1921,p.25.

〔2〕Sarre,F(萨勒):L'Art de la Perse ancienne.(《古代波斯艺术》)Paris,1921,pp.42 – 43.

〔3〕Sarre,F(萨勒):L'Art de la Perse ancienne.(《古代波斯艺术》)Paris,1921,p.30.

〔4〕Pope,A.U.(波普)主编,A Survey of Persian Art.(《波斯艺术综览》)New York,1938—1939,vol.IV,pls.160,166,209 – 214,239A;以及奥贝里与特雷佛(Orbeli,J. Trever,C.),Orfèvrerie Sassanide.(《萨珊金银器》)Academia,Moscow and Leningrad,1935.

〔5〕Pope,A.U.(波普)主编,A Survey of Persian Art. pls.233A.

〔6〕Sarre,F(萨勒):L'Art de la Perse ancienne. p.129.

〔7〕Pope,A.U.(波普)主编,A Survey of Persian Art. pp.730 – 731,p.230A in vol.IV.

〔8〕Pope,A.U.(波普)主编,A Survey of Persian Art. p.163A&B,162;Sarre,F(萨勒):L'Art de la Perse ancienne. ps.86 – 89.

〔9〕Pope,A.U.(波普)主编,A Survey of Persian Art. p.256.

〔10〕Pope,A.U.(波普)主编,A Survey of Persian Art. vol.IV,pls.253 – 256;Babelon,J.(巴伯伦),"L'art monétaire sassanide."(《萨珊石刻艺术》)In Revue des Arts asiatiques(《亚洲艺术评论》),vol.XII,p.XXIX.

〔11〕Lamb,H.(兰博),"Mountain Tribes of Iran and Iraq."(《伊朗和伊拉克的山地部落》)In the National Geographic Magazine(《国家地理杂志》),March,1946,pp.385 – 408.

以悬挂佩剑或短刀。[1] 紧身的裤腿被掖进齐膝长筒靴子里,或者被寻花问柳的护花使者们用"斗篷"(chaps)盖上。最后这种特点见于早期的安息服饰中,[2] 后来在中国也出现,而穿它的人有脚夫、[3] 马夫(图版5a)甚至闪米特旅行者(图版5b)。绝大部分用以说明萨珊人高贵的例证,都会选取他们身上穿的用波斯出产的著名织物裁剪而成的服装,这些令人称羡的织物曾被输往中国和日本,可能还在萨马尔罕被复制,[4] 也曾出口到欧洲并被仿制。

18

1.2.2.4　波斯习俗对唐人服饰和生活的影响

中国墓葬中的那些随葬塑像俑并没有像波斯贵族那样身穿华丽的服装,但是在六朝时期的敦煌壁画上,画匠则描绘了他们身着华服的形象。[5] 俑像中风格最接近高雅的是那些身着浆过的翻领外衣的狩猎俑或驯鹰俑(图版6),他们虽然和萨珊人一样身材苗条,但实际上大部分人属于突厥人而不是伊朗人。大量其他俑像身上所穿着的衣服中,例如短袍、翻领和类似的腰带等,也可以看到波斯影响的证据,而且他们所穿的靴子也是近东样式的,只不过由于这些人的身份是体力劳动者或仆人而不是贵族,所以穿的衣服也就显得松垮、多皱和破旧。这些俑像大部分是随马队一起从西方来的养马人或马夫,他们虽然族属各异,但无一例外都穿着东伊朗样式的服装。这些马匹身上的装扮也是波斯式的,例如马鬃上的饰品、马穗以及棕榈叶饰件(palmettes)都和萨珊人的马一样。[6] 中国人在打仗时所穿的锁子甲也是来自波斯的另一种重要物品。

---

〔1〕Pope,A. U.(波普)主编,*A Survey of Persian Art*. p. 166.

〔2〕Godard,A.(高达尔德),"Parthian Statues of Shami."(《沙米的安息塑像》)In Athar e Iran (《亚述与伊朗》),no. 2,1937,pp. 285–305;Sarre,F(萨勒);*L'Art de la Perse ancienne*. p. 54.

〔3〕Stein,Sir M. A.(斯坦因),*Serindia. London*,1921,vol. IV,pl. LXXXIV.汉译者按:此书有汉译本,巫新华等译:《西域考古图记》,广西师范大学出版社1998年.

〔4〕Simmons,P.(西蒙斯),*Chinese Patterned Silks.*《中国丝绸图案》)New York,1948;波普,《综览》,同上,vol. IV,pls. 198–202;*Serindia*,vol. IV,pl. CVI,CXI,CXII,CXVI.

〔5〕Pelliot,P.(伯希和),*Les Grottes de Touen-houang.*(《敦煌石窟》)Paris,1920—1924,vol. IV,p. CCLII,from cave 120N.

〔6〕Pope,A. U.(波普)主编,*A Survey of Persian Art*. p. 211 and 214 中的公元4世纪和7世纪的碗;176页的墙画.

萨珊的女子也穿圆领、长窄袖的短袍;而且我发现有一种齐脚踝的百褶裙,[1]要比《综览》中所提到的裤子[2]更为常见。围巾或披肩的使用则可以追溯到阿契美尼德时代,并在阿拔斯时代(Abbasid period,750—900 年)的萨马拉(Samarra)仍然使用。[3] 公元 7、8 世纪,围巾或披肩已经在整个中亚和中国流行开了。(图版 8,参见本书原著108 页有关习俗方面的章节)在更早的六朝时期,在一件时代为 457 年的石碑上[4]就有波斯在北中国影响的证据,石碑上刻画着佛陀之母生产时的场景:她手扶树枝,而那个神奇的婴儿便从她的右侧诞生出来。她和云冈石窟中的供养人(属于世俗人物和不是神祇)雕像一样,身着近东样式的紧身翻领短袍、百褶长裙,这说明北魏的女士们和一些高丽人显然已经接受了这种习俗。[5]

尽管这种样式的服饰未能改变中国人当时的时尚(这也不大可能,因为当地人多少可能会把它们视为作为入侵者的落后的戎狄样式),但是它后来确实产生了影响。在隋代和初唐时期,由于与波斯和龟兹直接接触,大量使臣和艺人从西方进入中国,带来了紧袖服和百褶裙的服装样式。这些面部着妆、衣着紧身而合体的外国人显得优雅、美丽,这种与过去传统的飘逸长袍风格不同的女装赢得了中国人的赞同;所以戎狄没有做到的事情,他们却获得了成功。即使严肃的编年史也强调了这些艺人的重要性:开元、天宝年间(713—755 年),波斯派遣了 10 名使节携带礼物来到中国,礼物中包括一个玛瑙床、一队舞女以及“火毛绣”,[6]最后一件东西据劳费尔考证是石棉。[7] 粟特和费尔

---

[1]Rowland, B. Jr.(罗兰),*Wall Paintings of India, Central Asia, and Ceylon.*(《印度、中亚与锡兰的墙画》)Boston,1938. p.18.

[2]Pope, A. U.(波普),*Survey*, vol. III, p. 2232.

[3]Herzfeld, E.(赫兹菲尔德),*Die Malereien von Samarra.* Berlin,1927. p. II.

[4]Sirén, O.(喜龙仁),*Chinese Sculpture.*(《中国雕塑》)New York,1925. vol. II,p. 117.

[5]Eckhardt, A.(埃克哈德),*A History of Korean Art.*(《朝鲜艺术史》)London,1928, p. I.

[6]Chavannes, E.(沙畹),*Documents sur les Tou-kiue(Tures) occidentaux.* p. 173.

[7]Laufer, B.(劳费尔),*Sino-Iranica.* p. 499.

干纳进贡的有铠甲衣、石水晶杯、一件玛瑙瓶、鸵鸟蛋、侏儒以及舞女，[1]而米国（Mi，即 Maimargh）则进贡了宝石戒指、狮子、托垫和舞伎，[2]史国（Kesch）王子献上了舞女和一只斑点豹。[3] 俱密（Chümi，位于吐火罗斯坦）的突厥人国王献舞女和马，[4]而骨咄（Khottal）王则遣来一支女子乐队。[5] 由于波斯是西亚大部分地区的时尚中心，[6] 20 我们据此推测这些舞伎可能来自伊朗及其邻近地区。他们被送到唐明皇的宫廷，其穿着影响到宫廷里的一些中国女子，并使之放弃了所钟爱的"宽袖"。尽管如此，皇帝宠爱的杨贵妃在 8 世纪所作的一首诗中仍然有赞美此种服装的诗句：

> 罗袖动香香不已，红蕖袅袅秋烟里。
>
> 轻云岭上乍摇风，嫩柳池边初拂水。

为使飘袖下的舞姿更加高雅、张扬和优美，中国人给"西方式"的紧身服加上了一个宽松的百褶袖口（图版 7），而中国乐师所穿的则是紧袖服装，与雕刻在塔奇布斯坦（Taq-i-Bustan）石壁上著名的波斯库斯老二世（Chostoes II）游猎场景中女子乐队的那些乐师们穿着相似。[7] 在这些深目高鼻的伊朗人俑像中并没有舞伎和乐师，然而那些来自波斯及其邻近地区的舞女们则无疑是唐代绚丽多彩生活的组成一

---

〔1〕Chavannes, E.（沙畹），*Documents sur les Tou-kiue（Tures）occidentaux.* p.136 页. 汉译者按：《新唐书·西域传》原文为："开元初，贡锁子铠、水精杯、玛瑙瓶、鸵鸟卵及越诺、侏儒、胡旋女子。"

〔2〕Chavannes, E.（沙畹），*Documents sur les Tou-kiue（Tures）occidentaux.* p.145. 汉译者按：《新唐书·西域传》原文为："开元时，献璧、舞筵、师子、胡旋女。"

〔3〕Chavannes, E.（沙畹），Documents sur les Tou-kiue（Tures）occidentaux. pp.146 – 147. 汉译者按：《新唐书·西域传》原文为："开元十五年，君忽忽多献舞女、文豹。"

〔4〕Chavannes, E.（沙畹），*Documents sur les Tou-kiue（Tures）occidentaux.* p.164. 汉译者按：《新唐书·西域传》原文为："开元中，献胡旋舞女……天宝时，王伊悉烂俟斤又献马。"

〔5〕Chavannes, E.（沙畹），*Documents sur les Tou-kiue（Tures）occidentaux.* p.167. 汉译者按：《新唐书·西域传》原文为："〔开元〕二十一年，王颉利发献女乐。"

〔6〕Hackin J. and others（哈金），*Studies in Chinese Art and Some Indian Influences.*（《中国艺术与印度的影响研究》）London, 1936, pp.5 – 13.

〔7〕Pope, A. U.（波普），*Survey*, p.163 A&B.

部分。[1]

由于这种"西风东侵"（Western Invasion），导致公元七八世纪时中国人的时尚和仪态发生显著的变化，并引起了当时保守权贵的诘难以及唐代正史的评议。向达的著作依据当时文献曾对长安的情况进行了描绘，[2]其中引述了《旧唐书·舆服志》（Costumes and Carriages）的如下记载：

> 武德（618—626年）、贞观（627—649年）之时，官人骑马者依齐隋旧制，多著冪羃，虽发自戎狄，而全身障蔽，不欲途路窥之。王公之家亦用此制。永徽（Yung-hui，650年）之后，皆用帷帽，拖裙到颈，渐为浅露。寻下敕禁断，初虽暂息，旋又复旧。咸亨（Hsien-heng，671—672年）二年又下敕曰："百官家口，咸预士流，至于衢路之间，岂可全无障蔽？比来多著帷帽，遂弃冪羃，曾不乘车，别坐担子，递相仿效，浸成风俗，过为轻率，深失礼容。……理须禁断。自今已后，勿使更然。"
>
> 开元（713—741年）初从驾官人骑马者皆著胡帽，靓粧露面，无复障蔽。士庶之家又相仿效，帷帽之制，绝不行用。俄又露髻驰骋，或有著丈夫衣服靴衫，而尊卑内外斯一贯矣。
>
> 开元来……太常乐尚胡曲，贵人御馔尽供胡食，士女皆竞衣胡服；故有范阳羯胡之乱，[3]兆于好尚远矣。

为了强调波斯在服饰方面的影响，向达还引述了中唐时期的3首诗歌作品：

> 唯刘言史（Liu Yen-shih）《观舞胡腾》诗有"细氎胡衫双袖小"

---

〔1〕Ishida, K.（石田），"Iranian Girls in Ch'ang-an, Metropohs or the T'ang Empire."（《唐都长安的伊朗女子》）Bukkyu Bijutsu（《佛教美术》）no. 15, text in Japanese.

〔2〕向达（Hsiang Ta），*T'ang Tai Ch'ang-an Yü Hsi-yü Wên-ming.*（《唐代长安与西域文明》）Yenching Monograph no. 2.（《燕京学报》专号之二）Peking, 1923, pp. 41–45. 汉译者按：原文出版于1933年，此处和附录参考文献均作1923年，误。此文后来收入向达先生同名的论文集中，1957年由三联书店出版，台北明文书局1982年、河北教育出版社2002年、重庆出版社2009年再版。

〔3〕汉译者按：本书此处与向达先生所引《旧唐书·舆服志》原文稍异，另加入了范阳羯胡之乱的时间：天宝末年（755年）。原文见向达：《唐代长安与西域文明》，三联书店1957年，第44页。

之句,李端(Li Tuan)《胡腾儿》诗云"拾襟搅袖为君舞",张祐《杭州观舞柘枝》诗亦云"红罨画衫缠腕出"。

装扮方面的变化所带来的恐惧在白居易(Po Chü-i)的诗中也有反映:

> 时世妆,时世妆,出自城中传四方。时世流行无远近,腮不施朱面无粉。乌膏注唇唇似泥,双眉画作八字低。妍媸黑白失本态,妆成尽似含悲啼。圆鬟无鬓堆髻样,斜红不晕赭面状……元和(806—820 年)妆梳君记取,髻堆面赭非华风。[1]

向达在此很恰当地将赭面美容归因于吐鲁番绿洲城镇(汉译者按:即高昌)样式的影响,在勒柯克刊布的壁画中[2]我们仍然可以看到这一习俗在当地流行的证据。到公元 9 世纪,随着波斯势力和声望的衰落,来自中亚突厥人的时尚取代了近东,开始在中国流行。人们注意到那时骑马的女子着回鹘装,特别是那些小腰身者。[3]

回鹘人也和汉人一样深受伊朗的影响,公元 8 世纪时他们甚至接受了出生于波斯的先知摩尼的教义,并奉摩尼教为国教。对中国生活与对外关系中发挥重要作用的所有操突厥语的人群中,回鹘人既是最伟大的朋友,也是麻烦的敌人。他们中的一些人在北路的吐鲁番地区定居下来,并从西部割断了辽阔的新疆与敦煌之间的联系。

1.3 中亚取代波斯成为影响的中心

1.3.1 塔里木盆地的地理形态与商贸道路

敦煌向西是罗布沙漠(Lop desert)和干涸的罗布淖尔(Lop-nor),然后便是长 900 英里左右、最宽处达 300 英里的塔里木盆地,而其中大部分又为塔克拉玛干沙漠所覆盖。这里的北部以天山为界形成屏障,

---

〔1〕汉译者按:以上原文见向达:《唐代长安与西域文明》,第 47 页。

〔2〕Le Coq, A. von(勒柯克), Chotscho(《高昌》), Berlin, 1913. p. 11 D.

〔3〕向达, *T'ang Tai Ch'ang-an Yü Hsi-yü Wên-ming.* p. 43. 汉译者按:本段原文为:"唐代宫人又有为回鹘装者。花蕊夫人《宫词》云:'明朝腊日官家出,随驾先须点内人。回鹘衣装回鹘马,就中偏称小腰身'。"见向达:《唐代长安与西域文明》,第 46 页。

南部则是南山（李希托芬,Richthofen）的东延昆仑山。绵延千里的商道穿过似乎人迹罕至的沙漠之国,打破隔绝,将中国与人口稠密的近东和印度连接起来。最早的南道沿着罗布淖尔湖边,经过米兰（Mīrān）、尼雅（Niya）、和田（Khotan）、约特干（Yotkan）和叶尔羌（Yārkand）;北道从哈密稍偏西北前行,经过吐鲁番、焉耆、库车、克孜尔（Qizil）、阿克苏（Aqsu）、图木舒克（Tumshuq）和喀什噶尔（Kāshghar）;还有一条古老的中道经过罗布淖尔北通往楼兰（Loulan）。和田河是南北道之间唯一一条穿越沙漠的河流,目前它只在春季几个月的时间里注入塔里木河。

23　　中亚[1]泛指敦煌以西、南北商路所经过的地区,包括南西伯利亚草原和山脉,锡尔河（Syr Darya,即药杀水,Jaxartes River）、阿姆河（Amu Darya,即乌浒水,Oxus River）流经的里海（Caspain Sea）以东地区,近代阿富汗北部的古代巴克特里亚,以及西藏西北绵长的沿边地区。这一地区以地形和气候反差之大而闻名。从古代旅行者们的记述里以及近代探险家和考古学家[2]的描述当中,都会令我们不时想起那里极端的气候与多样的地形。热风吹过沙漠中满是沙粒的荒漠,曾经开垦过的土地被沙粒覆盖又被大风吹开,从而在地面露出古代文明、寺院、房屋、林地和果园等遗存。帕米尔高原之山巅高达 15000 英尺,稍低一些的昆仑山和天山山脉的山峰上也肆虐着凛冽的狂风与飞扬的大雪。对于朝圣者来讲,那里由雪山融水形成的湖泊是龙、水神的家乡,充满了深不可测的危险。经过这些地方前往中国西部的坚强的商贾、冒险的武士和使节们,他们的形象出现在唐代的那些俑像当中,其

---

〔1〕Herrmann,A.（赫尔曼）,*Historical Atlas of China.*（《中国历史地图集》）Cambridge,1935. Map 37.

〔2〕Hedin,Sven.（斯文·赫定）,*Through Asia.*（《穿越亚洲》）New York,1899;*Across the Gobi Desert.*（《穿越戈壁沙漠》）New York,1932;*Riddles of the Gobi.*（《戈壁之谜》）New York,1933;*The Silk Road.*（《丝绸之路》）New York,1938;Schuyler,E.（舒耶勒）,*Turkestan.*（《突厥斯坦》）New York,1876;Trinkler,E.（特林克勒）,*Through the Heart of Afghanistan.*（《穿越阿富汗的心脏》）London,1928;Filchner,W. A.（菲彻勒）,*Scientist in Tartary.*（《鞑靼的科学家》）London,1940;Tichy,H.（梯彻）,*Afghanistan.*（《阿富汗斯坦》）Leipzig,1940;Lattimore,O.（拉铁摩尔）,*Inner Asian Frontiers of China.*（《中国的亚洲内陆边疆》）New York,1940;还有斯坦因、格伦威德尔、勒柯克和法国阿富汗使团成员的著作中征引的许多著作。

中大部分人的长相仍然与当代探险家所描绘的现在居民很相像。

　　来自中国的旅行者们离开敦煌西部的关隘玉门之后,前途便充满了危险和不确定,那里有困扰大多数商队的浩瀚沙漠、难以穿越的山口以及游牧人的劫掠。他们希望能够平安抵达绿洲城镇中的驿站,而正是这些星罗棋布的驿站在茫茫沙海和狂风肆虐的高原中延伸出一条生命线。这些城镇不仅是行旅和牲畜休整后继续赶路的驿站,同时也是贸易中心;它们大多数都建有较大的宗教设施,而且还有一定规模的人口灌溉和开垦着土地。这里有很多果园和葡萄园,有的还有采矿业,小型手工业发达,许多城镇还是歌舞之乡。

　　尽管经常苦于游牧者的掠夺,但是这些绿洲民族还是建立了自己 24的政权;小的国家则联合以来,或者寻求一些比他们自己军力强大的国家保护。在公元 7 世纪,这个大国就是中国。

　　这里的建筑风格受波斯的影响很大;用土坯和砖块砌成的穹顶、拱券建筑大量存在,装饰上则采用了受萨珊艺术启发的主题。在阿富汗,特别是在重要的佛教艺术中心巴米扬(Bāmiyān)的山崖上开凿的石窟、雕塑和壁画中,也可以看到类似的证据。可以肯定,山崖上开凿寺庙和修道院虽然在伊朗出现的时间较早,但是中亚的石窟寺却更像是阿富汗式的,此类石窟建筑的各种名称也表明了这一点(波斯语和阿拉伯语中称 Hazar saum,在新疆称作 Ming-oi 明屋,两者的意思都是"一千间房间")。[1]

　　在整个 7 世纪的时尚世纪里,波斯的影响颇大。在精神王国领域,波斯先知摩尼曾在 3 世纪向东方派遣使者,他的"异端"学说在那里也赢得了很多信徒。

　　然而在宗教思想方面,自从佛教教团于公元 1 世纪进入新疆以后,印度的影响占据主导地位。他们在商路的南道和北道定居下来,创建寺院,建造庙宇。通过这些建筑遗存,探险家和考古学家们得以在很大

　　　[1] Le Coq, A. von(勒柯克),*Buried Treasures*(《中国突厥斯坦地下的宝藏》),pp. 18 – 21;Soper, A. (索珀),"The Dome of Heaven in Asia." pp. 225 – 248.

程度上清晰地复原这些沙埋城市过去的场景,为我们生动展示了这一地区曾经的繁荣。印度的文学和哲学思想能够传播到这些遥远的地区并进而传入中国,也要感谢佛教的高僧大德们。

在佛教建筑的装饰风格上,印度和波斯都做出了重要贡献。印度笈多(Gupta)古典时期,画工和雕塑家们的工艺技术已经相当成熟,其所创造的这些无与伦比的艺术形式成为大多数亚洲佛教艺术的典范;来自萨珊波斯国王和宫廷的时尚,则丰富了表现佛教典籍中佛本生与一些佛传故事的场景画面。

在艺术方面的第三种贡献来自希腊语罗马世界。在印度西北部、犍陀罗(Gandhāra)以及阿富汗临近地区,希腊的神、半人半神以及希腊的建筑主题和钱币,都曾在佛教造像的发展中起到了重要作用。它们经过罗马人改进后伴随着贸易活动被带到这些沙漠定居点中,并在中亚留下了大量地中海区域文化影响的证据。

在靠近中国的地区,特别是吐鲁番的绿洲居住区,中国人也为佛教艺术做出了贡献。降至9世纪,回鹘突厥人才改变了它们的色彩、构图与种族属性。

上述各种思想和艺术形式的融合情况可以在敦煌东南大约10英里的千佛洞中看到,这些佛教石窟都是在崖壁上开凿的。千佛洞的开凿始于4世纪的一位圣徒,并一直延续到北魏、唐朝以及840年以后的回鹘,甚至从1035年开始统治此地的唐古特(Tangut,汉译者按:即西夏)也建造石窟。石窟内的墙面上绘满了壁画,壁龛内都是雕塑,还有虔诚的发愿文。这里地处商路要冲,不仅是中国的军事前哨,也是朝圣者们的圣地,在数世纪的时间里都充满了活力。大部分所谓的"西方戎狄"(Western Barbarians)从陆路来中国都必须经过这里,所以他们很多人的形象都被描绘到壁画上。这些与塑像相像的人物壁画对我们研究种族类型来讲就非常重要。

虽然敦煌以西的地区现在被称为新疆,但是唐代的时候这里却并不是以突厥人为主,而是被多种族和语言类型(见书后所附地图)的人们所占据。一些重要绿洲城镇的居民操印欧语(Indo-European);库车

到吐鲁番一线城镇的统治阶层说的是所谓的"吐火罗语"（Tocharian），
这种语言属于 Centum 语组（汉译者按：即印欧语系西支的一种已经消
亡的语言），其某些特征与意大利—凯尔特语（Italo-Celtic）有关。在库
车的克孜尔以及吐鲁番等地石窟的壁画上，他们的形象被描绘为皮肤
光滑、眼睛灰蓝、红头发或黑色卷发。他们不像汉人、突厥人和蒙古人
那样长着吊梢眼（slanting eye），鼻子笔直而鼻孔柔和，嘴较小且上嘴唇
较短。他们在外貌上与凯尔特类型相像，身上华贵的衣服与精良的武
器透出一股贵族气质，看起来真像是中世纪欧洲（Medieval Europe）贵
族和贵妇们的先驱。

1.3.2　吐鲁番地区的早期居民：吐火罗人与汉人 26

　　从考古发现的匈奴、鞑靼以及一些突厥部落的遗存判断，吐鲁番
绿洲是多种族成分的民族混合、通婚的地方。

　　吐火罗人和曾经是这里的统治者和管理者，他们的家仆和马夫肯
定来自当地的普通人家。许多商队曾经过这里，一群群圣徒也来到了
这里建立传教基地，这些来自远方的商贾和僧侣肯定引起了他们极大
的兴趣。由木头沟（Murturq）、柏孜克里克（Bäzäklik）、高昌（Khocho、
Chotscho 或者 Kao-ch'ang）、亦都护王城（Idiqutshähri，汉译者按：此为高
昌故城的维吾尔语名称）和阿斯塔那（Astāna）等地组成的吐鲁番，在
当时一定和后来的长安一样，是世界各地的人们汇聚的地方。

　　文献记载告诉我们，中国的文化在很早的时候就曾影响到这里。
斯坦因引述的《北史》（Pei-shih）就谈到：

　　　　此地在公元四五世纪的时候叫高昌（中国人的叫法），有 5 座
　　城，所有城里都有汉人居民与他们为邻。这里气候温暖、土地肥
　　沃，从而使得谷麦一年当中可以多次成熟。还特别提到了这里有
　　田地灌溉；有养蚕业并盛产葡萄和葡萄酒。人们据说一般崇拜
　　"天神"（T'ien shen,Spirit of Heaven），可能就是摩尼教，同时也信
　　奉佛教教法。……557 年到 618 年这一时期并一直延续到唐代，
　　高昌有 16 座城，后来增加到 18 座。行政管理机构则模仿中国的
　　制度。"男子的服装按照胡人的风俗穿着，而女子服装和发型则

遵从中国的传统。"文字的书写与中国的一样,但是也使用胡人的文字。法律、习俗和礼仪则基本是中国的。[1]

对于造成当地与中国关系密切,以及唐之前和唐初汉人风俗与生活方式在此影响巨大的原因,沙畹曾进行了比较深入的分析。他检索正史并从中发现以下有关吐鲁番的记载:

27

> 人们系发悬于脑后。隋朝建立以后的 609 年,吐鲁番的君主曾经前往中国的朝廷表示归顺并跟随皇帝征伐高丽。征伐归来后,皇帝为了表彰他的功绩便从皇室挑选了一名公主赐给他做妻子。他们在 612 年回到自己的化外之地,并发布一道命令说:"先者以国处边荒,境连猛狄,同人无咎,被发左衽。今大隋统御,宇宙平一,普天率土,莫不齐向。孤既沐浴和风,庶均大化,其庶人以上皆宜解辫削衽。"皇帝得知后,对于他变夷从夏的举措给予高度赞扬,并赐予他衣冠作为礼物。该高昌君主麴伯雅死于 619 年。[2]

这个麴氏王朝来自中国,从 507 年开始统治吐鲁番。继任者麴文泰(Wen-t'ai)是该家族最为有名的一个君王,具有十分鲜明的个性。我们得知[3]他曾给朝廷贡献过两只 6 英寸高、1 英尺长的狗,会拽马

〔1〕Stein,Sir M. A.(斯坦因),*Innermost Asia.*(《腹地亚洲》)London,1928,p. 576. 汉译者按:原书附录参考文献出版年代作 1921 年。本书有汉译本,见巫新华、秦立彦、龚国强、艾力江等译:《亚洲腹地考古图记》第 2 卷,广西师范大学出版社 2004 年,第 818 页. 斯坦因所引述的《北史·西域传》有关原文如下:"国有八城,皆有华人。地多石碛,气候温暖,厥土良沃,谷麦一岁再熟,宜蚕,多五果,又饶漆。有草名羊刺,其上生蜜。而味甚佳。引水溉田。出赤盐,其味甚美,复有白盐,其形如玉,高昌人取以为枕,贡之中国。多蒲桃酒。俗事天神,兼信佛法。……其国,周时,城有一十六。后至隋时,城有十八。……服饰,丈夫从胡法,妇人裙襦,头上作髻。其风俗政令,与华夏略同,兵器有弓、刀、箭、楯、甲、槊。文字亦同华夏,兼用胡书。"

〔2〕Chavannes,E.(沙畹),*Documents*(《文献》),p. 101 et seq. 汉译者按:沙畹此处所引述的乃《隋书·西域传》,有关原文如下:"大业四年,遣使贡献,帝待其使甚厚。明年,伯雅来朝。因从击高丽,又尚宗女华容公主。八年冬归蕃,下令国中曰:'夫经国字人,以保存为贵,宁邦缉政,以全济为大。先者以国处边荒,境连猛狄,同人无咎,被发左衽。今大隋统御,宇宙平一,普天率土,莫不齐向。孤既沐浴和风,庶均大化,其庶人以上皆宜解辫削衽。'帝闻而甚善之,下诏曰:'……伯雅……观礼容于旧章,慕威仪之盛典。于是袭缨解辫,削衽曳裾,变夷从夏,义光前载。可赐衣冠之具,仍班制造之式'"。沙畹在原引文中误将麴伯雅的自称"孤"字译为 orphan(孤儿),本书作者因不识汉文故仍照录。

〔3〕Grousset,R.(格鲁塞),*In the Footsteps of the Buddha.*(《沿着佛陀的足迹》)London,1932. p. 45.

缰,嘴衔点亮的蜡烛。这些狗据说产自拂菻(即拜占庭帝国的叙利亚地区),这是它们首次出现在中国朝廷。627 年,当太宗皇帝即位时,吐鲁番的君主给他献上了一个玄狐裘,而中国皇帝则回赐给他的王后一件金花饰品,王后又奉上一个小玉盘表示感谢。[1]

1.3.3　唐代求法高僧玄奘对吐鲁番的记述

在 630 年的时候与玄奘相遇时发生的一段插曲,极好地诠释了文泰冲动的性格及其对佛教的虔诚。那位被称作法师的年轻和尚,起程前往佛教的发源地印度研习佛法,当到达哈密的时候遇到一队官吏,邀请他立刻和他们一起前往吐鲁番,国王正在那里迫切地等他。经过 6 天行程,玄奘才在日落以后抵达那里,但是这位国王自己却等不到天亮便想马上结识他。麹文泰掌灯亲自出来迎接玄奘,并让玄奘住进一座重阁宝帐中。

玄奘对如此热诚的接待自然感到十分愉悦,但是这种愉悦不久便为某种焦虑所取代,原来麹文泰真正的意图是想让他留在吐鲁番。玄奘于是被迫表示强烈的抗议,并解释自己此行的目的是为了寻求印度的佛教真经,以便纠正已有的汉译佛经;因为这些汉译佛经一般都存在某些缺陷,从而导致人们产生错误的理解。他不想为自己谋求什么声名,也不打算中途而止。然而他的抗议并未见效。当玄奘意识到言辞并不能打动他的施主的时候,便采取 20 世纪印度流行的静坐绝食行动。绝食 3 天后玄奘就变得气息微弱,国王感到羞愧而态度缓和,表示只要玄奘留下来一个月说法,让王族成员和当地人民充分分享他的口才和学识,就同意帮助他继续西行。玄奘答应了这一条件,每天接待包括君王在内的 300 人说法,而在他每次升座的时候,国王都跪下来给他当脚磴。

当行期渐近的时候,人们为玄奘本人和他的侍卫们准备了服装,

28

---

〔1〕汉译者按:此段记载原文见于《新唐书·西域传》:"其王麹伯雅,隋时尝妻以戚属宇文氏女,号华容公主。武德初,伯雅死,子文泰立,遣使来告,高祖命使者临吊。后五年,献狗高六寸,长尺,能曳马衔烛,云出拂菻,中国始有拂菻狗。太宗即位,献玄狐裘,帝赐妻宇文华镔一具,宇文亦上玉盘。"

·欧·亚·历·史·文·化·文·库·

用以抵御前面山上的寒冷,其中包括口罩、靴子和手套。他的团队由25名仆人和30匹马组成,马背上驮着黄金、白银、珍稀织物以及旅途所需的各种东西。国王还给他准备了一些给中亚诸国君主的介绍信,其中一封特别热情的信是致西突厥可汗的,他在信中自称为"奴"并随信奉上装满两车的500匹绸缎。[1]

后来麴文泰对他的中国邻居变了心。他没有和其他首领一起出现在向天子致敬的行列中,并阻止所有朝贡者通过他的领地,而且还用武力扣留中国人。皇帝不仅责备他,而且还威胁说来年将出兵惩罚他。文泰自信帝国的军队在漫长的沙漠里行军给养无法正常得到,便静静地等待。但是640年当他获悉大军已经抵达沙漠,便被吓病而死。

1.3.3.1 唐朝对高昌的征服

文泰死后,其子继立。慑于中国的军威他乞求赦免并表示归顺。中国军队的攻城机(汉译者按:《新唐书·西域传》原文作引冲车,即抛石机)发射的如雨点般的石头令他惊愕不已,并在城中引起恐慌。竖立在巴里坤山口(Barkul Pass)的一块640年的石碑中曾提到,为了确保远征的胜利,中国的将军们进行了精心的准备。由于这一地区壁垒

---

[1]Grousset, R.(格鲁塞), *In the Footsteps of the Buddha*. (《沿着佛陀的足迹》) London, 1932. pp. 47 – 50. 汉译者按:以上论述依据的有关原文见于《大慈恩寺三藏法师传》:"时高昌王麴文泰使人先在伊吾……于是遂行,涉南碛,经六日,至高昌界白力城。时日已暮……即以其夜半到王城,……法师入城,王与侍人前后列烛自出宫,迎法师入后院,坐一重阁宝帐中,拜问甚厚……停十余日,欲辞行,……王曰:'……自承法师名,身心欢喜,手舞足蹈,拟师至止,受弟子供养以终一身。令一国人皆为师弟子,望师讲授,僧徒虽少,亦有数千,并使执经充师听众。伏愿查纳微心,不以西游为念。'法师谢曰:'王之厚意,岂贫道寡德所当。但此行不为供养而来,所悲本国法义未周,经教少阙,怀疑蕴惑,启访莫从,以是毕命西方,誓未闻之旨……只可日日坚强,岂使中涂而止'……王亦不纳……法师既被停留,违阻先志,遂誓不食以感其心。于是端坐,水浆不涉于口三日。至第四日,王觉法师气息渐惙,深生愧惧,乃稽首礼谢云:'任法师西行,乞垂早食。……'……仍曲停一月讲《仁王波若经》……后日,王别张大帐开讲,帐可坐三百余人……将昇法座,王又低跪为隥,令法师蹑上,日日如此。讲讫,为法师度四沙弥以充给侍。制法服三十具。以西土多寒,又造面衣、手衣、靴、韈等各数事。黄金一百两,银钱三万,绫及绢等五百匹,充法师往返二十年所用之资。给马三十匹,手力二十五人。遣殿中侍御史欢信送至叶护可汗衙。又作二十四封书,通屈支等二十四国,每一封书附大绫一匹为信。又以绫绢五百匹、果味两车献叶护可汗,并书称:'法师者是奴弟,欲求法于婆罗门国,愿可汗怜师如怜奴,仍请敕以西诸国给邬落马递送出境。'"慧立、彦悰著:《大慈恩寺三藏法师传》,中华书局 2000 年,第 18 – 21 页。

森严,自然环境恶劣,所以这些准备工作是必要的。[1]

这样的准备是值得的,因为:

> 在中国军队面前,高昌的军队就像阳光下的霜雪一样融化
> 了。皇帝闻讯十分高兴并大宴有功之臣,高昌的重要人物也被带
> 到中央王国。麴智盛(Ch'ü Che-chang)被授予左武卫将军并赐爵
> 金城郡公,其弟被授予右武卫中郎将并赐爵天山郡公。到他们下
> 台的时候,麴氏家族共统治了 134 年。[2]

此次征伐的胜利对中国势力的影响至关重要,因为它提升了中国
在中亚的威望,并使得唐太宗将一大片疆域纳入到帝国的行政管理体
系之内。据记载这片疆域包括:

> 三个地区、五个次级行政区、二十二座城,人口 8000 户共
> 30000 人,4000 匹马。[3] 虽然很难说这里给出的人口数就十分精
> 确,但是有记载说仅田地县(T'ien-ti,高昌)就有超过 7000 人被
> 俘,所以这一人口数字有可能是低估了⋯⋯显然,群臣在为皇帝
> 制定向西域的扩张计划的时候就已经充分地认识到了高昌战略
> 地位的重要性。⋯⋯皇帝是基于帝国统治疆域的完整性而作出
> 决定的,而不是像有人建议的那样让这些小国保持原状,因为这
> 样做的话就将削弱其在塔里木盆地的统治。

> 可以说在 640 年和 670 年之间,这一地区是置于中国的有序
> 统治之下的。但是在随后的几十年的时间情况是否依然如此就

---

〔1〕Stein,Sir M. A.(斯坦因),*Innermost Asia. Vol. II*,P. 577 and note on p. 578. 汉译者按:此处指的是《姜行本纪功碑》,内容是为准备攻打高昌,唐行军副总管姜行本率领随军工匠于贞观十四年(640 年)在伊州北部析罗漫山的黑绀岭(即今天山口门子、松树塘一带),伐木制造冲车、抛石机和云梯等攻城器械。原文中记有:"未盈旬月,克成奇功。伐木则山林殚尽,叱咤则山谷荡薄,冲梯暂整,百橹冰碎,机桅一发,千石云飞。墨翟之拒无施,公输之妙讵比?"

〔2〕Chavannes,E.(沙畹),*Documents*. p. 107 and 109. 汉译者按:此处根据的是《新唐书・西域传》的记载,原文为:"先是,其国人谣曰:高昌兵,如霜雪;唐家兵,如日月。日月照霜雪,几何自殄灭。⋯⋯捷书闻,天子大悦,宴群臣,班赐策功,赦高昌所部,披其地皆州县之,号西昌州。⋯⋯徙高昌豪桀于中国,智盛拜左武卫将军、金城郡公,弟智湛右武卫中郎将、天山郡公。麴氏传国九世,百三十四年而亡。"

〔3〕汉译者按:此处根据《新唐书・西域传》原文为:"君集分兵略定,凡三州、五县、二十二城,户八千,口三万,马四千。"

值得怀疑了。我们知道 670 年以后所谓的"四镇"(Four Garri-
sons)就被吐蕃占领。……中国的统治直到 692 年才恢复。在 692
年收复"四镇"后的半个多世纪中,中国在新疆的统治得到巩固,
进而促进了吐鲁番地区的繁荣。[1]

关于"四镇"的情况还存在一些混乱之处,列维(Lévi)起初认为它
们包括库车(Kuchā,汉译者按:即龟兹)、喀什噶尔(Kāshghar,汉译者
按:即疏勒)、和田(Khotan,汉译者按:30 即于阗)和托克马克(Toqmaq,
汉译者按:即碎叶)。719 年以后,由于碎叶被西突厥占领,遂以焉耆代
之。658 年,当中国人将安西都护府的治所从吐鲁番迁至龟兹的时候,
"四镇"的建制似乎才首次出现。到 670 年吐蕃迫使中国人放弃它们
的时候,疏勒已经取代碎叶城为四镇之一了;但当碎叶再次回到中国
人手中的时候,疏勒遂被去除。719 年左右西突厥占领碎叶的时候,疏
勒又再次取而代之。[2]

**1.3.3.2　阿斯塔那(吐鲁番地区)的汉人居民;有关汉人葬俗的
证据**

哈拉和卓(Qara-khōja)古城是古代吐鲁番地区的都城,西北 3 英里
的地方是干燥的阿斯塔那沙地,斯坦因曾在此发掘过一片古代墓地,
其时代属于 7 世纪初到 8 世纪中叶。由于我们没有对中国这一时期墓
葬进行描述的可信材料,所以它对于了解其区域性特点是很有价值
的。这一墓地的情况如下:

> 覆盖着石头的小圆锥形堆,围着石头的矮篱,把那些坟堆一
> 组一组的分开来。墓室大都很深地掘入细砾岩或砂岩层中,由坟
> 堆可以知道墓室的位置。从岩石上凿一狭长的通道,凿成后又行
> 填塞,由此下去是一短短的隧道,为至坟墓的通路,也筑有砖墙将

---

〔1〕Stein,Sir M. A.(斯坦因),*Innermost Asia.* pp.578 - 580. 汉译者按:本书作者在此处引述
斯坦因该部著作的时候引文不甚连贯。完整译文请参看巫新华等译:《亚洲腹地考古图记》,第 2
卷,第 820 - 821 页。

〔2〕Lévi,S.(列维),"Le 'Tocharien'."(《吐火罗语》)In *Jour Asiatique*(《亚洲学刊》),Jan.-
March,1933,p. 4,note 2.

路挡住。[1]

　　位于地表下 12 至 16 英尺深的墓室形制各异……书写在硬砖上的汉文墓志铭……以及各种汉文文书上的纪年……都表明墓葬的年代属于唐太宗皇帝统治吐鲁番以后……埋葬在这里的人无疑是汉人。然而在发现的物品中仍然可以看到西亚文化的影响,例如一些带有萨珊波斯风格图案的精美丝绸(用作面衣。汉译者按:即"覆面")[2]

出土的有价值的众多物品中,包括一些像建筑装饰一样设计精美的酥皮点心,有一个好像是古代的麻花,其他的则像萨珊人的首饰。[3]此外还有:

　　做得很干净的家具用品的模型,以及许多以备死者在另一世界使唤的绘画的塑像。有做得很仔细的女俑,衣饰甚为有趣;[4]还有一些武装的骑士,大约是侍卫之类;此外还有衣服特别的本地仆役。[5]

1.3.3.3　关于服饰与种族类型的重要材料

唐代世俗绘画的珍贵代表之一,著名的"乐舞"图也同时出土。

　　在墓穴主室地面的一层细沙下面,有一些松脆的绢画残片。它们原本是属于一幅单层卷轴的一部分,由于没有安装牢固,便随着墓顶塌落而摔成碎片。……没有发现墓志铭……所幸墓中的"废纸"里有一些纪年文书,使我们得以较为精确地判定墓葬的年代。……5 件有准确纪年的文书为神龙(Shên-lung)元年,相当

　　[1]Stein,Sir M. A.(斯坦因),*On Ancient Central Asian Tracks.* London,1933. pp. 265 - 266.汉译者按:本书有巫新华的同名汉译本,由广西师范大学出版社 2008 年出版。向达先生早在1935 年就将此书译成汉文,名为《斯坦因西域考古记》,1936 年由中华书局出版;1987 年中华书局、上海书店联合再版。此处译文据向达先生 1987 年再版译本,第 187 页。

　　[2]Stein,Sir M. A. and Binyon,L.(斯坦因、宾甫),"Remains of a T'ang Painting,discovered by Sir Aurel Stein."(《奥里尔·斯坦因爵士发现的唐代残画》)In Burlington Magazine(《伯林顿杂志》),June,1925,pp. 266 - 269.

　　[3]Stein,Sir M. A.(斯坦因),*On Ancient Central Asian Tracks.* p. 126.

　　[4]Stein,Sir M. A.(斯坦因),On Ancient Central Asian Tracks. p. 121.

　　[5]Stein,Sir M. A.(斯坦因),*On Ancient Central Asian Tracks.* p. 267. 汉译者按:此处据向达译本,第 189 页。

于我们的公元 705 年,其他的则分属 690 年、893 年和 709 年。据此可以较为放心地推定,这些墓葬的年代最有可能是在公元 8 世纪的前 25 年之内。[1]

更多的考古学证据也证明了这一点,诸如绘画中的乐器、一个木架以及服装样式等,与之同时期的有日本圣武天皇(Emperor Shōmu)在 748 年前收集、后又属于正仓院(Shōsōin)藏品中的器物,还有大谷探险队(Count Otani)在当地发现的年代可能为 716 年的绘画残片等。

"乐舞"图中有几组站在树下人物、盛装的侍女、舞伎和乐师等,"整个画面看起来是在表现迎接春天的音乐会的场景。"[2]画面上保存下来的色彩依然十分鲜艳,织物上图案的细节、人物的发式以及树的枝叶等都描绘得十分精细,显然出自专业手笔。盛装仕女的形象不仅见于阿斯塔那古墓出土的骑马侍女俑,而且也见于寺院檐栏以及敦煌壁画中的无数供养人与世俗人物中。在唐代的一些世俗画的摹本中也可以见到这种形象,例如现藏于波士顿艺术馆的《捣练图》(Ladies Preparing Silk)。此画是宋徽宗根据自己收藏的张萱(Chang Hsüan)原作[3]复制的,而张萱乃唐代的宫廷画师,在 713—742 年的时候最为活跃。此外还有堪萨斯城的威廉·柔克义·尼尔森陈列馆的摩尔藏品(Moore Collection)中的《宫廷仕女图》(A Group of Court Ladies Fatigued by Embroidering),[4]该画是唐代画家周昉作品的摹本。在河南、山西以及中国其他地区的墓葬中出土的俑像中(图版 8),大部分女俑身上穿的也是这种服装,表明它们当时在与"西域"的接触过程中已经流行开来。

使用带有异域风格图案制成的窄袖外套和百褶长裙,以及一成不

---

〔1〕Stein,Sir M. A.(斯坦因),*On Ancient Central Asian Tracks*. p. 269.

〔2〕Stein,Sir M. A.(斯坦因),*On Ancient Central Asian Tracks*. 绘画的插图见此文中的图版 I、II。

〔3〕Tomita,K.(富田),*A Portfolio of Chinese Paintings in the Museum of Fine Arts*.(《波士顿美术馆藏汉至宋代中国绘画集》)Boston,1933. pls. 46,52–56,以及第 9 页的文字部分。

〔4〕Hackney,L. 与 Yau,C. F.(哈克尼与姚),*Catalogue of Paintings in the Collection of Ada Small Moore*.(《阿达·小摩尔绘画藏品目录》)New York,1940,p. 69,pl. XXI,周昉作品的宋代画家摹本,他本人生活在 780—810 年。

变的披肩长头巾，都显示出其起源于波斯并经过中亚地区改造后的样式特点。真正体现中亚影响的可能是前额和脸上使用的"花黄图案"（beauty mark），其中包括可能是印度某些图案的变体、鲜亮的方格以及黑油膏涂抹的重彩眉毛。无论是骑在马背上的女俑还是"乐舞"图中的盛装仕女，都证明了这些阿斯塔纳女子们在追逐这种被某些中国廷臣所诟病的"化妆"时尚。不管是在这里还是在中国本土，我们都有证据表明具有这种样式的服饰流行的时间在7世纪中叶到8世纪中叶之间。

在吐鲁番地区早期居民中（不仅包括阿斯塔纳古墓出土的那些俑像）找寻吐火罗人的过程中，我发现了一幅残破的白皮肤、黑头发并具有欧洲人脸型的女子画像。[1] 她头上戴的角型头饰或飘带接近萨珊人，但脸型却不是伊朗人的；身上穿的是我们在库车和克孜尔见到的那种低领、高腰的窄袖服装。我还认为《高昌》一书中图版10b里的那些僧侣也是吐火罗人，作者认为他们属于"较早样式"的，并根据样式风格将其时代置于前回鹘时期。在我看来，冯·勒柯克和瓦尔德施密特（Waldschmidt）[2] 认为的"也许是吐火罗人"的那个僧人并不像其他吐火罗人，因为他那高耸的鼻子和突起的颊骨可以在东伊朗和阿富汗人中见到，而更像凯尔特人的吐火罗人的鼻子是笔直的，上嘴唇较短，眉毛弯曲而不是蓬松突出。安德鲁斯[3]强调指出，凯尔特人的服饰而不是体质特征更像一个苏格兰人。在描述一个护法金刚力士（guardian Vajrapāni）的时候他谈到：

> 几乎齐膝的褶裙带着边饰或者褶边，肚子上挂着一块小腰布或囊袋……肩上垂着方巾，方巾两个上角端分别绕过脖子在前面

〔1〕Le Coq, A. von（勒柯克），*Chotscho*, p. 4 e.

〔2〕Waldschmidt, E.（瓦尔德施密特），*Gandhāra, kūtscha, Turfān. Leipzig*, 1925. ps. 18c and 21a.

〔3〕Andrews, F. H.（安德鲁斯），*Descriptive Catalogue of AnhquitiesRecoverad by Sir Aurel Scein During His Explorations in Central Asia, Kansu and Eastern Iran in the Central Asian Antiquities Museum*,（《新德里中亚古物博物馆藏奥里尔·斯坦因爵士在中亚、甘肃和东伊朗探险所获文物题解》）New Delhi, 1935.

打结,他的一侧飘着一个披肩……

如果想更清楚地了解凯尔特人的穿着打扮到底是什么样子的,那么大家只要看一下现在威尔士农夫身上穿的以及阿斯塔纳骑马女俑的装扮就可以了——那高高的"女式帽子"、黑色的紧身胸衣以及花条纹长裙看起来是那样的熟悉,以至于我们难以想象这些流传至今的中世纪晚期的时尚竟然常见于七八世纪中亚的日常生活中。

在中国本土,这种曾经流行的百褶长裙和窄袖紧身胸衣到 9 世纪中叶就消失了。此后,根据有 9 世纪纪年题记的供养人[1]身上的服装来判断,中国的服饰已经退回到更为传统的样式。其原因无疑在于公元 8 世纪中叶发生的政局变化,导致国势衰落,繁荣不再。

政局变化中最富有戏剧性的事件发生在 751 年,由高仙芝率领的中国军队被阿拉伯人及其在今塔什干东北 180 英里的怛罗斯(Talas)联军所击败。高当时统领四镇,为了与吐蕃作战,他奉唐明皇(玄宗皇帝)之命率领 10000 骑兵西进到新疆与波斯、阿富汗斯坦之间的高山。面对这样穿越沙漠和雪山的漫长行军,仅供给问题就足以使那些意志不坚定的指挥官望而却步,然而这位高丽将军却带领军队取得战役的胜利并进而进入到乌浒水的源头。他随后骄傲地给皇帝上奏说,吐蕃已经彻底被打败,中国的声威已经扩展到更西边。然而 3 年后,他在怛罗斯与强大的穆斯林军队作战的时候却遭遇到灾难性的失败。从那时起伊斯兰的追随者进入中亚,而中国的势力则局限在塔里木盆地。

1.3.3.4　唐朝势力在吐鲁番的衰落

[在各绿洲中心],南边吐蕃人的压力越来越大,边远地区的军队无疑在乞求朝廷的帮助。但软弱的朝廷只能给这些中亚领土最后的强大地方官员们以空洞的名号、名誉性的提升等。……789 年末北庭有新的报告到达朝廷,说明北庭和吐鲁番的唐朝军队处境已经十分艰难,但他们仍在继续坚守。……有报告说吐蕃

---

[1] Stein,Sir M. A. (斯坦因),*The Thousand Buddhas. London*,1921 年,p. 16,其年代为 864 年。

在突厥的协助下进攻北庭,他们只好在 790 年降服。唐朝指挥官率领他的 2000 人马被迫退到西州(Hsi-chou)即吐鲁番。……此后安西都护府(库车)完全被孤立,而吐鲁番为了保持对唐朝的忠诚仍在勇敢地坚持。

9 世纪初吐蕃似乎完全控制了新疆,这就是为什么这一时期的汉文文献中没有提到吐鲁番的原因。9 九世纪中叶以后不久,吐蕃在那一地区以及甘肃最西部的统治地位被回鹘人打破。由于吉尔吉斯人(Kirghiz)[1]的进攻和内部纷争,回鹘人被迫从原来蒙古的地盘向南边和西南边迁移。特殊的地理位置使得吐鲁番地区的这一最后的突厥系征服者,易于在文化和语言上与当地绿洲居民实现融合。……这两个地区曾先后被称为车师(Chü Shih)前国与车师后国、高昌与北庭、吐鲁番与古城(Guchen)……特别适合作为本是游牧部落又急于采纳文明生活方式的统治者的基地。在天山北麓,这些统治者和他们的臣民可以保持自己愉快的传统生活方式,同时又能从南边肥沃绿洲中的居民区获得物质资源和文化资源。这样不仅能增强统治者的实力,还可以让他们更多地体会到做统治者的好处。[2]

1.3.3.5 回鹘的统治

勒柯克曾介绍过德国探险队在 1902—1907 年之间进入该地区的情况,他认为早在公元 8 世纪的 760 年,回鹘的影响就已经开始进入了吐鲁番。在其所著的《中国突厥斯坦地下的宝藏》一书里,他谈到回鹘的时候说:

> 回鹘,一个强大的突厥系民族,不仅善于战争,也善于同周边民族和睦相处。很可能是用和平的方式占据了这一地区的东北部,并在吐鲁番附近的高昌,即两条商路的汇合点,站稳了脚跟。在那儿,他们接受了当地的文明以及佛教。

〔1〕汉译者按:Kirghiz 即唐代文献中的黠戛斯。
〔2〕Stein, Sir M. A.(斯坦因),*Innermost Asia*. pp. 80 – 82. 汉译者按:此处译文参考巫新华等译:《亚洲腹地考古图记》第 2 卷,第 822 –823 页。本段原引文与巫新华译本略有出入。

·欧·亚·历·史·文·化·库·

然而,他们的国君皈依了摩尼教,而回鹘人中的一小部分皈依了基督教,后来数目大增。这些居民(如同他们所居地的祖先),一直被看做是一个完完全全接受了西方文明的民族。

回鹘人的三种宗教,即佛教、摩尼教、基督教都起源于西方,粟特文的书写方法,也来源于西方的闪米特系统。他们是用一种西方民族的芦秆笔来书写的。他们的医学知识,正如我们所知道的,它们本来就源于西方。在这一地区的文明中,中原地区的影响也体现在表面层次上,也就是说他们也用筷子,在日常生活中也用中原地区的砚台、毛笔等。在他们的服饰中,总体上保持一种鲜明的突厥特征,但也可找出某些混合的波斯因素。

但是既然他们明显是东亚民族,在外表上同中原人就有某种相似性。正如中原人那样,他们对自己所接受的某些艺术形式也进行了改造,在他们手中,古典艺术中的神的形象,很快就附会了东亚典型的艺术形式。[1]

1.3.3.6 唐代史籍有关回鹘的早期记述

在涉及回鹘早期情况的时候,唐代史籍以某种贬义的言辞对他们描写到:

他们形象较小,傲慢且好斗。他们使用高轮的车子。他们臣属于突厥。他们没有君长,也没有固定的居所。他们为了寻找水和草场而四处游荡。他们本性是残忍的。他们是精良的骑士与弓箭手。他们的贪婪和劫掠远胜于他人。[2]

完全可以确定,当他们占领吐鲁番的时候就已经做好了适应当地文明的充分准备,并且随后在艺术技艺、知识和亚洲古老文化的兴趣等各个方面都留下了相应的证据。格鲁塞称他们为"在保存印欧文化

---

〔1〕Le Coq,A. von(勒柯克),*Buried Treasures*. pp. 21 – 22. 汉译者按:汉译文见陈海涛译:《新疆的地下文化宝藏》,新疆人民出版社 1999 年,第6页。

〔2〕Chavannes,E.(沙畹),*Documents*. p. 87. 汉译者按:此段原文见于《旧唐书·回纥传》:"其象微小,其俗骁强,依托高车,臣属突厥,近谓之特勒。无君长,居无恒所,随水草流移。人性凶忍,善骑射,贪婪尤甚,以寇抄为生。"

遗产方面文明化程度最高的阿尔泰人"。[1]

1.3.3.7 一名汉人使者的稍后记述

10世纪的宋朝人王延德(Wang Yen-tê)于982年奉诏出使吐鲁番,他的描述说这里气候极其炎热,降雨不足。他发现当地的大部分房子上都盖着白土,但是当酷暑难耐的时候人们便离开房子搬进地穴里去住。源自山中的一条河流被引到都城的四周,用以灌溉水田和庭院,带动碾轮。

他还注意到当地有一些技艺高超的金属工匠可以制作银制或铜制的筒,人们在里面盛上水之后相互泼洒。有时人们也用手相互泼洒水,自娱自乐,并认为这样做可以压制"阳气"(酷热)的影响、防治疾病。他们喜欢远行游览,而且随身总是带着各种乐器,特别是箜篌(曼陀林)和琵琶。

男子们擅长骑射,女子们则喜欢佩戴一种亮漆涂染的头饰。他们肯定擅长刺绣,因为有记载说当地除了出产貂皮和白毡外还有"花纹刺绣布料"。敦煌在847年左右还处在他们皇帝的统治下,人们在同时期千佛洞壁画上的供养人形象中也可以见到这种刺绣的头饰和装饰图案。这指的也许就是所谓"缂丝"(K'o-ssǔ)挂毯之类的制作工艺。[2]

王延德记载说当地有大约50座佛寺,佛寺门上的寺名匾额还是唐朝皇帝所赐。寺内的藏书有《大藏经》和各种汉语字典。他还很高兴地看到,尽管那时中国的势力已经衰落,但是天子的各种御札诏敕却仍在这里保存完好。

---

〔1〕Grousset,R.(格鲁塞),*The Civilizations of the East.*(《东方文明》)China.(《中国》)New York,1931—1934. Vol. III, p. 151.

〔2〕Cammann,S.(坎曼),"Notes on the Origin of Chinese K'o-ssɑ Tapestry."(《中国的缂丝挂毯起源考》)Artibus Asiae,(《亚洲艺术》)Vol. XI,1/2,1948. p. 107. 汉译者按:以上论述主要依据的是《宋史·高昌传》中留存的王延德所撰《西域使程记》(又称《王延德使高昌记》),有关原文为:"地无雨雪而极热,每盛暑,居人皆穿地为穴以处,……屋室覆以白垩。……有水,源出金岭,导之周围国城,以溉田园,作水石岂。……地产五谷,惟无荞麦。贵人食马,余食羊及凫雁。乐多琵琶、箜篌,出貂鼠、白氎,绣文花蕊布。俗好骑射。妇人戴油帽,谓之苏幕遮。……以银或鍮石为筒,贮水激以相射,或以水交泼为戏,谓之压阳气去病。好游赏,行者必抱乐器。"

据他说,当地的人们在春天的时候聚集在一起前往这些寺院朝拜。他们带着弓箭骑在马上,射猎各种东西,并称之为"禳灾"。

这里还有一些摩尼教寺院,虔诚的波斯摩尼僧严格遵守他们的宗教戒律,而佛教徒们则称之为外道(异端)。[1]

他发现王国中没有贫民,穷人则由公共经费赡养。人们的生命力十分顽强,可以活得很长,他报告说当地有人数可观的百岁老人。

37

王延德还目睹一些以往回鹘人游牧生活的各种证据。他曾前往可汗及其王室成员避暑的北部王廷(北庭),见到他们在那里牧养和照管各自的良种马群。他翻越金山(Golden Mountains),绕过雪峰(Snowy Peak,他在此遭遇到了一场暴风雪),最后抵达夏都并住进一座寺院里。国王设宴用马肉和羊肉招待他,并给予高规格的接待。7天后举行了正式的接见活动,那些令人眼花缭乱的仪式给王延德留下了深刻的印象。可汗的身旁有一名手持石磬的乐师在有节奏地敲击,大家则按照节奏进行参拜。先是可汗然后是他的儿女和亲属们,依次下马鞠躬,从王延德手里接受中国皇帝带来的礼物。接下来便是宴会、歌舞和喜剧表演,整个活动一直持续到夜晚。

在次日的视察行程中,王延德在王族成员的陪伴下泛舟湖面,四周传来的音乐之声给他留下了深刻的印象。此外他还游览了一座建于637年的佛寺。王延德曾见到这里北面的山中有烟气涌起,晚上发出的"光焰就像火炬一样"。人们穿着护脚用的木底鞋子开采硇砂(氯化铵),并在山脚下挖掘一种青泥炼铜(他们也制作金制、银制和铁制的器皿)。

王延德对此次回鹘之行十分满意,并发现这里的人们勤劳聪慧,精于各种艺术,诚实而开朗。回鹘自唐代史籍对其早期情况记载以来

---

〔1〕汉译者按:以上见于《宋史·高昌传》:"佛寺五十余区,皆唐朝所赐额,寺中有《大藏经》、《唐韵》、《玉篇》、《经音》等。居民春月多群聚遨乐于其间。游者马上持弓矢,射诸物,谓之禳灾。有敕书楼,藏唐太宗、明皇御札诏敕,缄锁甚谨。复有摩尼寺,波斯僧各持其法,佛经所谓外道者也。"

已经获得了长足的发展,所以那些记载对他们来讲显然有失公允。[1]

　　由于战争的缘故,回鹘与唐代中国的联系的确中断了,但是他们中有很多人却在中国生活下来,有几位中国公主也曾嫁给了他们的一些首领。[2]

　　在 20 世纪,与唐朝的看法正相反,他们已经成为新疆的一个兴盛 的族群。[3]

1.3.3.8　有关当地艺术与唐代塑像的描述

　　感谢那些探险家和中亚学术领域的专家们所刊布的成果,使得我们能够回到 8—9 世纪这一时期,并从高昌、柏孜克里克和吐鲁番古城附近的社区发现的壁画、塑像和卷轴画卷残片上看到他们到底是什么样子的人。他们那突厥式的脸型、吊梢眼和长长的弯鼻,明显与吐火罗人和早期的中国居民种族属性不同。

　　勒柯克到高昌故城(即现在的哈拉和卓)的时候,城里的寺院和坚固的城墙已经坍塌得很严重。他描述道:

----

〔1〕王延德行记的内容请参见 Julien, S.(儒莲),"Les Ouigours."(《回鹘考》) In Journal Asiatique(《亚洲学刊》), Paris, 1847, pp. 50 – 66. 汉译者按:以上内容据《宋史·高昌传》,有关原文为:"国中无贫民,绝食者共赈之。人多寿考,率百余岁,绝无夭死。……又五日,上金岭,过岭即多雨雪。岭上有龙堂,刻石记云小雪山也。岭上有积雪,行人皆服毛罽。度岭一日至北庭,憩高台寺。其王烹羊马以具膳,尤丰洁。……至七日,见其王及王子、侍者皆东向拜受赐。旁有持磬者击以节拜,王闻磬声乃拜,既而王之儿女亲属皆出,罗拜以受赐,遂张乐饮宴,为优戏至暮。明日泛舟于池中,池四面作鼓乐。又明日游佛寺,日应运泰宁之寺,贞观十四年造。北庭北山中出硇砂,山中常有烟气涌起,无云雾,至夕光焰若炬火,照见禽鼠皆赤。采硇砂者著木底鞋取之,皮者即焦。下有穴生青泥,出穴外即变为砂石,土人取以治皮。城中多楼台卉木。人白皙端正,性工巧,善治金银铜铁为器及攻玉。"

〔2〕有关双方彼此关系的完整论述,请参见本书附录 6 关于回鹘的内容。

〔3〕《Life》(生活, New York, Dec. 13, 1943, p. 97.)杂志上刊发的一篇文章中说:"新疆的 370 万人口中有维吾尔人 270 万人,他们是这里的主人。"这些类似的数据还见于《远东概览》(Far Eastern Survey), 1944 年 3 月 12 日,第 53 页,"新疆概览"。在 1948 年 9 月 7 日的《纽约时报》(New York Times)上,亨利·R·李伯曼(Henry. R. Lieberman)谈到:"在新疆生活着 14 个民族,他们大致处于三种情况:完全独立,中国治下的高度自治,与苏联合作。"他用图片说明"有数百名突厥人虽然大多目不识丁,但对自己的文化传统却十分了解。他们涌入维吾尔文化俱乐部表演新疆本地的歌舞。一名农民打扮的迷人姑娘以一首歌唱突厥英雄的歌曲赢得满堂喝彩,副歌的歌词是'我们都要彼此忠诚友善。'"《生活》(同上,第 97 页)上的这幅姑娘的照片使我们有机会目睹这样一位舞者,而从可爱的祖韦达汗(Zuwida Khan,见勒柯克, Buried Treasures, p. 13)那里,我们则见证了曾经在中唐时期对中国产生很大影响的时尚,仍然在延续着女子的美丽。

·欧·亚·历·史·文·化·文·库·

这座古城呈方形,占地大约有 1 平方公里,即 256 英亩。在许多地方,巨大的古城墙依旧保存完好。这些城墙大约有 22 米高,是用泥土夯筑而成,其样式和今天波斯以及中国内地的城墙样式并无二致。过去为数众多的城垛,现存 70 座,起到了加固城墙的作用。在千百年的风雨中,城墙上端损坏已经十分严重,但城墙的下半部分仍旧十分坚固,其厚度足以使当初的建筑者们在它里面安排一整套房间,尤其在靠近城门的地方。

城门的损坏更加严重,但还依稀可以辨认,在围绕全城的城墙上,每一面城墙的中部都有一个用于防卫的大门。并且还可以发现,在城的西北角,还有第五个大门。

城里的建筑损坏也相当严重,我们无法清楚地描绘出城内街道的布局走向。但可以看出两条宽阔的主要街道:一条南北走向,另一条东西走向,它们似乎是在城的中心会合。……整个城市布局,毫无疑问是仿照罗马城市卡斯特姆(Castrum)的模式。

39　　　在这座古城中,建筑物毫无例外都是些庙宇、寺院、墓地。简而言之,除了宗教建筑外别无他物。我们花了很大精力,也没有找到一个不属于这种性质的建筑物。每一类建筑的式样既有伊朗风格(屋顶呈拱形),又有印度风格(佛塔式风格)。我们在吐鲁番绿洲以及所考察过的其他城址废墟中,都没有发现有中原式建筑。这座古城是一个寺庙之城,也是一个大墓地。除拥有非常坚固的战时防御工事外,在大门里面,还有一些简单的土屋。[1]

他在其中的一座废墟中发现了一幅壁画,里面有一名男子身着完全生活化了的摩尼教士服装,周围是一些身穿白衣的僧尼。[2] 他推测这是该教派的一座"斋戒堂"(fasting hall),这一发现证实了摩尼教徒们曾经用壁画装饰自己的教堂。在同一相邻的地方,他还发现了许多摩尼教写本残卷,然而它们只是原来储存下来的一小部分,因为有人

[1]Le Coq,A. von(勒柯克),*Buried Treasures*. p.56. 汉译者按:汉译文见陈海涛译:《新疆的地下文化宝藏》,第 44 – 45 页。

[2]Le Coq,A. von(勒柯克),*Chotscho*. p.I.

告诉他这些写本原来可以装满一马车,但后来被一个迷信的农民都扔到河里去了。[1] 这些摩尼教写本有的被做成古代卷轴书的样式,有的是折叠式的(类似手风琴);有的则被做成印度式的长条形贝叶状(pot-hi,即波提),每页穿一孔或两孔;有的被做成欧洲式的装订书。文字书写在纸片、羊皮、软毛皮以及丝织物上。它们大都用鲜艳的金色装饰,而摩尼教字体则是"一种清晰、易认且结构优美的叙利亚字体(Syrian script),或者说是一种粗体的粟特文字母。"[2]

在一座古城的废墟中曾出土了所有种类的写本残卷。其中有一座寺院中就发现了佛教、基督教、摩尼教和琐罗亚斯德教的写本,表明他们都在同一个地方共祭各自的神主,而回鹘国王对他们都是宽容的。在位于吐鲁番附近的水盘(Shui-pang)发掘中出土了很多基督教写本,其中有一部完整的 5 世纪巴列维体(Pahlevi inscription)的诗篇,还有圣乔治受难记(Georgios Passion)和基督启示录(Christian apocry-phon)的回鹘文译本,内容是三国王拜见年幼的基督。但是具有特别价值的是其中大量各种各样景教的叙利亚文福音体(Nestorian Estran gelo)写卷,……并被证明是粟特文。此外还有一些写本残卷属于奈斯派教义(Nicene Creed)、马太福音(St. Matthew's gospel)、海伦娜皇后(Empress Helena)找寻圣十字架的传说以及其他一些基督教文书。[3] 40
这表明在回鹘人到来之前,基督教在当地已经很活跃了。

在城外的一座小庙里发现了一幅壁画,勒柯克认为是表现"棕枝主日"的场景。[4] 画面中为首的教士既不是佛教徒也不是摩尼教徒,很可能就是景教徒。"这座小教堂显然是基督徒,更可能是景教徒做礼拜的地方,并且由于里面新砌起的一些内墙而使其失去了基督教堂的特点,……"[5]这些时代较晚的墙挡住了原来的旧墙,我认为这些时代较早的旧墙上所描绘的形象无论在风格上还是族属上都是前回鹘

---

[1]Le Coq,A. von(勒柯克),*Buried Treasures*. pp. 58 - 59.

[2]Le Coq,A. von(勒柯克),*Buried Treasures*. p. 59.

[3]Le Coq,A. von(勒柯克),*Buried Treasures*. p. 100.

[4]Le Coq,A. von(勒柯克),*Chotscho*. pl. 7;Buried Treasures. p. 9.

[5]Le Coq,A. von(勒柯克),*Buried Treasures*. p. 78.

时期的人物,即吐火罗人。这一点与我前面(第 32 页)所提到的服饰演变顺序是一致的,因为女子身上穿的 8 世纪早期的服装与敦煌壁画中的供养人特别相似。[1] 壁画中的两名男子长着欧洲人的脸型、光滑的皮肤和黑色的卷发,看起来更像是龟兹的吐火罗人而不是后来的回鹘突厥人。[2]

这些在当地星罗棋布的庙宇和寺院里的装饰品曾经饱受磨难,其中有一定数量的壁画和塑像被德国人劫掠到柏林,还有许多则因为本地人和其他一些因素而遭到毁坏,而斯坦因造访这里时仅遗留下来的东西就可以装满超过 100 个大箱子……这些东西被驮在骆驼、牦牛和小马的背上,历经总长近 3000 英里的漫长旅途,跨越超过 18000 英尺的极地高原,虽然充满了艰险,但最后总算平安抵达新德里,如今被存放在专门为它们建造的房子里。[3]

这些艺术品大多出自柏孜克里克,它位于木头沟的一个村庄下,地处浇灌哈拉和卓绿洲的一条溪流旁陡峭的西岸上。他们在那里发现了一个有价值的寺院群,寺院的一部分开凿在岩石里,其中的壁画年代暂定在回鹘时期以来,内容主要是表现佛教传说和礼拜的场景,其题材和风格丰富多样。[4]

41 从研究 9 世纪(壁画的时代大致与之相当)中亚多种族融合的角度来讲,它们的价值是无法估量的,而且它们对于辨识中国古墓中随葬的那些俑像的族属同样具有重要作用。

由于这些 13 英尺高的墙被沙子掩埋,所以墙上的壁画依然保持着原来鲜艳的颜色。其中有一些身着黄色袈裟的印度僧人的画面,他们的名字是用中亚的婆罗谜字体(Brahmi script)书写的;[5] 而东亚的僧

---

〔1〕Stein,Sir M. A.(斯坦因),*On Ancient Central Asian Tracks*,*fig*. 107;*The Thousand Buddhas*(《千佛洞》)封面上的装饰画。

〔2〕Le Coq,A. von(勒柯克),*Bilderatlas zur Kunst und Kulturgeschichte Mittelasiens*.(《中亚艺术与文化史图解》)Berlin,1925. pp. 37 - 43.

〔3〕Stein,Sir M. A.(斯坦因),*On Ancient Central Asian Tracks*. p.264.

〔4〕Stein,Sir M. A.(斯坦因),*On Ancient Central Asian Tracks*. p.263.

〔5〕Le Coq,A. von(勒柯克),*Chotscho*. p.16.

人则身穿紫色袈裟,其名字用汉字和回鹘文字母书写。在礼佛的画面中有印度王子和西域各地的人们——诸如为了适应在炫目的沙海中远看而眼窝深陷的波斯人,长着欧洲人脸型、红发、蓝眼的吐火罗人,白发苍苍的老者,几名闪米特人,而那些面似叙利亚人的人们也许是皈依佛教的景教徒——所有这些人都手持礼品跪拜在佛陀的面前。即使正中间庄严的立像也反映出绿洲文化的多语言流行的特点,诸如乔达摩(Gautama)的样子看起来不像是降生于迦毗罗卫国(Kāpilavastu)的王子,而更像是长着突厥式长鼻、吊梢眼的回鹘人自己,而他的侍从和护卫则可能来自亚洲许多不同的地区。

　　大门左右两侧的墙面上各画着一排突厥供养人,一边是男子,一边是女子,他们身旁各自的回鹘文姓名题记仍然清晰可见。他们是一些有身份的王族或贵族。他们的脸型呈长椭圆状,略显丰满,下颚厚重(有时候男性满脸都是黑色的胡须),而男子与女子的形象都是黑色的直发、吊梢眼和长鼻子。他们的鼻梁比汉人高一些,鼻尖一般带一点弯曲。这种类型的鼻子、常见的脸廓以及男子的胡须(图版4),有助于人们从那些随葬的俑像中辨识回鹘人。

　　这些男子身上穿的圆领紧身外衣很像波斯人,但是回鹘人的袍子要比萨珊人的长,十分符合中国观念中的身份与礼仪。服装面料上的图案则显示出波斯与中国的影响。男性君王脚上穿的是近东式样的靴子。王子和地位高的人们所带的头饰则使他们看起来更高、更醒目,而地位稍低一些的人带的是类似汉人的黑帽子。

　　公主和等级较高的女子们所佩戴的头饰有好几种,其中一种形状如"洋葱圆头"(onion dome)的特别常见,还有一些精美的发夹和装饰物。她们也喜欢胭脂以及我们前面提到的"花黄"。从衣服上的刺绣花边、领子和袖口上可以看到她们对饰物和色彩的偏好,其中有大量红色和橘黄色,当然前提是它们原来的颜色没有发生根本的改变。

　　1.3.3.9　回鹘对汉人习俗的影响

42

从敦煌幡画和壁画[1]上的供养人和其他女性形象来判断,这些突厥人的时尚在 9 世纪晚期和 10 世纪的时候传入中国。正如有学者在研究带纪年文书卷子中的供养人时所指出的那样,当时人们对于精密画的要求增加了很多,[2]我想这是因为回鹘人偏爱这种在西部中国流行的装饰风格,而大量使用红色和橘黄色无疑也是基于同样的原因。

1.3.3.10　回鹘与汉人中的摩尼教

尽管摩尼教是由波斯人而不是回鹘人介绍到中国的,而且吐鲁番的许多回鹘人也是佛教徒,但是在中国人的观念中两者之间却有着密切的联系。

正如德拉克[3]和勒柯克[4]告诉我们的那样,摩尼教在 3 世纪兴起于波斯,是一种将基督教和佛教与琐罗亚斯德教的教义结合在一起的新型宗教。其创立者摩尼坚信自己是耶稣认定的最后的也是最伟大的先知,光明的使者。他宣称物态的东西都是魔鬼,救赎之路在于苦修。他的追随者被分为两派,一派称厄勒克提(Electi),信徒穿白衣、不食荤、不饮酒、不结婚,不从事包括给他们自己准备食物在内的所有手工劳动,全身心地投入到斋戒和定期的祷告活动中;另一派称奥迪托雷斯(Auditores),信徒过着类似隐居一样的普通生活,不食动物食品,礼拜仪式比较简单,并照料厄勒克提信徒的身体方面的需要。他们信奉清教主义,每日只食一次圣餐。他们精通天文学,精于装饰经书。

在波斯人的记忆中,摩尼是一个出色的画家,所以他能够用精美的色彩装点自己的手稿,这一点和他的教义一起导致与琐罗亚斯德教的诸多对立。在琐罗亚斯德教的要求下,他遭到放逐,一生大部分的时间都游历在自己的祖国波斯的东部边境之外。他一边游历一边传教,

---

〔1〕Stein,Sir M. A.(斯坦因),*Serindia*,pls. LXI,LXVI,LXVII,LXXX,C;andThe Thousand Buddhas,pl. XXV.

〔2〕Thompson,D.(汤普森),"Note on the Dated Rolls from Ch'ien Fo-tung in the British Museum."(《大英博物馆藏千佛洞纪年卷子考》)In Rupam,1927,no.30,pp. 51 – 54.

〔3〕林仰山:《唐代的对外关系》中有关《基督教记录》的章节,p. 643 et seq.

〔4〕Le Coq,A. von(勒柯克),*Buried Treasures*. pp. 30 – 35. 波奇特(Burkitt,F. C.),*The Religion of Manichees*,(《摩尼的宗教》),Cambridge,Enland,1925.

并在中亚特别是萨马尔罕赢得了许多信徒。后来他又回到波斯,希望在王族中传教并的确获得了成功,但是琐罗亚斯德教士们鼓动国王反对他,所以摩尼只好再次躲藏起来。273 年左右摩尼被捕后被钉死,尸体砍成两段后填充进稻草,悬挂在都城的大门上。

摩尼教无论在与亚洲的佛教还是地中海国家和欧洲的正统基督教发生接触的时候,似乎并没有流行开来,但是其教徒的人数却在不断增加。在 694 年,波斯人拂多诞(Fu-to-tan,厄勒克提教派信徒)将摩尼教引入中国并将异端教义《二宗经》(Er Tsung-ching,异端的二宗教义说经文)带到了朝廷。[1]

摩尼教进入中国的下一条记录见于 719 年。当时在来自西亚的使节中有一位精通天文的"大慕阇",受吐火罗君王的派遣前来中国,并请求皇帝向他询问有关公共事务以及宗教的问题。如果皇帝认为他具有这方面的能力,那么就请下诏予以支持并准许他建造教堂。[2]

在摩尼教传入 38 年后的 732 年,皇帝下达一道诏敕宣称该教为异端邪说,假借佛教的名义误导民众,因此予以禁断,但是外国人仍然允许信奉自己的宗教。[3]

这道诏敕在指责摩尼教的同时,也表明国家对其有限度的承认,这也许是因为它还希望那些摩尼天文学家为国家服务。这与清代早期耶稣会士的情况类似。[4]

据记载,8 世纪早期的长安有如下寺院:

64 所佛教僧寺和 27 所修行尼寺;

---

〔1〕林仰山:《唐代的对外关系》,第 646 页. 汉译者按:本段所依据的原文见于《佛祖统纪》卷 39:延载元年(694)"波斯国人拂多诞持《二宗经》伪教来朝。"

〔2〕林仰山:《唐代的对外关系》,第 647 页。汉译者按:本段所依据的原文见于《册府元龟》卷 971《外臣部·朝贡四》:唐玄宗开元七年(719 年)"吐火罗国支汗那王帝赊上表献解天文人大慕阇……'其人智慧幽深,问无不知。伏乞天恩,唤取慕阇,亲问臣等事意及诸教法,知其人有如此之艺能,望请令其供奉,并置一法堂,依本教供养'。"中华书局 1960 年影印本,第 11406 页。

〔3〕汉译者按:本段所依据的原文见于《通典》卷 40《职官》:开元二十年七月玄宗下诏敕:"末(末)摩尼法,本是邪见,妄称佛教,诳惑黎元,宜严加禁断。以其西胡等既是乡法,当身自行,不须科罪者。"中华书局 1988 年点校本,第 1103 页。

〔4〕林仰山:《唐代的对外关系》,第 648 页.

　　10 所道士的道场和道观；

　　6 所道姑的道场；

　　2 所波斯胡寺；

　　4 所祆祠或摩尼寺。[1]

　　据测算当时中国的总人口大约是 5400 万人。[2] 在 9 世纪中叶的 843 年，摩尼教是第一个遭到禁断的外来宗教。

　　哈金（Hackin）在讨论柏孜克里克壁画的时候曾经谈到，由于佛教已经在那里立足，所以摩尼教不大可能在回鹘人转而信仰它（763 年）之前的某一段时间里显山露水。而摩尼教所占据的地方（被毁弃的寺院）又正处在佛教两次占据的时间之间，后一次时佛教徒则试图抹掉该处摩尼教的痕迹。[3]

　　当 799 年大旱时，摩尼教徒被要求用他们的方式给北部中国带来降雨。与此相反的是，在 710 年（大多数回鹘人皈依摩尼教之前）的时候，有一位回鹘教士曾被召来止雨。

　　那一年长安城遭受到了两个多月的连绵大雨，某个回鹘教士奉命终止这场瓢泼大雨。他在制止屠宰猪之后搭起了一座祭坛，并念诵佛经和咒语。在 50 天中他共献祭了 20 只羊和两匹马，但是雨还在继续下。教士本人于是被处死，而大雨随即就停了。[4]

　　在 9 世纪的时候，摩尼教教士曾在回鹘可汗与中国皇家之间扮演着商谈联姻的使者角色。他们还作为显贵们的随行人员从高昌前往45 长安，或者作为天文学家为中国朝廷服务。大约到了 9 世纪中叶的时候，由于回鹘已经基本不能对中国西北边疆造成麻烦，摩尼教于是

　　〔1〕Moule, A. C.（穆尔），*Christians in China*.（《中国的基督教》）London, 1930. p. 71, note 84. 汉译者按：本书有汉译本，即郝镇华译、蒋本良校：《一五五〇年前的中国基督教史》，中华书局 1984 年，第 77 页。本段引文见于北宋宋敏求撰《长安志》卷 7 中所引的唐开元时韦述的《两京新记》，原文为"僧寺六十四，尼寺二十七，道士观十，女观六，波斯寺二，胡祆祠四。"

　　〔2〕Bielenstein, H.（巴伦斯坦），"The Census of China."（《中国人口统计》）In *BMFEA*, no. 19, 1947, p. 161.

　　〔3〕Hackin, J.（哈金），*Recherches archéologiques en Asie Centrale*.（《中亚考古研究》）Paris, 1936. p. 9.

　　〔4〕Edwards, E. D.（爱德华兹），*Chinese Prose Literature of the T'ang Period*. p. 57.

失宠。

845 年左右,受到鼓动的皇帝发布诏敕反对佛教、景教和祆教,下令拆毁大约 4600 座佛教寺院,强迫 260500 名僧尼还俗并从此开始缴纳两税;[1]拆毁各类寺院 4 万座,没收原属于各宗教的数百万英亩的良田,并释放原属于各宗教财产一部分的男女奴婢大约 1.5 万名。至于那些外来宗教的传教士们,则勒令他们回归世俗生活,以免玷污中国的风俗。他们中有 3000 人被遣返回自己在塔里木盆地或印度的老家。[2]

勒柯克在考察吐鲁番古代遗址的时候,曾在一座穹顶建筑内发现过这种禁断政策下令人震惊的遗存:

> 我们揭开房顶,发现了 100 人左右的一堆尸体,他们显然是曾遭受过重创的佛教僧人。这一大屠杀发生的年代无疑在 9 世中叶,因为正是在那个时候唐朝政府发布了禁断诏敕。[3]

当回鹘人 9 世纪在吐鲁番定居并成为绿洲城郭文化的继承者的时候,中国的势力正在衰落。唐朝的繁盛正在接近尾声,而回鹘的影响则日益增强。他们之间或友或敌的密切关系也即将结束。数千回鹘人居住在长安和洛阳,在唐朝的军队和朝廷里服务。他们无论是王子、传教士、雇佣军、天文学家、文书、商人、杂耍艺人、乐师还是舞伎,都在唐代的生活和时尚方面发挥了至关重要的作用,并有相当数量的人出现在那些俑像当中。他们那独特的形象必定是唐代社会景观中常见的一部分,其俑像被作为中国王公和平民侍从中的普通一分子而随葬在

---

〔1〕汉译者按:"两税"原文作"biennial taxes",意为"两年缴纳一次的税",误。唐德宗朝宰相杨炎创立"两税法",以户税和地税来代替租庸调及各项杂税,并于德宗建中元年(780 年)开始实行;两税所指的乃是户税和地税。

〔2〕Goodrich, L. C. (富路特), *A Short History of Chinese People*,(《中国人简史》)New York, 1943. pp. 126 - 127. 汉译者按:本段依据的是《旧唐书·武宗本纪》的记载,原文为:"其天下所拆寺四千六百余所,还俗僧尼二十六万五百人,收充两税户。拆招提、兰若四万余所,收膏腴上田数千万顷。收奴婢为两税户十五万人。隶僧尼属主客,显明外国之教。勒大秦穆护、祆三千余人还俗,不杂中华之风。"中华书局校点本,第 606 页。

〔3〕Le Coq, A. von(勒柯克), *Buried Treasures*. p. 62. 汉译者按:陈海涛汉译本《新疆的地下文化宝藏》第 51 页中的译文与本书原文所引略有出入。

·欧·亚·历·史·文·化·文·库·

墓中。

1.3.3.11 回鹘与汉人中的景教

46 正如我们所见到的那样,聂斯托里派基督教被一些回鹘人接受,并且也在中国得到了立足。在 431 年的以弗所会议(Ephesus Council)上,聂斯托里被君士坦丁堡的牧首指责为异端,而他的追随者则是近东和中亚不同种族的各个民族,其成员包括叙利亚人、吐火罗人、突厥人和中国人。基督教传入中国最早的确切记载便是 635 年的景教教团。[1]

1625 年(或 1623 年),西安府(即位于陕西 Shensi 的古城长安)的工人发现了一块《景教碑》,其时代为 781 年。此碑原立于 638 年在西京建造的第一座景教教堂的附近,可能在 845 年禁断宗教的诏敕发布后被运到那里埋藏。穆尔对该碑铭文所做的部分译文,[2]为我们描绘了在宽容的中国皇帝统治下景教的兴盛景象:

> 大秦(Ta Ch'i,一般指的是东罗马帝国,这里指称的可能是叙利亚)寺僧景净(Chih-ching)述。……太宗文皇帝,光华启运,明圣临人。大秦国有上德曰阿罗本……贞观九祀,至于长安。帝使宰臣房公玄龄,总仗西郊,宾迎入内。翻经书殿,问道禁闱,深知正真,特令传授。

于是皇帝下诏在京城义宁坊建造一座大秦寺(Ta Ch'in),常驻僧人 21 名。寺内的墙上绘有皇帝的画像。几年后有记载说:

> 石笋,真珠楼基也,昔有故人,于此立寺,为大秦寺,其门楼十间,皆以真珠翠碧贯之为帘。每有大雨,其前后人多得真珠瑟瑟金翠异物等。[3]

穆尔注意到了伯希和发现的被称为"毛笋"的大量石柱的相关信息,它们的北面高 16 英尺,南面高 13 英尺,围长 12 英寸。

---

〔1〕穆尔:《中国的基督教》,第 24 页。
〔2〕穆尔:《中国的基督教》,p. 35 et seq. 汉译者按:以下《景教碑》录文参见路远著:《景教与景教碑》附录,西安出版社 2009 年,第 322 – 323 页。
〔3〕穆尔:《中国的基督教》,第 71 – 72 页。汉译者按:本段引文见郝镇华译本,第 77 页。本书英译文与汉文原文有出入,如"故人"作"foreigners"(外国人)。

　　高宗大帝……而于诸州各置景寺,仍崇阿罗本为镇国大法主。法流十道,国富元修。寺满百城,家殷景福。[1]

德拉克则认为该碑文在此所展示的这种场面过于乐观。

　　这些铭文会导致人们夸大对景教当时在中国传播与影响的认识。只要看一下那些与此相悖的有关中国宗教状况的背景材料,特别是同一时期其他外来宗教在中国的处境,这种认识就可以得到纠正。[2]

伯希和曾经在敦煌附近的千佛洞内的一间被封存的小石室里发现了一件景教写本《三威蒙度赞》(Gloria in Excelsis Deo)。这件文书是被当地的一个道士在 19 世纪末发现的,其时代属于公元 800 年左右。它很可能是在长安或其附近写成的,内容包括《三威蒙度赞》(与东叙利亚的《三威蒙度赞》格式相同)、圣徒名单和圣经目录以及历史简述,并记载有"大秦本教经都五百卅部"。

　　除了《三威蒙度赞》(现藏巴黎国家图书馆)外,在众多公私藏的敦煌文书卷子中还被辨识出有其他 4 件景教文献。[3]

　　圆照(Yüan-chao)在公元 800 年左右写的一本书中介绍了一位迦毕试国(Kapīsa,距阿富汗巴米扬不远)男子的故事,[4]他的梵文名字叫做般刺若(Prajñā)。从这个故事中我们可以想象得到,当时长安在生活和思想方面国际化程度的生动景象。他在中天竺国的那烂陀(Nālandā)寺接受大乘佛教教育,然后又乘船到中国。虽然遭受海难,但他又设法取道陆路走了 1 年,最终在 782 年抵达一个大都市[5]。4 年后他见到了一位来自故乡的乡亲,一名皇帝贴身护卫的指挥官。这名乡亲请他翻译佛经,大秦寺的僧人景净(Chih-ching,可能与 718 年撰写景教碑的为同一人)协助他。他们翻译所依据的是"胡"(西亚的)本

---

〔1〕穆尔:《中国的基督教》,第 40 页。汉译者按:本段为《景教碑》碑文,见郝镇华译本,第 43 页;路远《景教与景教碑》附录,第 323 页。

〔2〕林仰山:《唐代的对外关系》中有关《中国纪录》的部分,第 354 页.

〔3〕穆尔:《中国的基督教》,第 52 – 58 页。

〔4〕穆尔:《中国的基督教》,p. 67,and footnote p. 69.

〔5〕汉译者按:即广州。

佛经。

> 时为般若,不闲胡语,复未解唐言;景净不识梵文,复未明胡释教,虽称传译,未获半珠。[1]

佛教在传入中国以后经过长时间的发展已经完全站稳了脚跟,以至于景教徒们感觉到其势力在某种程度上已经盖过了那些"西方"宗教的小教团。824 年稍后不久,他们中有一个名叫舒元舆(Shu Yüan-yü)的教徒曾在一块石头上刻出以下铭文:

> 亦容杂夷而来,有摩尼焉,大秦焉,祆神焉。合天下三夷寺,不足当吾释寺一小邑之数也。[2]

虽然 845 年禁断的对象主要是佛教,但是所有"外来的异端宗教"都未能幸免,景教自然身在其列。

如果想搞清楚某些唐代景教徒日常生活的情况,我们只有将目光转向同时期吐鲁番高昌景教壁画中所描绘的那些世俗人物身上。[3]画中的男子头戴黑帽,这种帽子盖住了头部很大一部分,与汉人那种有飘带的直帽迥然不同;他们身穿长袍而不是裤子,披肩似的斗篷低至膝下,悬空的袖子则是波斯风格的。宽宽的翻领也是萨珊式的。

1.3.3.12 基督徒的塑像

在中国出土的俑像中,有一定数量的外国人也穿着与此相同的服饰。这些形状稍小的立俑和壁画上的人物一样,一般是头部前倾,两手紧握在腰间,神态庄严,似乎和他们"少数群体"的情况相符合。他们

---

〔1〕汉译者按:以上据圆照的《贞元新定释教目录》,有关原文为:"法师梵名般剌若(唐言智惠),北天竺境迦毕试国人也。……至二十三诣中天竺那兰陀寺,受大乘唯识瑜伽中边等论及声明论……尝闻支那大国,文殊在中,东赴大唐,誓传佛教。泛海东迈,架险乘航…泊建中三年(782 年),届于上国矣。至贞元二祀(786 年),访见乡亲。神策正将罗好心,即般若三藏舅氏之子也。……好心既信重三宝,请译佛经。乃与大秦寺波斯僧景净,依胡本。《六波罗蜜经》译成七卷。时为般若,不闲胡语,复未解唐言;景净不识梵文,复未明胡释教,虽称传译,未获半珠,图窃虚名,匪为福利。"见郝镇华译、蒋本良校:《一五五〇年前的中国基督教史》,中华书局 1984 年,第 74 页。

〔2〕穆尔:《中国的基督教》,p.70,note 83,碑铭出自永兴县的重岩寺,今湖北兴国州。汉译者按:此碑铭文的录文见于《全唐文》卷 727 和《金石萃编》卷 102。郝镇华译、蒋本良校:《一五五〇年前的中国基督教史》,中华书局 1984 年,第 75 页。

〔3〕Le Coq,A. von(勒柯克),Chotscho,第 17 页的线描图;Buried Treasures,p.9.

通常面带微笑,而这种充满渴望和自信的微笑也许就是期待继承全世
界的温顺的微笑(图版 12a)。尽管哈拉达(Harada)推测这种俑像代表
的可能是回鹘人,但是如果与回鹘人的面相仔细比较就会看出两者实
际上并不相像,俑像的面相更像是龟兹人,所以我相信他们更可能是
皈依基督教的前回鹘时期的吐火罗人。

有许多俑像都身披斗篷,这种情况也见于六朝或隋代的敦煌壁画
中。[1] 虽然我并不觉得这些人物形象都是基督徒,但是他们之中至少
有为数不多的几个人似乎是吐火罗人。

吐火罗人的分布范围当然并不限于吐鲁番地区,他们在六七世纪
的时候就是焉耆和龟兹的统治阶层。

1.3.4　其他绿洲中心地带的吐火罗人

1.3.4.1　焉耆

吐鲁番以西的其他绿洲城郭是焉耆、龟兹和疏勒,它们在 5 世纪中
叶的时候曾被中国北方的两位拓跋魏君王所征服,从而使它们在前唐
时期就同中央王国建立了密切的联系(汉译者注:原文如此)。生活在
那里的吐火罗人操的是印欧语,他们的形象被同时期的人绘制在库车
地区特别是克孜尔石窟的壁画中,格伦威德尔(Grünwedel)曾经复制过
这些壁画,[2]但实际上它们被德国考古学家们运到了欧洲。

壁画中的国王、王后及其廷臣和武装卫士被描绘的都像是贵族,
他们有着圆润的脸庞、笔直的鼻子(比回鹘人的鼻子略低),眼睛是非
蒙古人种的蓝色或绿色,皮肤白皙。他们的头发呈波浪状并被绘制成
红色、棕色或黑色。男子的头发一般中分,并从头顶剪短 3、4 英寸(脑
后除外),然后在脖颈处用丝带把头发系在一起。[3]

---

〔1〕Pelliot, P. (伯希和), *Les Grottes de Touen-houang*. (《敦煌石窟》)Vol. V, pl. CCXCVI, 137b 号石窟。

〔2〕Grünwedel, A. (格伦威德尔), *Altbuddhistische Kultstätten in Chinesich Turkistan*. (《中国突厥斯坦的古代佛教文化》) Berlin, 1912.

〔3〕Le Coq, A. von(勒柯克), *Bilderatlas zur Kunst und Kulturgeschichte Mittelasiens*. (《中亚艺术与文化史图解》)pp. 37 – 45; Stein, Sir M. A. (斯坦因), *Serindia*. p. CXXVI, mi-XVIII, 0014, 一幅出自焉耆的色胶壁画。

唐代的记载中称喀喇沙尔(Qarashahr)为焉耆,按鸟儿飞行的里程计算距京城7000多里……(需要提醒一下,一里大约相当于624码)水渠灌溉着农田,盛产黍和葡萄,捕鱼和盐业的商业利润较高。人们剪发、穿毡衣。国中有人口四千户,士兵二千名。人们的习俗中重视娱乐和消遣,每年二月的第3日到野外祭祀,四月的第15日到树林中游走,七月的第7日祭祖,十月的第15日国王才首次出游,直到岁末所有活动才结束。[1]

佛教高僧玄奘在628年前往印度求法的时候曾经过这里,他在自己的游记中说焉耆是一片肥沃的绿洲,有数条最后汇聚在一处的河流环绕、浇灌着绿洲。他发现这里有十几座佛寺,近两千名信奉小乘(Hinayānist sect)的僧徒。[2] 焉耆国王和吐鲁番的国王一样也是一个虔诚的佛教徒,他带领大臣们出来迎接法师,并在自己的宫廷里待玄奘如上宾。由于吐鲁番与焉耆之间存在纠纷,所以陪同他的吐鲁番人没有受到妥善的接待,玄奘因此只在此停留了一晚。[3]

此后的644年,焉耆国王没有像中国皇帝希望的那样遣使朝贡。皇帝的军队接到命令前往征讨,经过强行军抵达城下,并在拂晓发动突然袭击。焉耆打败,1000多人被斩首。焉耆王和王后被掳到洛阳,皇帝下令赦免了他们。后来,应焉耆国人的请求,高宗皇帝允许他们归国并赐予焉耆王左卫大将军的头衔。焉耆和龟兹、疏勒、于阗(四镇中的三镇)获准向过境的西域商人收税。[4]

从660年开始,吐蕃成为这一地区的大患。670年他们占领了于

〔1〕Chavannes,E.(沙畹),Documents. pp.110 – 111.汉译者按:本段原文见于《新唐书·西域传上》:"焉耆国直京师西七千里而赢,横六百里,纵四百里。东高昌,西龟兹,南尉犁,北乌孙。逗渠溉田,土宜黍、蒲陶,有鱼盐利。俗祝发氈衣。户四千,胜兵二千,常役属西突厥。俗尚娱邀,二月朏出野祀,四月望日游林,七月七日祀生祖,十月望日王始出游,至岁尽止。"
〔2〕汉译者按:本段依据原文见于《大唐西域记校注》卷1:焉耆(阿耆尼)"泉流交带,引水为田。……伽蓝十余所,僧徒二千余人,习学小乘教说一切有部。"玄奘、辩机原著,季羡林等校注:《大唐西域记校注》,中华书局1985年,第48页。
〔3〕汉译者按:此段依据原文见于《大慈恩寺三藏法师传》卷2:"阿耆尼王与诸臣来迎,延入供养。其国先被高昌寇扰,有恨不肯给马。法师停一宿而过。"慧立、彦悰著,孙毓棠、谢方点校:《大慈恩寺三藏法师传》,中华书局2000年,第25页。
〔4〕Chavannes,E.(沙畹),Documents. p.113.

阗、莎车和龟兹,直到692年才被唐朝击退。

"从那以后到天宝年间(742—755年),焉耆一直遣使朝贺。"[1]

1.3.4.2 龟兹

关于焉耆的姊妹城龟兹,斯坦因爵士曾经谈到:

> 除了开垦区域的规模、经济资源以及两条大河所保障的灌溉 51
> 系统外,龟兹还享有优越的地理位置,特别适合发展贸易。贸易干
> 道在此相汇,由此向北穿越大山有很多小道通往准噶尔盆地,由
> 此向南沿着和田河的河床穿越塔克拉玛干沙漠可以直接到达于
> 阗。所有这些都赋予了该地区历史时期在政治和文化上的重要
> 性。这种重要性从当地大量引人注目的寺院和石窟寺遗存中也
> 可以反映出来,这些遗存表明了龟兹佛教设施的兴盛状况以及支
> 撑这些设施的丰富人力资源。[2]

1.3.4.3 玄奘的记述

回到高僧玄奘来看,他通过焉耆后走了200多里,穿过一座山丘和两条大河后又西行700多里才抵达龟兹国。他报告说该国国境东西1000多里,南北600里,都城周长有十七八里。他发现当地出产糜、麦、水稻、葡萄、石榴、梨、李、桃和杏。该国矿产丰富,有黄金、铜、铁、铅、锡等。

这里气候温和,民风质朴。当地人们在管弦乐器方面的高超造诣给他留下了深刻的印象。他还对当地人穿的锦褐服装、断发巾帽、新生儿以木押头等习俗加以评述。他注意到当地人使用金币、银币和铜币。

---

〔1〕Chavannes,E.(沙畹),*Documents.* p.114. 汉译者按:以上论述依据《新唐书·西域传上》,有关原文为:"西突厥臣屈利啜为弟娶(焉耆王)突骑支女,遂相约为辅车势,不朝贡。……帝即命孝恪为西州道总管,率兵出银山道,……孝恪倍道兼水,夜傅堞,迟曙噪而登,鼓角轰哄,唐兵纵,国人扰败,斩千余级,执突骑支,……因突骑支及妻子送洛阳,有诏赦罪。……国人请还前王突骑支,高宗许之,拜左卫大将军,归国。……诏焉耆、龟兹、疏勒、于阗征西域贾,各食其征,由北道者轮台征之。讫天宝常朝贺。"

〔2〕Stein,Sir M. A.(斯坦因),*On Ancient Central Asian Tracks.* P.281.

他们的文字取自印度并略有变通。国王是本地人,"智谋寡昧,迫于强臣。"〔1〕

1.3.4.4　唐代史籍的记述

唐代史籍也提到了龟兹的这些特产,并补充道:

> 龟兹……东距京师七千里而赢,……俗善歌乐,旁行书,贵浮屠法。产子以木压首。俗断发52齐顶,惟君不翦发〔2〕。……王以锦冒顶,锦袍、宝带。岁朔,斗羊马橐它七日,观胜负以卜岁盈耗云。……龟兹、于阗置女肆,征其钱。〔3〕

即使在唐朝扩张之前,龟兹就足以引起了中国世俗历史的关注。

> 早在四世纪的《晋书》就带着倾慕的心态称龟兹"王宫壮丽,焕若神居。"……北魏和唐代的历史中都谈到了当地迷人的女子以及她们所使用的著名化妆品和波斯的香料,因为龟兹是一个很大的集市。他们的地毯也令人称赞。城北山谷中孔雀的美丽人尽皆知,必定激发了人们的灵感,从而创造出的佛教寺院建筑上著名的孔雀穹顶。〔4〕

1.3.4.5　龟兹音乐

正是技艺高超的乐师使得该城声名远播。汉文文献记载说,龟兹人喜爱音乐,特别擅长演奏管弦乐器。他们能模仿落雨和瀑布的水声。他们只要稍微动一下,就可以发出美妙的声音。印度的乐师也随佛教一起迁移到这里,有证据表明印度对龟兹的音乐和乐谱的影响很大,而且其中有一个家族〔5〕世代以音乐为业,其成员之一的曹妙达(Miaota)曾在550—577年之间前往中原。

龟兹本地的乐团一般有4名舞伎伴舞。他们表演的一个节目是

---

〔1〕Watters,T.(瓦特斯),*On Yüan Chwang's Travels in India*,629–645 *A.D.*(《关于玄奘629—645年的印度之行》)London,1904. p.59. 汉译者按:本段依据原文见于《大唐西域记校注》卷1。见玄奘、辩机原著,季羡林等校注:《大唐西域记校注》,中华书局1985年,第54页。

〔2〕Le Coq,A. von(勒柯克),*Bilderatlas*. fig 10.

〔3〕Chavannes,E.(沙畹)*Documents*. p.115. 汉译者按:本段原文见《新唐书·西域传上》。

〔4〕Grünwedel,A.(格伦威德尔),*Alt-Kutscha*.(《古代库车》)Berlin,1920. pls. XIII—IV。

〔5〕汉译者按:此处指的是曹婆罗门家族。

"太平乐"(Song of University Peace),另一个是"五方狮子"——每个狮子由 12 个人组成,需要 140 名舞伎协助表演。我们知道,龟兹乐师在隋朝初期就被派到了中原;在 581 年的一次廷宴上表演的乐队分别来自天竺、龟兹、安国、康国、疏勒以及突厥、扶南(Cambodia)和倭国(日本)。[1]

1.3.4.6 当地艺术中的龟兹人

在研究绘画和雕塑中这些人的形象,尤其是勒柯克刊布的彩色图版[2]时,我深深地感到了他们与地中海人和凯尔特人类型在体质上的相似之处。虽然许多女子都被绘成佛教女神提瓦达(dewatās)的形象,但是她们不仅在种族特征上与呆板的印度类型完全不同,而且两者的肤色和姿态也迥异;她们垂直站立而不是像印度美女那样呈 S 形扭曲。我认为龟兹人所偏爱的低领装乃是当地传统与印度裸体风格妥协的产物。这种袒胸、长腰的人物形象与仕女们[3]穿的紧身胸衣和低领服装完全相合,并且肯定影响到了对女神形象的塑造,在初唐时期十分流行(图版 7b,16)。唐代白釉陶器上所用颜料令人不由联想到龟兹的用色——淡红色、玫瑰色、绿中透蓝色以及头发和眉毛上的黑色,并与鲜亮的白皮肤形成鲜明对比。和中亚的女子一样,这些女俑把头发盘在头顶,带着"帷帽"或头巾,注意保养的龟兹人为了在沙漠环境下保护皮肤也带这些(图版 15)。我从未见到有人眯眼或阳光灼伤皮肤的景象。

本地类型的影响甚至在佛陀的形象上[4]也可以看到,诸如佛陀的圆脸和小嘴,眼睛也比印度的原型要生动,这些肯定也与高昌具有回

53

〔1〕Bagchi,P. C.(师觉月),*India and China,a Thousand Year of Sino-Indian Cultural Contact.* Calcutta,1944. pp. 175 – 176. 汉译者按:《隋书・音乐志下》:"始开皇初定令,置《七部乐》:一曰《国伎》,二曰《清商伎》,三曰《高丽伎》,四曰《天竺伎》,五曰《安国伎》,六曰《龟兹伎》,七曰《文康伎》。又杂有疏勒、扶南、康国、百济、突厥、新罗、倭国等伎。"
〔2〕Le Coq,A. von(勒柯克) *Die Buddhistische Spätantike in Mittelasien.*(《中亚的晚期佛教》) Teil I-IV. Berlin,1922—1924. Die Plastik(《雕塑艺术》),pp. 18a,19a,21b,22b,c,26a、b、c、d,27,31a(可与中国雕塑中的吐火罗女骑马俑比较),32;34;35(注意其欧洲人特点的黑发、白皮肤)。
〔3〕Le Coq,A. von(勒柯克),*Bilderatlas.* pp. 44 – 45.
〔4〕Le Coq,A. von(勒柯克),*Die Plastik.* p. 39.

·欧·亚·历·史·文·化·文·库·

鹘特点的佛陀形象不同。类似的形象在勒柯克所著的《新画作》中也可以见到。[1]

1.3.4.7 龟兹习俗

龟兹男子身上用织物裁剪的短袍使人想起萨珊波斯的国王和廷臣穿的服装。衣服上精美的花纹、联珠团窠纹、三重珠纹、三角珠纹和菱形珠纹以及图样化了的单个花蕾纹、花簇纹和宝花纹,在浅蓝色、苔绿色、棕色以及白色的平纹织物上以适应纹样的形式连续展开。我们并未发现来自中国一方的流云纹、盘龙纹和飞鸟纹。衣服上以刺绣、锦缎和皮毛镶边或者滚边,有助于保持外套和翻领的定型,进而凸显身材高雅和苗条的效果,因为这些紧束宽带的短袍使那些大腹便便者难以容身。龟兹男女都身材苗条,而不是像印度和中国那样以丰满肥胖为美。我认为堪萨斯城收藏的那尊唐代塑像(图版12e)就是一个龟兹人。[2]

壁画中人物的等级主要体现在人身上的翻领(身份高的人领子全部翻开)、武器(等级高的人佩带长剑,其他人佩带短刀),所有的人都足穿靴子,就连绘制石窟寺壁画的画匠的自画像都是如此。他们和许多手执花簇供奉的朝圣者们在画面中都足部悬空,看起来像某个不合时宜的萨珊人。[3]

在为佛陀的圣物而战的时候他们则被描绘成戏剧中的人物而不是供养人。他们像粟特人一样全副武装,在马背上手持长矛,挥舞着战旗。[4] 即使身着宫廷服装的供养人也在短袍的外面套上一层合适的保护性铠甲。[5] 中国人也接受了这种保护前胸和后背的穿法;而"护

---

〔1〕见勒柯克:《中亚的晚期佛教》第五卷,p.7 以及 p.11a 中的其他吐火罗人类型。Neue Bildewerke(《新画作》),第二卷,p.6 中的僧人、骑士和女子;《新画作》第二卷 p.64 中的两名骑士和国王,同卷 p.3 中欧洲人长相的棕发僧人。

〔2〕*Sculptural Forms in Terra Cotta from Chinese Tombs.* (《中国古墓中的赤陶雕塑类型》)The Toledo Museum of Art. Toledo,Ohio,1939. Fg.47 on p.15.

〔3〕Le Coq,A. von(勒柯克),*Bilderatlas.* pp.38 – 39.

〔4〕Le Coq,A. von(勒柯克),*Bilderatlas. figs.*32 and 33,以及第 11 – 22 页有关甲青的讨论。

〔5〕Le Coq,A. von(勒柯克),Bilderatlas. *fig* 22.

心镜"和折叠肘袖头[1]则成为了中国王公服饰的一部分。

女子服装的色彩和面料都十分丰富。她们有时也穿萨珊波斯式的宽翻领;其他场合则穿着与同期亚洲别的地方不同的低胸圆领服,并取代了传统服装的开襟样式,一时成为中国的时尚(图7)。波斯的紧身长袍样式随意,中国的袍子则过于宽松,而龟兹高腰、贴胸的紧身胸衣[2]则与之相反。这种样式也在唐以前传入中国(见龙门石窟中带皇后题记的女跪像)并成为唐代服饰的一部分。龟兹女子所穿的百褶袖后来也被中国服装所吸收(图版7a,16)。55

尽管足蹬靴子、全副武装的男子看起来似乎总是时刻处于准备打仗的状态,但是女子的生活得显然很安全,也不必离开绿洲到沙漠里去冒险。人们难以想象她们会像供养人壁画中那样穿着波浪状的裙子骑在马背上。她们在旅行的时候肯定穿的是长裤或者其他不同类型的裙子。为了防太阳光和风沙,佩戴面纱是必要的;很久以前希腊统治者所戴的太阳帽[3]也在中亚地区留存下来,后来在650年被中国人所接受,也就是前面提到的"帷帽"(第21页)。我们估计他们在佛教壁画中所穿的服装应该是最漂亮的,龟兹女子喜欢丝带、围巾以及各种各样新颖奇特的头饰。即使在马背上他们也在演奏乐器,在已故 C. T.鲁的藏品中就有龟兹人的俑像,其中一人弹着琵琶,另一个手执杯钹。

1.3.4.8　佛教中印度因素的影响

虽然龟兹地区的波斯织物和时尚给人留下了十分深刻的印象,但是印度和佛教则在当地文化方面发挥着主导作用。中国早期佛教的重要思想家之一鸠摩罗什(Kumārājvā)是这一绿洲城郭土生土长起来的,他是一名印度人和龟兹公主之子。他曾经前往印度学习吠陀和佛教经典,然后返回中亚,直到383年被中国人虏获。他被带到中国北部,并在那里从事他早前惯常作的一项工作,即梵文佛经的翻译。正如

---

[1]Le Coq,A. von(勒柯克),*Bilderatlas.* fig 11.

[2]Le Coq,A. von(勒柯克),*Bilderatlas.* pp.44 – 45.

[3]Le Coq,A. von(勒柯克),*De la Grèce à la Chine.* P.11 and p.XV.

格鲁塞指出的那样:"可以毫不夸张地说,大部分梵文经典都是通过鸠摩罗什介绍到远东的。"[1]

希腊式佛教和笈多艺术风格也是以这种方式移植到中国的,这在世界艺术中同样具有重要的意义。近代探险家们在亚洲的这一地区发现了大量的艺术品,其中可以见到这种风格的壁画和陶塑人物形象,他们大多都很接近其印度原型,[2]而当地的能工巧匠则在表现其他人物形象,尤其是在细节的塑造上加入了自己的观念。画匠使用了模版,而雕塑者则使用了模具,两者都试图保持佛教艺术的传统神性,并试图复制其原来的程式。即便如此,正如我们指出的那样,本地民族特征在各地总是可以通过他们自身的感受、民间行为方式以及喜好等途径显现出来。

龟兹有 12 座寺院和 5000 多名僧侣,主要信奉小乘佛教(Hīnayāna)。这使得笃信大乘(Mahāyana)的玄奘相当烦恼,他在驻锡这里的几个月时间里一直无法认同龟兹僧侣。他还记述了两座高达 90 多尺的巨型立佛,分立在都城西门外大路的两侧。他们把这里当做僧俗各界聚集的宗教场所,国王和臣民都从数英里外前来参加这种重要的聚会。这里还举行宗教游行,用珍珠和丝绸装饰的佛像被安放在车上运到聚会的地方。当地所有的寺院都参加这些游行活动,聚集在一起的佛教僧侣数量往往超过 1000 人。[3]

1.3.4.9　与唐朝的政治关系

20 年后,由于龟兹协助焉耆的叛乱而导致唐朝皇帝的震怒。

[开皇]二十一年,两遣使朝贡,然帝怒其佐焉耆叛,议讨之。

---

〔1〕Grusset,R.(格鲁塞),*Footsteps*. p. 55.

〔2〕Agrawala,V. S.(阿格华尔),"Terracotta Figurines of Ahichchatra, District Bareilly, U. P."(《北方邦巴雷利地区阿希切特拉的陶像》)Ancient India(《古代印度》),no. 4. July 1947 – January 1948. pp. 104 – 179,以及 Kala,S. C.(卡拉),*Terracotta Figurines from Kausāmbi*.(《憍赏弥之陶制塑像》)Allahabad,1950.

〔3〕Watters,T.(瓦特斯),*On Yüan Chwang's Travels in India*,629—645 A. D.(《关于玄奘629—645 年的印度之行》)London,1904. p. 36.

是夜月食昴,诏曰:"月阴精,用刑兆也;星胡分,数且终。"[1]

一支强大的唐朝军队连同咄陆(Tölös)十三部兵10万参加了此次讨伐。

648年,西突厥首领阿史那贺鲁(Ho-lu)请求做先锋引领唐军。他本人亲自面见皇帝,皇帝则设宴招待,并邀请了前三级的文武官员作陪。宴会的气氛十分融洽,皇帝赐给贺鲁一些精美的丝绸并脱下自己的外套给他穿上。[2]

唐朝和突厥联军的这次战役大获全胜,数千龟兹人被杀,龟兹的军队溃散,城池也被攻破。 57

> 书闻,帝喜,见群臣从容曰:"夫乐有几,朕尝言之:土城竹马,童儿乐也;饰金翠罗纨,妇人乐也;贸迁有无,商贾乐也;高官厚秩,士大夫乐也;战无前敌,将帅乐也;四海宁一,帝王乐也。朕今乐矣!"遂遍觞之。[3] ("四海"纯粹是一个形象化的词汇,泛指中国将与之外的广大地区,里面有未开化的野蛮人、善恶神灵以及野生动物等。[4])

阿史那带着俘获的国王"献太庙,帝受俘紫微殿。帝责谓,君臣皆顿首伏。诏赦罪,改馆鸿胪寺,拜布失毕左武卫中朗将。始徙安西都护于其都,统于阗、碎叶、疏勒…"685年,因为"西域平。帝(高宗皇帝)遣使者分行诸国风俗物产,诏许敬宗与史官撰《西域图志》。"[5]

1.3.4.10 与唐朝交流的恢复

---

〔1〕Chavannes,E.(沙畹),*Documents*. p.116. 汉译者按:本段原文见于《新唐书·西域传上》。

〔2〕Chavannes,E.(沙畹),*Notes Additionnelles*.(《西突厥史料补》)p.15. 汉译者按:本段原文见于《新唐书·突厥传下》:"贺鲁者,室点蜜可汗五世孙,……会讨龟兹,请先驰为向导,诏授昆丘道行军总管,宴嘉寿殿,厚赐予,解衣衣之。"

〔3〕Chavannes,E.(沙畹),*Documents*. p.117. 汉译者按:本段原文见于《新唐书·西域传上》。

〔4〕Cammann,S.(坎曼),"The TLV Pattern on Cosmic Mirrors of the Han Dynasty."《汉代宇宙镜像中的三元模式(TLV Pattern)》In JAOS,Oct. – Dec.,1948. p.161.

〔5〕Chavannes,E.(沙畹),*Documents*. p.117 and 119. 沙畹说这些财物的具体情况不明。汉译者按:本段原文见于《新唐书·西域传上》。

·欧·亚·历·史·文·化·文·库·

在 674 到 675 年间,龟兹的君主遣使朝贡,贡品包括一些名马,唐朝皇帝以丝绸回赐。692 年他的后继者前来朝拜。在此期间吐蕃曾经入侵中亚,唐朝一度失去了四镇。692 年以后四镇收复,唐朝在龟兹派兵 3 万镇守。但是在这片孤立的绿洲上供养这么多人是很困难的,他们敦促中国的君主武后(Wu Empress)将军队撤走,但遭到了她的拒绝。[1]

58　　考虑到这样的一个历史背景,我们就能发现 7 世纪中国与中亚之间在观念、时尚和少量礼品等方面频繁交流背后的真正原因。在 8 世纪这样的交流就比较少:721 年龟兹王遣使献马和犬;728 年安西的代理人和保护者去世,送上 500 匹丝绸致丧;739 年龟兹以西诸部落上书请求作为帝国的一部分加入四镇,这表明伊斯兰威胁的增长以及西亚不安局面的扩大。[2]

1.3.5　西喀什噶尔(疏勒)与碎叶(托克马克)的居民

1.3.5.1　有关土地和人民的记述

疏勒位于龟兹西南偏西,据记载:

> 距京师九千里而赢。多沙碛,少壤土。俗尚诡诈,生子亦夹头取匾,其人文身碧瞳。……突厥以女妻之。胜兵二千人。俗祠祆神(Mazdaism)。贞观九年,遣使者献名马,又四年,与朱俱波、甘棠贡方物。……仪凤时,吐蕃破其国。开元十六年,始遣大理正乔梦松摄鸿胪少卿,册其君安定为疏勒王。天宝十二载,首领裴国良来朝,授折冲都尉,赐紫袍、金鱼。[3]

1.3.5.2　玄奘的记载

玄奘的记载中除了说这里的细毛毡、服装、高品质的毛织物以及

---

〔1〕Chavannes,E.(沙畹),*Documents*. p. 119. 汉译者按:本段原文见于《新唐书·西域传上》:"上元中,素稽献银颇罗、名马。天授三年,王延田跌来朝。始,仪凤时,吐蕃攻焉耆以西,四镇皆没。长寿元年,武威道总管王孝杰破吐蕃,复四镇地,置安西都护府于龟兹,以兵三万镇守。于是沙碛荒绝,民供赍粮苦甚,议者请弃之,武后不听。"

〔2〕Chavannes,E.(沙畹),*Notes Additionnelles*. pp. 45,49,59,60.

〔3〕Chavannes,E.(沙畹),*Documents*. pp. 121 - 122. 汉译者按:本段原文见于《新唐书·西域传上》。

各种精美的羊毛地毯[1]很有名外，其他情况谈得很少。尽管我们无法依靠同一时期的绘画和雕塑（除了图木舒克附近发现的[2]以外）辨识出塑像中的疏勒人，但是我们可以推测这里的一些人尤其是那些地毯商们可能是东伊朗人（图版17）。

在龟兹西北很远的地方有小"素叶水城（settlement of Toq-maq），比国商胡杂居。素叶以西数十城，皆立君长，役属突厥。自素叶水城至羯霜那国（Tashkent），衣氎褐皮氈，以缯缭额。"[3]

这一记载给我们辨识那些带包头巾的商人们提供了线索。

1.3.6　西突厥及其属民

在伊塞克湖（意为"温暖的湖"，汉文作"热海"）西北的碎叶附近，玄奘于630年初见到了西突厥可汗统叶护（T'ung the Yabghu, T'ung Shih-hu）。

1.3.6.1　早期历史

带有突厥人名称的最早王国形成于552年，在此之前他们曾是阿尔泰山南麓铁矿中的奴隶，5世纪时为柔然劳作。他们通过反抗解放了自己并逐渐成为中亚地区的一支力量。569年来自波斯和罗马帝国的使节曾造访突厥，551年魏氏家族之一（汉译者按：指西魏）与突厥酋长联姻，不久突厥战胜了柔然。555年，逃往长安避难的柔然余部被交给突厥人，他们之中的3000多人在城门外被斩首。

1.3.6.2　与白匈奴（嚈哒）的冲突

在摧毁他们昔日的统治者之后，突厥人现在就与中亚的嚈哒（Hephthalites）为邻，此白匈奴人在5世纪中叶兴起于乌浒水盆地并对萨珊波斯造成威胁。嚈哒在520年的时候已经将自己的势力扩张到新疆的于阗和疏勒，北到撒马尔罕和布哈拉，南抵迦毕试和犍陀罗。正是

---

〔1〕汉译者按：《大唐西域记校注》卷12原文作："出细氎褐，工织细氎、氍氀"，季羡林等校注本，第995页。

〔2〕Grusset, R.（格鲁塞），*De la Grèce à la Chine.*（《希腊与中国》）München, 1948. p.60−70, 72.

〔3〕Chavannes, E.（沙畹），*Documents.* pp.120. 汉译者按：本段原文见于《新唐书·西域传上》。

他们毁掉了哈达(Haddā)的佛教纪念物和精美的雕塑。随着6世纪中叶突厥人的到来,掀起了一股反对匈奴人的浪潮。波斯和突厥结盟摧毁了嚈哒,萨珊君主则娶了突厥可汗的一名女儿。在563—567年期间,白匈奴人被消灭,波斯人和突厥人瓜分了他们的领地。突厥占据了费尔干纳(Ferghāna)和索格底亚纳(Sogdiana),波斯人则据有了巴克特里亚(Bactriana)和吐火罗斯坦(Tocharistan),双方以乌浒水为界。当波斯的势力衰落之时,突厥又向南推进到了迦毕试,从而将嚈哒过去的疆域连为一体。[1]

60

1.3.6.3 突厥的分裂

582年左右,突厥游牧部落分裂成东(北)、西两部分。唐朝建立时就发现东突厥是一个麻烦,有必要进入蒙古高原对他们发动一场战争,于是东突厥从630年被征服到682年就成为了唐朝的附庸。在鄂尔浑河附近的一座建筑遗址中发现的732—735年之间的突厥文石碑记述了这一事件,此遗址肯定是一座庙宇或"庙堂"(halls of ancestors)。碑文在吟诵了天地之后,突厥可汗便以君主的口吻歌颂道:

> 贤明的可汗即是他们,英勇的可汗即是他们。他们的诸梅录(官吏)确实也是贤明和英勇的。伯克们与普通民众都循规蹈矩。出于这一原因,他们得以将国家置于控制之下,他们建立了国家的统治与法规。[2]

但是这些可汗死了以后,继任的弟弟们不如他们的兄长贤明,官员和贵族们也昏聩无能。因此他们的儿子们成了汉人的奴仆,他们纯洁的女儿们则成了婢女。突厥的贵族们则放弃了他们自己的官衔,宣誓与天子结盟并接受他所赐的贵族头衔。他们东征西讨,为天子服务

---

[1]Chavannes,E.(沙畹),*Documents*. pp. 221 – 229;Watters,T.(瓦特斯),*On Yüan Chwang's Travels in India*,629—645 A.D.(《关于玄奘629—645年的印度之行》)London,1904. pp. 79 – 80,Appendix II.

[2]汉译者按:此段出自《阙特勤碑》东面第3行。译文参见芮传明:《古突厥碑铭研究》附录,上海古籍出版社1998年,第220页。其他汉译本可参见韩儒林:《突厥文〈阙特勤碑〉译注》,原载《国立北平研究院院务汇报》,第六卷第六期,收入《韩儒林文集》(江苏古籍出版社1990年)以及林幹编《突厥与回纥历史论文集》(上册,中华书局1987年);岑仲勉:《突厥集史》(下册),中华书局1958年;耿世民:《突厥文碑铭译文》,收入林幹《突厥史》,内蒙古人民出版社1988年。

达 50 年之久,奉献自己的力量和勇敢——但是为了天子,他们放弃了自己的帝国和体制。[1]

1.3.6.4　与唐朝结盟

西突厥一度避免了这样的命运,但至 657 年他们有的分散到西部和南部,有的则向唐朝纳贡。在 7 世纪中叶前,西突厥曾经控制了广大的地区,并被视为令人敬畏的对手或朋友。620 年西突厥可汗派官员到西域收税并监督诸小国国王。620 年可汗请求与唐朝公主联姻,并于 627 年派人送来包括一条万钉宝钿金带和 5000 匹马在内的重礼。唐朝皇帝试图采取一项和善的政策,并征询大臣的意见,一个大臣回答道:"计今之便,莫若远交而近攻。"[2]

1.3.6.5　玄奘有关西突厥土地和人民的记述

玄奘正是大约在这个时候踏上了通往西突厥控制中心的艰难之旅。他随身带了一封吐鲁番君主给可汗的引见函,并有理由认为这个叫统叶护的可汗会支持他的信念,因为前可汗已在 580 年左右皈依了佛教。

当他行进到葱岭北坡的时候发现前面的路途异常艰难,除了体力上的困难外,在那时人们的观念中这里还时常有魔鬼和暴龙出没。

> 山谷积雪,春夏合冻,虽时消泮,寻复结冰。经途险阻,寒风惨烈,多暴龙,难凌犯。行人由此路者,不得赭衣持瓠大声叫唤,微有违犯,灾祸目覩。暴风奋发,飞沙走石,遇者丧没,难以全生。山行四百余里至大清池。周千余里,东西长,南北狭。四面负山,众流交凑,色带青黑,味兼咸苦。洪涛浩汗,惊波汨溷,龙鱼杂处,灵怪

---

〔1〕Thomsen,V.(汤姆森):"Inscriptions de l'Orkhon déchiffées."(《突厥碑铭考释》)Mémoires de la Société Finno Ougrienne(《芬兰—乌戈尔学会纪念文集》),vol. V,1896,pp. 80 – 99.

〔2〕Chavannes,E.(沙畹),Documents. pp. 25. 汉译者注:此段依据原文见于《新唐书·突厥传下》:"统叶护可汗……遂霸西域诸国,悉授以颉利发,而命一吐屯监统,以督赋入。……统叶护可汗来请昏,帝与群臣谋:"西突厥去我远,缓急不可杖,可与昏乎?"封德彝曰:"计今之便,莫若远交而近攻,请听昏以怖北狄,待我既定,而后图之。帝乃许昏,诏高平王道立至其国,统叶护可汗喜,遣真珠统俟斤与道立还,献万钉宝钿金带、马五千匹以藉约。"

间起……〔1〕

这就是伊塞克湖。玄奘接着前往千泉（Thousand Springs）并记载道：

> ［千泉］南面雪山，三陲平陆。水土沃润，林树扶疏，暮春之月，杂花若绮，泉池千所，故以名焉。突厥可汗每来避暑。中有群鹿，多饰铃鐶，驯狎于人，不甚惊走。可汗爱赏，下命群属："敢加杀害，有诛无赦。"此群鹿得终其寿〔2〕

可汗在打猎的途中遇到了玄奘。可汗见到玄奘十分高兴，并邀请玄奘在他和猎手外出那几天中暂住在营帐里。可汗及其装备精良的军队给这位中国朝圣者留下了深刻的印象，关于可汗的情况，他报告说：

> 可汗身著绿绫袍，露发，以一丈许帛练裹额后垂。达官二百余人皆锦袍编发，围绕左右。自余军众皆裘毼毳毛，槊纛端弓，驼马之骑，极目不知其表。〔3〕

1.3.6.6 辫发男子

我们研究的俑像中有相当一部分都像可汗的部下那样辫发，墓葬中随葬的牵马俑和牵驼俑都是辫发后缠在脑后（图版18b）。辫发的习

---

〔1〕Watters, T.（瓦特斯）, *On Yüan Chwang's Travels in India*, 629—645 *A. D.*（《关于玄奘629—645年的印度之行》）London, 1904. pp.66. 汉译者注：此段原文见玄奘、辩机原著，季羡林等校注：《大唐西域记校注》，第67-69页。

〔2〕Watters, T.（瓦特斯）, *On Yüan Chwang's Travels in India*, 629—645 *A. D.*（《关于玄奘629—645年的印度之行》）London, 1904. pp.72. 汉译者注：此段原文见玄奘、辩机原著，季羡林等校注：《大唐西域记校注》，第76页。

〔3〕Watters, T.（瓦特斯）, *On Yüan Chwang's Travels in India*, 629—645 *A. D.*（《关于玄奘629—645年的印度之行》）London, 1904. pp.74. 汉译者注：此段原文见慧立、彦悰著，孙毓棠、谢方点校：《大慈恩寺三藏法师传》，第27页。

俗不仅限于西突厥,拓跋人和柔然人也有辫子。[1]

1.3.6.7　马夫与驮夫

突厥及其属国在向唐朝朝贡的时候一定带了大量的马和骆驼。太宗时发生的一次戏剧性的场面也生动地说明了这一点:

> 639 年,突厥突利可汗(Tutar Khan)的弟弟结社率(Qa-chashar)阴谋杀害太宗皇帝。为了报摧毁突厥汗国之仇,他计划杀害皇帝发动叛乱。和许多臣服了的突厥可汗一样,他在皇家的马厩服役,这使得他可以招募 40 多名本族的亲信。阴谋失败后,他想骑上马厩中的一些快马逃往蒙古。被捕后他被带回长安,并在市场上被处死。[2]

图版 18a 是一个阿尔泰突厥人马夫俑,他和索格底亚那的片治肯特(Pjandzhikent)壁画上所绘制的突厥举哀者很相像。[3]

1.3.6.8　玄奘与可汗的会见

再回到西突厥统叶护可汗营地里的玄奘,我们知道可汗 3 天后回来并在自己绣金的衙帐中会见了玄奘:

> 烂炫人目。诸达官于前列长筵两行侍坐,皆锦服赫然,余仗卫立后。观之,虽穹庐之君亦为尊美矣。法师去帐三十余步,可汗出帐迎拜,传语慰问讫,入座。突厥事火不施牀,以木含火,故敬而不居,但地敷重茵而已。仍为法师设一铁交牀,敷褥请坐。

〔1〕Shiratori, K.(白鸟库吉), "The Queue among the People of North Aaia." (《北亚人的辫子》) In Memoirs of the Research Department of the Töyö Bunko(东洋文库研究部文集),Tokyo, no. 4, 1929. pp. 1 – 70;此处参见第 17 页。"铁勒诸姓、回纥、胡禄(Yüe-lu)、俟利发(Sou-li-fa)等,总百余万户,散处北溟,远遣使人,委身内属,请同编列,并为州郡。收其瀚海,尽入提封;解其辫发,并垂冠带。"据此我们可知这些人至少在唐初的时候是辫发的。(引文出自《旧唐书》)隋代时高昌(吐鲁番)王伯雅(Po-ya)曾下令国人去除辫发,唐朝皇帝对此表示赞赏(参见 48 页)。白鸟认为吐鲁番的一些居民没有像临近的龟兹人那样断发,可能主要是由于受到了来自北方突厥的影响。突厥曾在此常驻代理人,并从经过这座绿洲城市的商贾那里收税,所以当地人也像突厥人那样让头发自然生长。他们臣服唐朝和脱离突厥的标志便是接受中国的服饰并断发。

〔2〕Fitzgerald, C.(菲茨杰拉德), The Son of Heaven.(《天子》) Cambridge, 1933. p. 159.

〔3〕Jakubovsky, A. J. And Djakonov, M. M.(雅库布夫斯基与德亚考诺夫), Zivopas Dravnego Pjandzhikenta. Akademia Nauk SSSR, Moscow, 1954, Pls. X – XII,以及格雷泽(Glaesser, G.), "Painting in Ancient Pjandzkent." (《古代片治肯特绘画》) East and West(《东方与西方》), Rome, 1957, VIII/2, pp. 199 – 215.

须臾,更引汉使及高昌[1]使人入,通国书及信物,可汗自目之甚悦,令使者坐。命陈酒设乐,可汗共诸臣使人饮,别索蒲萄浆奉法师。于是迭相酬劝,宰浑钟椀之器交错递倾,儵休兜离之音铿锵互举,虽蕃俗之曲,亦甚娱耳目、乐心意也。少时,更有食至,皆烹鲜羔犊之质,盈积于前。别营净食进法师,具有饼饭、酥乳、石蜜、刺蜜、蒲萄等。

食讫,更行蒲萄浆,仍请说法。法师因诲以十善爱养物命,及波罗蜜多解脱之业。[2]

尽管根据佛教教义,在这样的痛饮狂欢之后极不适合与这些猎人谈话,但是法师却借此展示了自己的魅力,从而使得可汗举手叩头并请求他留下来。

64　　玄奘谢绝了可汗的挽留并强调了自己前往佛教圣地印度的梦想,而可汗仍试图劝阻他,并认为印度气候炎热,玄奘在那里也许无法生活,而且"其人露黑,类无威仪,不足观也"。[3] 这段评论十分有趣,因为当时突厥对这些亚洲伙伴并不太了解,而印度恰恰是在笈多王朝(318—470年)和旃陀罗笈多戒日王(Harsha Chandragupta)在位时期(605—647年),其文学、戏剧以及艺术和科学进入黄金时代。

玄奘再次拒绝停留下来,并发誓要继续自己前往佛学中心、追寻圣迹的求法之旅。可汗于是便寻访懂汉语和其他国家语言的年轻人,并指定他带上给沿途朋友们的引见函,一直把玄奘送到位于喀布尔(Kabul)的迦毕试国。他还赠送给玄奘一件暗红色的法服以及50匹

---

〔1〕汉译者注:原译文误作 Mao-Ch'ang,当做 Kao-Ch'ang。

〔2〕Watters,T.(瓦特斯),*On Yüan Chwang's Travels in India*,629—645 *A. D.* (《关于玄奘 629—645 年的印度之行》)London,1904. pp.74－75. 汉译者按:此段原文见慧立、彦悰著,孙毓棠、谢方点校:《大慈恩寺三藏法师传》,中华书局 2000 年,第 28 页。

〔3〕Watters,T.(瓦特斯),*On Yüan Chwang's Travels in India*,629—645 *A. D.* (《关于玄奘 629—645 年的印度之行》)London,1904. pp.75.

绢,并和群臣们一起送出去十多里地。[1]

这也是统叶护(Yabgou)最后政治活动之一。不久就有他已经遇刺的消息传到唐朝。

1.3.6.9 与唐朝的外交关系

当唐太宗获悉可汗被谋害,他:

> 遣赍玉帛至其死所祭而焚之。会其国乱,不果至而止。[2]

632年,由于(唐太宗)"派遣一名二等使臣前往授予西突厥可汗莫贺咄(Mo-ho Sho,巴哈设,Bagha Sad)封号,并赐给他鼓和纛以及一万匹丝绸,"[3]于是有很多丝绸输入到了中亚。

635年可汗一方送来了500匹马的礼品请求联姻,"朝廷唯厚加抚慰,未许其婚。"[4]

642年,延陀(Yen-t'o)真珠毗伽可汗遣其叔父沙钵罗泥熟俟斤来请婚,献马三千匹,貂皮三万八千,马脑镜一,帝许以女妻之,征可汗备迎亲之礼。帝志怀远人,于是发诏幸灵州,与之会。可汗大悦,谓其国中曰:"我本铁勒之小帅也,蒙大国圣人树立我为可汗,今复嫁我以公主,车驾亲至灵州,斯亦足矣。"于是税诸部羊马以为聘财。……帝止三道发使受其羊马,然延陀无府藏,调敛其国,往返且万里。既沙碛无草,羊马逸死,遂后期。帝于是停幸灵州,征还三道之使。既而其聘羊至,所耗将半。议者以为戎狄则不可以礼义畜,……于是遂绝其婚。[5]

65

---

[1]汉译者按:此段原文见慧立、彦悰著,孙毓堂、谢方点校《大慈恩寺三藏法师传》:"法师报曰:'今之彼,欲追寻圣迹慕求法耳。'可汗乃令军中访解汉语及诸国音者,遂得年少,曾到长安数年通解汉语,即封为摩咄达官,作诸国书,令摩咄送法师到迦毕试国。又施绯绫法服一袭,绢五十匹,与群臣送十余里。"。

[2]Chavannes, E.(沙畹), *Documents*. pp. 25 - 26. 汉译者按:此段原文见《旧唐书·突厥传下》。

[3]Chavannes, E.(沙畹), *Notes Additionnelles*. p. 4. 汉译者按:此段原文见《册府元龟》卷964,《新唐书·突厥传下》亦云:"帝诏鸿胪少卿刘善因持节册号吞阿娄拔利郊咄陆可汗,赐鼓纛,段彩巨万。"

[4]Chavannes, E.(沙畹), *Documents*. p. 27. 汉译者按:此段原文见《旧唐书·突厥传下》。

[5]Chavannes, E.(沙畹), *Notes Additionnelles*. pp. 8 - 11. 汉译者按:此段原文见《册府元龟》卷978。

从中亚艺术交往的角度来看,发生在 8 世纪早期的一件事情特别有价值:

733 年毗伽可汗派遣一名高级官员到朝廷奉献 50 匹马谢恩。这是因为在此之前可汗的弟弟死的时候,毗伽可汗曾遣使请求派技艺高超的画匠为其画像。皇帝下诏派六名画匠前往突厥。画匠们的精彩的作品无与伦比,为突厥境内前所未见,毗伽可汗每次来到画前都长久凝视,画中的兄弟栩栩如生,令他情不自禁地潸然泪下。这就是他为什么专门遣使谢恩并护送画匠们还朝[1]。

次年毗伽可汗去世,太宗皇帝遣使致哀、献祭并建造庙宇。他还签署一道命令,专门为这座庙宇制册文[2]。

突厥诸部分裂后,各支系仍然从各处遣使朝贡。唐朝皇帝通常回赐丝绸、刺绣、紫袍、金银带等礼品,而突厥则奉献马匹和骆驼。740年,突骑施(Turgäs)可汗率领妻、子及虆官首领百余人内属唐朝[3]。

66　　随着萨曼伊朗王朝(Iranian dynasty of Samanids)势力的东扩,突厥人在 9、10 世纪开始伊斯兰化[4]。

1.3.6.10　沙陀突厥

后期与突厥部落联盟关系最密切的是沙陀(Sha-t'o)人,中国人之所以这样称呼是因为他们是"草原民族"。他们是西突厥的一支,曾活动在乌孙故国一带,后又迁至巴尔库勒湖(Lake Barköl)[5]。他们曾被吐蕃赶往东方,有些人则归附了回鹘。他们协助唐朝参加了对 755 年安禄山叛军的战斗。他们中有些人在陕西一直停留到 810 年,有些部落则依附吐蕃并试图建立自己的帝国,但是最终还是臣服了唐朝并加

---

〔1〕Pelliot, P.(伯希和),"Neuf Notes sur des Questions d'Asie Centrale."(《中亚问题新考》)In T'oung Pao(《通报》),Leiden, no. 26, 1929, p. 248.

〔2〕Pelliot, P.(伯希和),"Neuf Notes sur des Questions d'Asie Centrale."(《中亚问题新考》)In T'oung Pao(《通报》),Leiden, no. 26, 1929, p. 229.

〔3〕Chavannes, E.(沙畹),Notes Additionnelles. p. 61. 汉译者按:此段原文见《册府元龟》卷977。

〔4〕Barthold, W.(巴托尔德):Histoire des Turcs d'Asie Centrale.(《中亚突厥史》)Paris, 1945, p. 4.

〔5〕汉译者按:即蒲类海,今新疆巴里坤湖。

入到陕西(Shensi)的突厥人中。沙陀后来又再度分裂为3支,一支进入陕西,另一支进入甘肃北部,最后一支则迁到鄂尔多斯(Ordos)草原东部。10世纪时,鄂尔多斯的沙陀人逐渐壮大并在923年推翻了"后梁王朝",先后建立了他们自己的后唐、后晋(Late Chin)和后汉(923—950年)。

沙陀和中亚的大部分突厥部落一样有两种宗教信仰,崇拜佛陀与过去突厥的天神。在造型艺术上他们则从拓跋鲜卑人的雕塑中获得灵感,并将其视为一种伟大的艺术,而不是中国人认为的那样只是一种技艺。即使在战争中他们也非常热爱乐舞,有一个沙陀君主甚至坚持在军队中配置乐师和舞伎,演奏三弦胡琴和吐蕃笛子。

沙陀人与突厥、蒙古和契丹人一样都住在圆形的毡房中。他们在狩猎的时候使用猎鹰和鸣镝(在箭头凿一个能发出哨声的小孔)。他们能玩蹴鞠(football),但是并不擅长摔跤,而10世纪的时候摔跤在中国非常流行。

尽管他们经常在前线与中国的敌人作战,但是当时唐朝的统治已经走向没落,他们在10世纪见证了这个一度曾经十分强大的帝国的瓦解。[1]

1.3.7 费尔干纳(拔汗那、宁远)

1.3.7.1 土地和人民

为突厥人和中国人称赞有加的中亚马闻名当时,并在战争与和平的历史舞台上发挥过重要的作用。费尔干纳位于伊塞克湖西南偏西,这里曾是西突厥的活动中心,也是唐代皇家马厩中的大多数良种马的产地。唐代史籍对费尔干纳的情况记载道:

> 人多寿。其王自魏、晋(Tsin)相承不绝。每元日,王及首领判二朋,朋出一人被甲斗,众以瓦石相之,有死者止,以卜岁善恶。[2]

1.3.7.2 与唐朝的外交联系

---

[1]Eberhard,W.(艾博华),"Some Cultural Traits of the Sha-t'o Turks."(《沙陀突厥的若干文化特征》)In Oriental Art(《东方艺术》),vol. I,no. 2,Autumn of 1948,pp.50 – 55.

[2]Chavannes,E.(沙畹),*Documents*. p.148. 汉译者按:此段原文见《新唐书·西域传下》。

费尔干纳[1]和唐朝尽管相隔遥远,但是却有密切的外交联系。虽然 7 世纪早期的形势十分困难,但是费尔干纳还是在 656 年和 660 年向中央王国遣使纳贡。658 年唐朝曾遣使册封其王,费尔干纳的国王则照例向唐朝遣使贡方物。

1.3.7.3　唐朝公主与费尔干纳国王的联姻

作为对其忠诚的奖赏,唐朝在 744 年将皇家宗室的一位公主嫁给费尔干纳国王为妻,并下制文云:

> 烂达干(Lan Ta-kan, Arslan Tarqan),志慕朝化,誓为边扞,渐声教而有孚,勤职贡而无阙,诚深内附,礼异殊邻。爰锡嘉偶,特申殊渥。四从弟……四女,志禀幽闲,性惟纯懿,承姆师之训道,实宗人之光仪,固可以保合戎庭,克谐邦选,宜膺远好,以宠名蕃。可封和义(Ho-i)公主,降宁远国奉化王。[2]

68　　和义公主果然不辱使命,因为此后费尔干纳继续向唐朝朝贡。例如 751 年其王遣使献 22 匹马、一只豹和一条天狗。[3] 石国(塔什干)也遣使献马,可能还有山中名产绿松石。

1.3.8　撒马尔罕(康国)

1.3.8.1　土地和人民

随着撒马尔罕和布哈拉分别在 650 年和 656 年接受册封,唐朝的势力进一步西扩。[4] 撒马尔罕:

> 汉文中称萨末鞬(Sa-mo-chien),简称康,为索格底亚纳地区的总称,是 7 世纪的一个很古老的城市,亚历山大大帝时称马拉坎达(Marakanda)……粟特人操东伊朗语,他们的商队从撒马尔罕

---

〔1〕汉译者按:费尔干纳,《新唐书·西域传下》称:“宁远者,本拔汗那,或曰钹汗,元魏时谓破洛那。”

〔2〕Chavannes, E.(沙畹),*Notes Additionnelles*. p. 61. 汉译者按:此段原文见《册府元龟》卷979。

〔3〕Chavannes, E.(沙畹),*Notes Additionnelles*. p. 84. 汉译者按:此段原文见《册府元龟》卷971。

〔4〕Grusset, R.(格鲁塞),*Histoire del'Extréme Orient*.(《远东史》)p. 274.

出发穿越戈壁,足迹远至敦煌。[1]

1948 年俄国考古学家在距撒马尔罕 68 公里处的片治肯特发现了一些壁画,上面描绘有 7 世纪粟特人的形象。此处是从都城到山地居民点路上的最后一个城镇。在大约 1800 米长的城墙内有 60～70 个重要的建筑遗址,包括宫殿、寺庙和房屋等。这里出土了大量 7—8 世纪的粟特钱币而且没有穆斯林墓地,表明该城在 751 年穆斯林获胜的怛罗斯之战前应当是很繁荣的。当地发现的琐罗亚斯德教徒墓葬和摩尼教壁画证实了有关当地宗教情况的记载,并表现了西突厥人和月氏(Yüeh-chih)人后裔为一位王子举行葬礼的场景。种族、服饰和织物图案的多样性对于我们认识古代撒马尔罕昔日的繁荣景象具有特殊的价值。[2]

> 大城三十,小堡三百。君姓温,本月氏人。始居祁连北昭武城,……土沃宜禾,出善马,兵强诸国。人嗜酒,好歌舞于道。王帽甋,饰金杂宝。女子盘髻,蒙黑巾,缀金花。生儿以石蜜唅之,置胶于掌,欲长而甘言,持珤若黏云。习旁行书。善商贾,好利,丈夫年二十,去傍国,利所在无不至。[3]

巴托尔德最近曾对该城的城墙、城门以及寺院的情况进行了更详细的描述。[4] 俄国人的发掘揭示了更多有关当地民族和服装方面的信息,其服装的样式和面料表明他们属于伊朗人。[5]

69

〔1〕Grusset,R.(格鲁塞),In the Footsteps of the Buddha.(《沿着佛陀的足迹》) p.77.

〔2〕Jakubovsky(雅库布夫斯基)Jakubovsky, A. J. And Djakonov, M. M.(雅库布夫斯基与德亚考诺夫),Zivopas Dravnego Pjandzhikenta. Akademia Nauk SSSR,Moscow,1954,Pls. X－XII,以及格雷泽(Glaesser,G.),"Painting in Ancient Pjandzkent. "(《古代片治肯特绘画》)East and West(《东方与西方》),Rome,1957,VIII/2,pp. 199－215. pls. XV－XXIII.

〔3〕Chavannes,E.(沙畹),Documents . pp. 133－135。汉译者按:此段原文见《新唐书·西域传下》。

〔4〕Barthold,W.(巴托尔德):Histoire des Turcs d' Asie Centrale. (《中亚突厥史》)Paris,1945,pp. 83－92.

〔5〕Jakubovsky(雅库布夫斯基)Jakubovsky, A. J. And Djakonov, M. M.(雅库布夫斯基与德亚考诺夫),Zivopas Dravnego Pjandzhikenta. Akademia Nauk SSSR,Moscow,1954,p. X－XII,以及格雷泽(Glaesser,G.),"Painting in Ancient Pjandzkent. "(《古代片治肯特绘画》)East and West(《东方与西方》),Rome,1957,VIII/2,pp. 199－215. ps. XXXVII—XXXIX.

1.3.8.2　纺织品的织造

敦煌千佛洞中被墙封的小室中发现的一些丝织品可能来自该国：其图案基本是纯萨珊风格的，其中加入了一些远东的主题。这种结合似乎很可能发生在波斯东部的中亚诸国。[1]

1.3.8.3　宗教活动

唐代史籍对他们的宗教活动与习俗情况曾记载道：

> 以十二月为岁首，尚浮屠法，祠祆神，出机巧技。十一月鼓舞乞寒，以水交泼为乐。[2]

此外，沙畹还引述了杜佑（Tu Yu，735—813 年）8 世纪所著的《通典》（T'ung tien）：

> 康国人并善贾，男年五岁则令学书，少解则遣学贾，以得利多为善。其人好音声。以六月一日为岁首，至此日，王及人庶并服新衣，翦发须。在国城东林下七日马射，至欲罢日，置一金钱于帖上，射中者则得一日为王。俗事天神，崇敬甚重。云神儿七月死，失骸骨，事神之人每至其月，俱着黑迭衣，徒跣抚胸号哭，涕泪交流。丈夫妇女三五百人散在草野，求天儿骸骨，七日便止。国城外别有二百余户，专知丧事，别筑一院，院内养狗。每有人死，即往取尸，置此院内，令狗食之，肉尽收骸骨，埋殡无棺椁。[3]

杜佑是从他的一个亲戚杜环（Tu Huan）那里了解到上述这些情况的，而杜环本人则于 751 年在撒马尔罕被阿拉伯人所俘，后来又去了美索不达米亚（Mesopotamia）和波斯湾，并从那里沿着前往广东的海路回到中国。[4]

粟特人和突厥的形象都出现在片治肯特的壁画中。突厥人一般颧骨较高、鼻子突出、脸型粗糙，而粟特人看起来则相对脸型柔和、鼻子

---

〔1〕Stein，Sir M. A.（斯坦因），*Serindia*.（《塞林迪亚》）Vol. II，p. 909.

〔2〕Chavannes，E.（沙畹），*Documents*．p. 135. 汉译者按：此段原文见《新唐书·西域传下》。

〔3〕Chavannes，E.（沙畹），*Documents*. p. 133. 汉译者按：此段原文见杜佑《通典》卷 193《边防九》，引自韦节《西蕃记》，而不是来自本书下文所称的杜环提供的材料。

〔4〕Pelliot，P.（伯希和），"Des Artisans chinois ā la Capitale abbasiden en 751—762."（《751—762 年阿巴斯首都的中国艺术品》）In T'oung Pao，no. 26，1929，p. 110 - 111.

笔直,嘴巴较小并多有须髯。粟特人的黑色长发通常束起,并顺着脸颊两侧垂至胸前。与龟兹人的中分发型不同,这些粟特绅士们看起来是齐额断发,身上穿的短袍样式和织物的图案都是萨珊风格的。他们举止高雅,为我们展示了一幅极为优雅的画面。[1] 在一个马夫俑(图版12c)的身上虽然并不具备贵族气质,但是却为我们展示了一个普通粟特人的形象。

630 年玄奘经过此地,这里发达的商业活动、肥沃的土地、美丽的花木和大量的良马都给他留下了深刻的印象。这里的人们技艺高超、面容俊美、精力充沛,赢得了四周邻居们的极大尊敬。这里国王是一个豪爽、勇敢的人,这一区域的其他小君主都听命于他;他与西突厥可汗联姻,并像可汗一样拥有一支优秀的军队。该地在文化上受到波斯的影响,居民中有很多是琐罗亚斯德(拜火教)教徒;佛教也已在此立足,但这位中国和尚沿途只见到过两座佛教寺院,当他在其中的一座寺院中作法时却遭到了反对。国王处罚了一名巫师,并让玄奘负责任命寺院里的布道者。[2]

1.3.8.4 与唐朝的关系

8 世纪早期,撒马尔罕与唐朝的关系是友好的。718 年撒马尔罕国王遣使献锁子甲、水精盃、玛瑙瓶、鸵鸟卵及来自"越诺"的侏儒。据记

---

〔1〕Jakubovsky(雅库布夫斯基)Jakubovsky, A. J. And Djakonov, M. M. (雅库布夫斯基与德亚考诺夫), *Zivopas Dravnego Pjandzhikenta*. Akademia Nauk SSSR, Moscow, 1954, Pls. X – XII, 以及格雷泽(Glaesser, G.), "Painting in Ancient Pjandzkent." (《古代片治肯特绘画》) East and West(《东方与西方》), Rome, 1957, VIII/2, pp. 199 – 215. p. XXXIV—XXXIX 以及格雷泽(Glaesser)上引书。

〔2〕Watters, T. (瓦特斯), *On Yüan Chwang's Travels in India*, 629—645 A. D. (《关于玄奘629—645 年的印度之行》) London, 1904. pp. 94 – 95. 汉译者按:此段分别依据《大唐西域记校注》和《大慈恩寺三藏法师传》,《大唐西域记校注》卷 1:飒秣建国(即撒马尔罕)"异方宝货,多聚此国。土地沃壤,稼穑备植,林树蓊郁,花菓滋茂。多出善马。机巧之技,特工诸国。气序和畅,风俗猛烈。凡诸胡国,此为其中,进止威仪,近远取则。其王豪勇,邻国承命,兵马强盛,多诸赭羯。"见玄奘、辩机原著,季羡林等校注:《大唐西域记校注》,第 87 – 88 页;《大慈恩寺三藏法师传》卷 2:飒秣建国(康国)"王及百姓不信佛法,以事火为道。有寺两所,向无僧居,客僧投者,诸胡以火烧逐不许停住。……所从二小师住寺礼拜,诸胡还以火烧逐。沙弥还以告王,王闻令捕烧者……王乃重笞之,逐出都外。自是上下肃然,咸求信事,遂设大会,度人居寺。"见慧立、彦悰著,孙毓棠、谢方点校:《大慈恩寺三藏法师传》,第 30 页。

载 724 年"康国王乌勒遣使献侏儒一人、马狗各二"。[1] 撒马尔罕以西
的米国(弥末 Maimargh,弭秣贺 Maimurgh)派遣一支商队带来了拓壁舞
筵(地毯)、鍮(铜管乐器)、壁(宝石戒指)、杯垫、狮子和舞伎[2]——胡
女,胡旋舞的表演者,一种外来的如风旋转的舞蹈。[3]

撒马尔罕(康国)和布哈拉(安国)之间是何国(Ho),"城左有
重楼,北绘中华古帝,东突厥、婆罗门,西波斯、拂菻等诸王,其君旦
诣拜则退。贞观十五年,遣使者入朝。永徽时上言:'闻唐出师西
讨,愿输粮于军。'俄以其地为贵霜州,授其君昭武婆达地刺史。
遣使者钵底失入谢"。[4]

1.3.9　布哈拉(安国、布豁、捕喝)

1.3.9.1　与唐朝的关系

布哈拉也在同一地区,以出产地毯而闻名。位于撒马尔罕和布哈
拉之间的"王家大路"有六七天的路程,交通十分繁忙。[5] 安国在
618—626 年间曾向唐朝遣使,627—649 年间又献"方物"。唐太宗对
其使臣大加抚慰并说道:

"西突厥已降,商旅可行矣。"诸胡大悦。其王诃陵迦又献名
马,……开元十四年,其王笃萨波提遣弟阿悉烂(Arslan)达拂耽发
黎来朝,纳马豹。后八年,献波斯骏二,拂菻绣氍球一,郁金香、石
蜜等,其妻可敦献柘辟大氍球二,绣氍球一,丐赐袍带、铠仗及可敦

〔1〕Chavannes,E.(沙畹),*Notes Additionnelles.* pp.45 – 46. 汉译者按:此段原文均见于《册封
元龟》卷 971。

〔2〕Chavannes,E.(沙畹),*Notes Additionnelles.* p.34 以及沙畹 Documents p.145. 汉译者按:此
段原文分别见于《册封元龟》卷 971 和《新唐书·西域传下》。

〔3〕Ishida,M.(石田茂作):"Êtudes sino-iranniennes,Ⅰ. Apropos du Hu-hsüan-wu."(《中国与
伊朗研究 I:胡旋舞》)In Toyo Bunko Rescach Department,Tokyo,no. 6,1932,pp.61 – 76;译文及缩
写见附录 V。

〔4〕Chavannes,E.(沙畹),*Documents*. p.145. 汉译者按:此段原文见于《新唐书·西域传
下》。

〔5〕Barthold,W.(巴托尔德),*Turkestan Down to the Mongol Invasion.* London,1928. pp.96 –
100. 汉译者按:本书有汉译本,见张锡彤、张广达译:《蒙古入侵时期的突厥斯坦》上册,上海古籍
出版社 2007 年,第 113 页。

袿襦装泽。[1]

这些记载进一步说明了唐朝与西域之间的服装交流情况,并促进了其 8 世纪社会时尚的改变。

1.3.9.2　751 年后唐朝影响的衰落

8 世纪中叶,大食对布哈拉、撒马尔罕地区的入侵对唐朝在该地区的影响构成了严重的威胁。伴随着阴谋、流血和政治颠覆,伊斯兰势力进入乌浒水诸国(Oxus country),随之也带来了逊尼派和什叶派的纷争。在这种纷争的过程中,西突厥帝国土崩瓦解。大食人、波斯人、突厥人和本地人都卷入了这场战争,所有派别也多少参与其中。[2]

大食人与突厥及其联军在 751 年的怛罗斯之战中与唐朝遭遇,齐亚德·本·萨利赫·胡扎伊(Ziyād ben Sālih al Khuzār′ī)在战斗中击败了高仙芝率领的唐朝远征军。阿拉伯史学家们称有 5 万唐军被杀、两万人被俘,可是汉文文献记载说整支军队才有 3 万人。[3]

此次事件尽管标志着唐朝在布哈拉政治主宰的结束,但是她却在当地的工业和文化中留下了深远的影响。这里:

> 物阜民丰,无须依赖其他地区的任何物产。毫无疑义,工业的发展深受中国的影响。…阿拉伯征服者在河中地区见到许多中国产品,而中国产品在河中的销售量必然已随河中当地工业的发展而有所降低。此后阿拉伯人把所有精工巧制的器物都称作中国的,由此可见中国工匠的技巧给予穆斯林以何等深刻的印象。[4]

这不禁令人想起阿拉伯人阿布·再德(Abū Zayd)的话:"在安拉所有的财宝中,中国人制作的最为精美;地球上没有人像他们那样无

---

〔1〕Chavannes,E.(沙畹),Documents . pp.137 – 138. 汉译者按:此段原文见于《新唐书·西域传下》。

〔2〕Barthold,W.(巴托尔德),Turkestan Down to the Mongol Invasion. London,1928. pp.192 – 195.

〔3〕Barthold,W.(巴托尔德),Turkestan Down to the Mongol Invasion. London,1928. pp.196.

〔4〕Barthold,W.(巴托尔德),Turkestan Down to the Mongol Invasion. London,1928. pp.236.
汉译者按:本段译文见张锡彤、张广达译:《蒙古入侵时期的突厥斯坦》上册,第 273 页。

所不能。"[1]

1.3.10 游牧商贾与花剌子模人

有一些游牧部落来到了撒马尔罕、布哈拉的郊外和巴扎做生意。这种贸易：

> 相当重要,大宗食用畜与驮载畜以及皮革、毛皮和奴隶都靠游牧人供应。对游牧人来说,与定居者进行贸易,亦属必不可缺,因游牧人要藉此取得衣着和粮食。在河中,像在中国和俄国一样,游牧人自动把畜群赶到定居地区的边界上,并不等候商队到草原里来。……花剌子模人(Khorezmians,即 Ho-li-simi)成为呼罗珊境内商人阶级的主要代表人物。在呼罗珊的每一城市中都会遇到不少的花剌子模人,他们和当地居民的区别,像现在一样,是头戴高筒皮帽。[2]

这为我们搞清楚那位头戴高筒皮帽男子(图版 19、20)的身份提供了线索。他们必定来自地接波斯东北边境、咸海附近的乌浒水诸国,在外表上和其他东伊朗人一样鼻子突出、眼睛深陷。

毫无疑问,他们和撒马尔罕、布哈拉的商人们共同组成了"商队",将各自的物品带往中国。商品多样的品种令人们对前往东方贸易充满了丰富多彩的想象。

> 布哈拉输出柔软织物……铜灯……塔巴里织物……马肚带、油脂、羊皮、头油……花剌子模输出黑貂皮、银鼠皮、花鼬皮以及草原狐、貂、海狸、斑兔、山羊等皮毛;此外,蜡、箭、桦树皮、高筒皮帽、鱼胶、鱼齿、海狸胶、琥珀、熟马皮、蜜、榛实、隼、刀、甲胄、哈兰只树(皮)、斯拉夫奴隶、羊和牛等亦有输出。…葡萄、葡萄干、扁桃糕、芝麻、条纹呢、毛毯、棉毯、贡缎和其他织物、只有大力士才能拉开的硬弓、干酪、酵母、鱼、靴子。撒马尔罕输出西姆贡(一种银色织

〔1〕Ferrand, G.(费琅), *Voyage du Marchand Arabe Sulayman en Inde et en Chine*(《阿拉伯人苏莱曼印度中国旅行记》), Paris, 1922. p.84.

〔2〕Barthold, W.(巴托尔德), *Turkestan Down to the Mongol Invasion*. London, 1928. pp.237 – 238. 汉译者按:本段译文见张锡彤、张广达译:《蒙古入侵时期的突厥斯坦》上册,第 274 – 275 页。

物)与撒马尔罕毛绒、大件铜制器皿、精美的高脚酒杯、帐幕、马镫、马勒、皮带;……输往突厥的锦缎、一种红色织物、各种丝和丝织物、橡实及其他坚果;费尔干纳和伊斯菲贾卜(Isfijāb)输出突厥奴隶、白色织物、兵器、刀、铜、铁;……突厥斯坦输出的是马和骡。有些特产,世无其匹,如布哈拉的肉类,一种他们叫做沙克(ash-shāq)或沙弗(ash-shāf)的甜瓜,花剌子模的弓,赭时(Shäsh)的碗碟以及撒马尔罕的纸张等。[1]

撒马尔罕的纸在文化史上具有特别重要的意义。据穆斯林的记载,撒马尔罕人的造纸技术传自715年被齐亚德·本·萨利赫俘获的中国工匠。……10世纪末,撒马尔罕出产的纸张已在穆斯林诸国家中完全代替了纸草纸和羊皮纸。[2]

关于西瓜的输出,萨阿比(Tha'ālibī,活动于11世纪早期)曾谈到花剌子模的西瓜输往8世纪时的两个哈里发宫廷:"为西瓜制成铅模,外封以雪。"[3]他们输出的方向当然是西南方而不是中国,但它还是给我们提供了一些当时奢侈品贸易的情况。 74

花剌子模在751年曾向唐朝遣使献黑盐。据说西域诸国中唯有他们使用牛车,其"商贾乘以行诸国"[4]乘坐牛车的西方人也许可以归入此类(图版21、22)。他们的长相与东伊朗人的种族特征相合,看起来也像是地位较低的邋遢商人,而不是身份重要的使节或贵族。从这些材料分析,我们认为他们和那些戴尖顶帽子的人其实来自同一个地方。他们肯定也曾远至西方地区,因为"在伏尔加(Volga)和卡马河(Kama)盆地发现的大量6—8世纪的古代钱币、银碗和碟子,都被带到

---

[1]Barthold,W.(巴托尔德),*Turkestan Down to the Mongol Invasion*. London,1928. pp.235 - 236;根据985年阿拉伯地理学家马克迪斯(Maqdisi)的记述。

[2]Barthold,W.(巴托尔德),*Turkestan Down to the Mongol Invasion*. London,1928. pp.236 - 237. 汉译者按:本段译文见张锡彤、张广达译:《蒙古入侵时期的突厥斯坦》上册,第272 - 274页。本书引文与汉译本略有出入。

[3]Barthold,W.(巴托尔德),*Turkestan Down to the Mongol Invasion*. London,1928. pp.237. 汉译者按:本段译文见张锡彤、张广达译:《蒙古入侵时期的突厥斯坦》上册,第274页。

[4]Chavannes,E.(沙畹),*Documents*. p.145. 汉译者按:此段原文见《新唐书·西域传下》。

了花剌子模。"[1]

关于史国纳贡：

史国（Kesh，今南乌兹别克斯坦（South Uzbekistan）的沙赫里·夏勃兹，Shahr-isäbz）本地的一位王子在727年遣使献舞女和文豹。唐代史籍记载说，该国城中有一座大祠，他们每次祭祀神灵的时候都奉献1000只羊；每次出征前都要祈祷神灵护佑，然后才出发。[2]

1.3.11 吐火罗斯坦

在吐火罗斯坦以南400里的高山上有一座铁门，它是两个王国的分界线，也是从喀什河谷与阿姆河之间穿越喀拉特勤（Qarategin）、希撒尔（Hissar）山脉的关隘。玄奘曾经走过这条路，并报告说此路狭窄并充满了艰险，沿路人迹罕见，也没有水草。铁门的两侧都是陡峭的高山。山上的岩石呈铁色，建造门的时候又用铁来加固，门上挂着一些铸铁的小风铃。用铁门来命名这个关隘可谓是名副其实。突厥人占据了路上的这个关隘，从而使之得以控制印度与中亚之间的交通。[3]

1.3.11.1 唐代史籍的记述

唐代史籍记载说：其国人民定居，女少男多，有1万名精良的卫戍士兵。王国拥有"叶护"（Jabgou）的头衔。650年他们曾遣使献大鸟，鸟高7尺，色黑，双足像骆驼，行走时展开翅膀，一天能行300里。它们能吞火，俗称鸟驼（即鸵鸟）。705年国王遣其弟入朝并留下来担任贴身侍卫。[4]

1.3.11.2 与唐朝的外交往来

---

〔1〕Altman,V.（阿特曼），"Ancient Khorozmian Cilization in the Light of the Latest Archeological Discoveries(1937—1947)."（《从最近的考古发现看古代花剌子模文明》）In *JAOS*, vol. 67, no. 2, April – June 1947, *JAOS*, p. 82.

〔2〕Chavannes,E.（沙畹），*Documents*. p. 146.

〔3〕Watters,T.（瓦特斯），*On Yüan Chwang's Travels in India*, 629—645 A. D.（《关于玄奘629—645年的印度之行》）London,1904. pp. 101 – 102.

〔4〕Chavannes,E.（沙畹），*Documents*. p. 155. 汉译者按：此段原文见《新唐书·西域传下》：吐火罗"胜兵十万。国土著，少女多男。……其王号"叶护"……永徽元年，献大鸟，高七尺，色黑，足类橐驼，翅而行，日三百里，能啖铁，俗谓鸵鸟。……神龙元年，王那都泥利遣弟仆罗入朝，留宿卫。"

开元天宝年间(713—755 年),吐火罗多次遣使。719 年派遣的一名高级使节带来了狮子和五色鹦鹉,稍后派来的另一名使者又献上了两头狮子和两只羚羊。

> 帝以其远著修贡,加宴劳,赐锦䌽五百疋。……[两个月后]王帝賒上表,献解天文人大慕闍,其人智慧幽深[1]

此人是一名摩尼教教徒,并获准在京城建造教堂。

1.3.11.3　摩尼教

关于摩尼教在该国的传播情况,勒柯克曾评论道:

> 在巴尔赫(Balkh)附近呼罗珊的吐火罗斯坦地区,在很长一段时期内一直由摩尼教徒所控制。早在公元 8 世纪,摩尼教的使徒们就穿过中国到达回鹘王廷并给这位强盛的国王介绍了他们的宗教。[2]

729 年其国遣使僧难陀(Nan-t'o)献药;738 年遣高官献方物,获赐绯袍、银带、鱼袋以及 30 匹帛之后才回国。746 年该国国王献 40 匹马。在 40 多年的时间里,吐火罗总共献来了一批马和骡、200 种奇药和一些檀香木、宝石以及一些玻璃。[3] 这些玻璃使人想起法国使团在阿富汗贝格拉姆(Bégram)以南发现的那些精美的叙利亚玻璃,证明它已经传入那一地区。[4]

1.3.11.4　对唐朝的军事援助

乾元初年(758—759 年),吐火罗君王与其余 9 国一起发兵,长途奔往唐朝,协助天子平定中央王国的叛乱。[5]

---

〔1〕Chavannes, E.(沙畹), *Notes Additionnelles*. pp. 38 - 41. 汉译者按:此段原文见《册府元龟》卷 971。

〔2〕Le Coq, A. von(勒柯克), *Buried Treasures*. p. 35. 汉译者按:此段译文见陈海涛译:《新疆的地下文化宝藏》,第 21 页。

〔3〕Chavannes, E.(沙畹), *Notes Additionnelles*. p. 50,57,76;, *Notes Additionnelles*. pp. 157 - 158.

〔4〕有关玻璃的情况参见 Grusset, R.(格鲁塞), *De la Grèce à la Chine*.(《希腊与中国》), pl. I, in color.

〔5〕Chavannes, E.(沙畹), *Documents*. p. 158.

1.3.12　瓦罕

1.3.12.1　有关西帕米尔大河谷中一个国家的记述

瓦罕(Wakhān,护蜜,Hu-mi)位于吐火罗斯坦以东,曾是吐火罗的一部分,其人民和国王也向唐朝朝贡。关于该地的情况,唐代的史籍曾谈到:

> 地寒冱,堆阜曲折,沙石流漫。有豆、麦,宜木果,出善马。人碧瞳。720年皇帝册封其君王;728年其王遣使贡方物;730年其王亲自入朝献方物,并获赐帛和袍子、银钿带,本人也留下来成为贴身侍卫中的一员。733年其王真檀来朝,宴于内殿,授左金吾卫将军,赐紫袍带、鱼袋等七种礼物以及百疋丝帛。741年新国王即位,千方百计入唐朝贡并获得赞誉;他获得宴请,被授予左金吾卫将军,并获赐绯袍和金带。749年和758年(大食击败唐朝之后),王室成员仍然继续入唐朝贡,最后遣使的国王获赐李姓。[1]

100年前玄奘曾经过这个国家并报告说:

> "临缚刍河,盘纡曲折。堆阜高下,沙石流漫,寒风凛冽。……少树林,乏花菓。(与史书记载正好相反)另一方面这里又出产大量的葱,所以汉文称帕米尔为葱岭。"玄奘注意到有些山谷中的居民眼睛是碧绿的。据此我们也许可知,有些帕米尔部落可能接近古代的粟特人。……"帕米尔山谷的中间有一个大湖(左尔库尔湖,Lake Zorköl,即维多利亚湖,Victoria),位于世界的中心……该湖所处的盆地位置很高。湖水清澈如镜,无人知其深度。湖水黛黑而甘甜。湖的深处有狗鱼、龙和乌龟,水面上则有鸭子、野鹅和鹤。在该地的荒原上可以见到巨卵,有时在沼泽地和沙岛上也能发现它们。"[2]

1.3.13　迦毕试、巴米扬、喀布尔和哈达

在瓦罕的西部和南部,即通往曾被希腊文明浸染的巴克特里亚方

〔1〕Chavannes,E.(沙畹),*Documents*. pp.164 – 165;*Notes Additionnelles*. p.51,55 and 82.汉译者按:此段原文见《新唐书·西域传下》和《册府元龟》卷971。

〔2〕Grusset,R.(格鲁塞),*Footsteps*(《沿着佛陀的足迹》),pp.225 – 227.

向上,分布着迦试毕(Kāpīsa)、巴米扬(Bāmiyān)和哈达(Haddā)等一些研究佛教艺术的重要地区。在这些地方,来自印度、萨珊波斯和希腊化佛教世界的各种思想经过汇聚和融合,进而产生了佛教众神的形象。这些古代文物至今仍然留存(参见附录4)。在所有这些地区的艺术上,都折射出了古代人们在精神和信仰等方面的实践景象。感谢考古学家们,特别是法国阿富汗外交使团中的那些考古学家们,我们才得以见到这些建筑、雕塑、绘画和细小艺术品等古代遗存,它们曾在中亚各绿洲城郭和中国本土产生过相当大的影响。

1.3.13.1　商队贸易

从西北印度穿过这一地区,然后沿着通往中央王国的商道,佛教教义和佛教形象在沿途传播开来。[1]

1.3.13.2　唐代史籍中的记述

唐代史籍为我们提供了当时中国对这些地区的认识。关于谢飓(Zabulistan,漕矩吒)它谈到:

> 东距罽宾(Kāpīsa),东北帆延(Bāmiyān),皆四百里。南婆罗门(Hindus),西波斯(Persia),⋯⋯其王居鹤悉那(Gazna)城,地七千里,亦治阿娑你城。多郁金、瞿草。潢泉灌田。国中有突厥、罽宾、吐火罗种人杂居,⋯⋯景云初(710年),遣使朝贡,后遂臣罽宾。开元八年(720年),天子册葛达罗支颉利发誓屈尔为王。至天宝中(742—755年)数朝献。

> 帆延者,或曰望衍,曰梵衍那。⋯⋯地寒,人穴处。⋯⋯有大城四五。水北流入乌浒河。贞观初(627年),遣使者入朝。显庆三年(658年),以罗烂(Lo-lan)城为写凤(Sie-fong)都督府,缚时城为悉万州,授王葡(Pe)写凤州都督,管内五州诸军事,自是朝贡不绝。[2]

我想,正是因为7世纪早期以来不断有商队前往中国,所以阿富汗

---

〔1〕附录3关于旅行者的论述。

〔2〕Chavannes, E.(沙畹), *Documents* . pp. 161-162. 汉译者按:此段原文见《新唐书·西域传下》。

东北的艺术才得以为中国所知晓,从而促使天朝大国的佛教风格和世俗艺术产生了明显的变化。

巴米扬(梵衍那)以两座巨型石刻立佛像和佛寺众多而闻名当时,中国的几名求法僧对此有所描述。玄奘就曾说到:

> [梵衍那]在雪山(Snowy Mountains)之中也。人依山谷,逐势邑居。国大都城据崖跨谷,长六七里,北背高岩。有宿麦,少花果。宜畜牧,多羊马。气序寒烈,风俗刚犷。多衣皮褐。文字风教,货币之用,同覩货逻国,语言少异,仪貌大同。淳信之心,特甚邻国,上自三宝,下至百神,莫不输诚竭心宗敬。商估往来者,天神现徵祥,示崇变,求福德〔1〕

那些中国雕塑的制作者如果要表现巴米扬商人的话,一定会按照阿富汗类型的山地习俗那样让他们身穿皮毛或者羊毛织物,即使他们在中国的时候也是如此。

巴米扬的大立佛一个有 175 英尺高,另一个大约高 120 英尺,在河谷的崖壁上现在仍然可以见到。每座立像的巨大壁龛看起来都像是一个硕大的锁眼,周围是山上的一片蜂巢状的小石窟。这些小石窟通往当地僧侣的僧房和石窟寺。

1.3.13.3 与唐朝的关系

迦试毕,古代国王的驻地,在隋代被称为漕国。唐代的记载说:

> [罽宾]地暑湿,人乘象,俗治浮屠法。武德二年(619 年),遣使贡宝带、金锁、水精盏、颇黎状若酸枣(这使我们再次想到在离

79

---

〔1〕Watters,T.(瓦特斯),*On Yüan Chwang's Travels in India*,629—645 *A. D.*(《关于玄奘629—645 年的印度之行》)London,1904. pp.115. 汉译者按:此段原文见玄奘、辩机原著,季羡林等校注:《大唐西域记校注》卷 1,第 129 页。

此不远的贝格拉姆的发现[1]）以及金钩和酒。贞观中（627—649年）献名马。……开元七年（719年），遣使献天文及秘方奇药，……天宝四载（745年），册其子勃匐准为袭罽宾及乌苌国王。[罽宾国]遣使献波斯锦舞筵。乾元元年遣使慕入朝并献礼物。[2]

718年米国（Maimargh）也曾遣使献舞筵（垫），[3] 上面带有波斯纹样。在敦煌石窟中的表现天堂场景的壁画中我们可以看到使用这种舞筵的情况：一些身披飘带的印度舞伎面对佛陀和菩萨，在椭圆或长方形的舞筵上翩翩起舞。[4] 人们知道，印度曾对所有的中国佛教艺术都产生过很大的影响；舞蹈的类型尤其能够反映出宗教与世俗旨趣之间的差异，因为唐朝朝野更青睐动作幅度很大的胡旋舞，而不是柔美、优雅的印度式寺院舞蹈。

1.3.13.4　玄奘的记述

玄奘曾对该国的物产以及当地人们粗野的行为方式留下了深刻的印象。在描述了该国都城的位置，即古代国王们的夏季驻地后，他谈到：

> 宜谷麦，多果木。出善马、郁金香。异方奇货，多聚此国。气序风寒，人性暴犷，言辞鄙亵，婚姻杂乱。……服用毛毡，衣兼皮褐。货用金钱、银钱及小铜钱，规矩模样，异于诸国。王，……有智

80

　　〔1〕Hackin，J.（哈金），*Nouvelles Recherches archéologiques à Bégram. Paris*，1939—1940.（《1939—1940 贝格拉姆考古发现新探》）Mém. De la Délégation archéologique francaise en Afghani-stan，T. XIV，（阿富汗斯坦法兰西考古队纪念文集之十四）Paris，1954，2 vol. Ghirshman，R.（基尔施曼）：“Les Fouilles de Begram，Afghanistan”（《阿富汗贝格拉姆考古发掘》），Journal Asiatique，1943—1945；Grusset，R.（格鲁塞），*De la Grèce à la Chine.*（《希腊与中国》），Pl. I，in color；Chirsh-man R.（基尔施曼），*Bégram*，*Recherches archéologiques et historiques sur les Kouchans.*（《贝格拉姆：贵霜考古与历史研究》）Mém. de la Délégation archéologique francaise en Afghanistan，t. XII = Mém. de l'Institut francais d'archéologie orientale du Caire，T. LXXIX，Cairo，1946；*Les Chionites-Hephihalites.*，（《匈尼特—嚈哒人》）same series，T. XIII - LXXX resp，Cairo，1948.

　　〔2〕Chavannes，E.（沙畹），*Documents.* pp. 130 - 132；《西突厥史料补》，第 74 页。汉译者按：此段原文见《新唐书·西域传上》和《册府元龟》卷 971。本书引文与原文略有出入。

　　〔3〕沙畹：《文献》，第 145 页；*Notes Additionnelles.* p.34. 汉译者按：此段原文见《新唐书·西域传下》和《册府元龟》卷 971。

　　〔4〕Pelliot，P.（伯希和），*Les Grottes de Touen-houang.*（《敦煌石窟》）vol. II，p. LXXXIV，cave 51；p. XCIV，cave 53B；vol. V，l. CCCIII and CCCIV，cave 139A；vol. VI，p. CCCXXX，cave 168.

略,性勇烈,威慑邻境,统十余国。爱育百姓,敬崇三宝,岁造丈八尺银佛像……周给贫窭,惠施鳏寡。伽蓝百余所,僧徒六千余人,并多习学大乘法教。窣堵波、僧伽蓝崇高弘敞,广博严净。天祠数十所,异道千余人,或露形,或涂灰连络髑髅,以为冠鬘。[1]

上述记载使我们想起迦毕试历史上在希腊—安息时代(Greco-Parthians eras)[2]及其后曾遭受过多次的入侵,并相继被一些外来势力所占据。公元 5 世纪下半叶,嚈哒在此建国。贵霜人、罗马人、印度人和匈奴人则分别在此处上演的这种夏季退却的历史剧中粉墨登场。令人稍感困惑的是这位唐朝和尚强调当地操各种语言的人们都"婚姻杂乱",但是至少其国王是一个上等人和虔诚的佛教徒。

1.3.13.5　印度教的膜拜仪式

同样令人注意的是,玄奘曾提到当地流行的印度教膜拜仪式、骷髅头饰以及提婆神庙(Deva-Temples)。他在此地已进入印度境内,当地民众已开始不再固守较为温和的佛教教义;在其后的几个世纪里,古代恐怖和暴虐之神的信仰不断增强,这些神需要通过抚慰、绝对崇敬、符咒和咒语等礼仪加以崇拜。

玄奘在迦试毕停留数月后继续东行,越过一片多山的地区后到达滥波国(Lan-po,梵文作 Lampaka),其北面是雪山,另一侧是黑岭。他说该国盛产粳稻和甘蔗,但是水果较少。这里气候温和,微霜无雪;其居民喜好音乐和歌咏,但是性情怯弱,举止粗俗。他们主要穿着白色的棉织品,衣着光鲜。玄奘在这里见到了十余所寺院,大部分属于大乘教

---

〔1〕Watters, T. (瓦特斯), *On Yüan Chwang's Travels in India*, 629—645 *A. D.* (《关于玄奘 629—645 年的印度之行》)London, 1904. p. 123. 参见附录 II。汉译者按:此段原文见玄奘、辩机原著,季羡林等校注:《大唐西域记校注》卷 1,第 135 - 136 页。

〔2〕参见附录 4。

派,但是也有很多印度教的寺庙和信徒。[1] 公元 700 年,滥波国的一
个婆罗门曾前往中国,协助将一部魔法符咒从梵文译成汉文并以此而
扬名。[2]

　　这位求法者继续东南行,越过一座山岭到达迦毕试的属国那揭罗
曷(Nāgar)。他报告说该国四周也为高山环绕,气候温和,盛产谷物和
水果。与对滥波人的负面描述相反,他说该国人品行良好,勇敢好学,
崇敬佛法,很少有人信仰其他宗教。其国都城东两里左右的地方有一
座高 300 多尺的奇特石刻窣堵波(汉译者按:即佛塔)。窣堵波雕饰精
美,据说是数世纪前由无忧王(Emperor Aśoka,汉译者按:即阿育王)建
造的。每当有节日的时候,天上便有花雨落下。故又被称为花窣堵波。
它和该地区其他一些著名的圣迹一样都深受人们的敬奉,这些圣迹大
多是历史上佛陀确实到过的地方或者显圣之地。[3]

1.3.13.6　哈达(醯罗城)的佛塔与雕塑

　　值得注意的是,玄奘谈到醯罗(Hi-lo)城当时也有一些巨型石塔。
醯罗城位于那揭罗曷(Nāgarahāra)以南 8 公里,他报告说在醯罗(或哈
达 Haddā,今贾拉拉巴德 Jelalabad)有一座灵异的窣堵波(stūpas),"人
以指触,便即摇震"。[4] 这可能属于被嚈哒摧毁的一座大型建筑遗址
中的已经摇摇欲坠的遗存,因为嚈哒曾在 531 年横扫这处佛教圣地并
摧毁了多达 1000 座佛教建筑,数百年前法显西行时曾目睹此景。为了
印证上述记载,法国发掘者们在此发现了一些小型建筑构件残片和灰

---

　　[1]Watters,T.(瓦特斯),*On Yüan Chwang's Travels in India*,629—645 A.D.(《关于玄奘
629—645 年的印度之行》)London,1904. p.181. 汉译者按:此段《大唐西域记》卷 1,原文为:
"滥波国周千余里,北背雪山,三垂黑岭。…宜粳稻,多甘蔗,林树虽众,果实乃少。气序渐温,
微霜无雪。国俗丰乐,人尚歌咏。志性怯弱,情怀诡诈,更相欺诳,未有推先。体貌卑小,动止
轻躁。多衣白氎,所服鲜饰。伽蓝十余所,僧徒寡少,并多习学大乘法教。天祠数十,异道甚
多。"见玄奘、辩机原著,季羡林等校注:《大唐西域记校注》,第 218 页。
　　[2]Watters,T.(瓦特斯),*On Yüan Chwang's Travels in India*,629—645 A.D.(《关于玄奘
629—645 年的印度之行》)London,1904. p.182.
　　[3]Watters,T.(瓦特斯),*On Yüan Chwang's Travels in India*,629—645 A.D.(《关于玄奘
629—645 年的印度之行》)London,1904. p.183. 汉译者按:此段据《大唐西域记》卷 1,见玄奘、辩
机原著,季羡林等校注:《大唐西域记校注》,第 219 – 223 页。
　　[4]汉译者按:此段原文见玄奘、辩机原著,季羡林等校注:《大唐西域记校注》,第 232 页。

泥塑像,总数大约有 1.3 万到 1.6 万件,现在分藏于法国集美博物馆和喀布尔当地的博物馆中。[1] 正如他们所期待的那样,这些发现对研究希腊化佛教艺术贡献巨大。犍陀罗艺术专业的学生都知道,那些石板雕塑尽管有价值但却显得死气沉沉,而这些精致的灰泥塑像却显示出该雕塑流派所具有的充满生机、个性鲜明的风格和特点。

82　　　这些灰泥塑像中有印度式的提婆、优雅的女舞伎,而那些令人恐怖的恶魔形象仿佛出自哥特雕塑家们之手。充满智慧的婆罗门长者与天真无邪的崇拜者,阿波罗式的青年,满面胡须的野蛮人,鼻子扁平的蒙古利亚男子,出身高贵的王公,乔答摩离开宫廷场景中谦卑的仆人以及王子可爱的妻子,所有这些人物形象都被那些能工巧匠们刻画得栩栩如生。

1.3.13.7　哈达艺术流派对唐代雕塑的影响

我觉得在那些唐代塑像中就有这些外来者的传人。塑像在形体比例与塑造工艺(失釉法)方面都很相似,着重刻画其种族与个性特征,据此我们得以了解到唐代前中国随葬俑像从中获得某种灵感并产生了某种标志性的变化。尽管早期的中国雕像造型简洁有时还带有幽默感,但至少到北魏时期其观念和塑造技艺均发生了显著的变化。与此同时,哈达艺术流派的发展也达到顶峰。当然,外来者的主题并非中国艺术发展中的主流,但却与阿富汗斯坦和西北印度地区的希腊—罗马文化遗存密切相关。正如冒德·古比安得(Maud Gubiand)指出的那样:"正是在哈达,绝大多数希腊艺术品都在尝试着表现野蛮人的形象,并因此产生了一批名副其实的杰作。"[2] 她和罗兰德(Rowland)[3] 都强调在哈达和呾叉始罗(Taxila)有希腊传统的遗风,诸如使用灰泥

〔1〕Barthoux,J.(巴托克),*Les Fouilles de Hadda.*(《哈达的考古发掘》)Paris,1930. Vol. Ⅰ & Ⅲ. Mémoires de la Délégation archéologique francaise en Afghanistan. Ⅲ(阿富汗斯坦法兰西考古队纪念文集之三);*Études d'orientalisme,Musée Guimet,Mémoirs Raymonde Linossier.*(《集美博物馆东方藏品研究——纪念雷蒙德·利诺色》)Paris,1932,Vol. Ⅱ;Grousset,R.(格鲁塞),*De la Grèce à la Chine.*(《希腊与中国》)p. xxx and fig. 18,35－57.

〔2〕Gubiand,M.(古比安得),"Les Caravaniers."(《沙漠商队》)p. 128.

〔3〕Rowland,B.(罗兰德),"The Hellenistic Tradition."(《希腊传统》)p. 11. 参见附录 4。

作为雕塑材料,人物形象生动并个性鲜明。感谢那些历史记载和旅行者们的记述,我们得以能够展示它们在远东地区发生转变的背景。事实上,通过考古学家在中亚地区的考古发现,我们甚至能看到这一转变的具体进程。[1]

1.3.13.8　商队贸易与布道者对唐朝的影响

我们曾指出,吐鲁番流行的谚语与阿富汗斯坦的一致,[2]也许我们可以据此推测,正是这些商队在与中国的贸易活动中将这些小雕像甚至连同训练有素的工匠们一起,从一个国家带到另一个国家。当然, 83我们也知道在印度、阿富汗斯坦、中亚和中国的佛教徒之间一直在进行着思想上的交流,而印度之外地区的佛教信徒们则渴望前往佛教历史上的发祥地去求取真经,探求佛教艺术产生的源泉。

人们很容易就可以探寻到希腊文明在远东的发展轨迹。从贵霜的统治之下的呾叉始罗、犍陀罗到于阗以及其他贸易南道诸城郭,希腊文明的表现主题和表现手法自然形成一个链条。各地发现的人物形象都是大鼻子和长胡须,具有相似的民族特点。他们的头发束成一团,皱纹呈线状或沟状,双唇张开露出牙齿,这种描绘技法和处理服装上的褶皱一样都很常用。[3]

贸易北道城郭诸国的雕塑匠和画匠们的作品时代一般稍晚(属于6、7、8世纪),他们极少受到西北印度和阿富汗斯坦的影响。尤其在雕塑方面,人们可以从勒柯克、格伦威德尔、斯坦因、伯希和以及哈金刊布的塑像中见到一种所谓的"迟到的古物"(belated antiques)。其所采用

---

〔1〕参见附录3。

〔2〕Le Coq,A. von(勒柯克),*Buried Treasures*. p.113.

〔3〕Marshall,Sir John.(马歇尔):"Excavations at Taxila."(《呾叉始罗的发掘》)In Archaeological Survey of India,no.7,Calcutta,1921,p. XXV I a;"Exporation and Research."(《考察与研究》)Annual Report of the Archaoological Survey for September 1929—1930(《1929—1930 年 9 月的年度报告》),p. XIV,3. 有关哈达的部分参见 Barthoux,J.(巴托克),*Les Fouilles de Hadda*.(《哈达的考古发掘》)Paris,1930. Vol. I & III. Mémoires de la Délégation archéologique francaise en Afghanistan. III,vol.III,p. 42,50b,55a,56b,57,58g,61 b - c,62 d - f,64,71c,83,85a,89,99a、g,102a,103c,104b;于阗的例子参见蒙代尔(Montell,Gösta),"Sven Hedin's Archaeological Collection from Khotan."(《斯文赫定的和田考古藏品》)In BMFEA,no.7,Stockholm,1935,p. VII 8,p. VIII,p. XI.

·欧·亚·历·史·文·化·文·库·

的模铸法[1]可以保留一些希腊—罗马的风格,而这一风格在早些时候就已经传入呾叉始罗、哈达、贝格拉姆—迦毕试、巴米扬和丰都基斯坦(Fondukistan)。这些塑像中有大力神赫拉克里斯(Hercules),[2]类似森林之神希勒诺斯(Silenus)的夜叉(Yaksas)[3]或表情痛苦的恶魔,[4]以及身着褶皱服装的佛陀,所有这些形象的塑造均源自希腊化世界[5]——它们也说明希腊的观念和技法曾不断地输往中国。出自图木舒克、库车、克孜尔、焉耆、石头沟、吐鲁番甚至敦煌的那些浮雕和塑像残片则与众不同,极少受到来自呾叉始罗、犍陀罗、哈达和恒河谷地(Ganges valley)等地区强势艺术传统的影响。[6]

84　　我认为,唐代的一些非佛教塑像甚至也受到了这一强势宗教艺术的影响。几乎所有的"西方人"塑像看起来都如其人,这是因为唐代工匠的本土塑造技艺中已经融入了异域的观念。面带微笑、双唇微张露出牙齿(图版29),团状的卷发(图版23)以及夸张的怒容,情绪外露的眼睛(图版38),对种族特征与服饰细节的呈现,所有这些都属于希腊—罗马世界以及印度的文化遗产,并通过这些商贸城市、商道和佛教圣域传入中国。

1.3.14　印度或天竺(Hindu)对唐代艺术的影响

　　除了希腊化佛教艺术的影响外,在这些塑像中我们也能发现一些纯印度的因素。我们偶然见到一个笈多式袒胸雕像,身着印度炎热本土常见的窄脚长裤(dhoti)或带褶皱的服装;当然,项链、臂钏和脚镯等饰物在此要比亚洲其他地方更流行(图版24和25)。然而哈达塑像上穿戴的一些珠宝却并非源自印度,罗斯托夫采夫(Rostovtzeff)评论道:

　　　　哈达花神脖子上的项链有一部分完全复制于巴尔米拉(Palmyra,汉译者按:该地位于今叙利亚境内)。哈达雕塑的头像与巴

---

〔1〕参见本书有关工艺部分的章节。

〔2〕Le Coq, A. von(勒柯克),*Neue Blidwerke*,(《新画作》)Vol. II, p. 3, and Vol. I, p.2.

〔3〕Le Coq, A. von(勒柯克),*Neue Blidwerke*, Vol. III.

〔4〕Le Coq, A. von(勒柯克);*Die Plastik*,(《雕塑艺术》)Vol, I, pl. 26.

〔5〕Le Coq, A. von(勒柯克);*Die Plastik*, pls. 37 and 38.

〔6〕Agrawala(阿格华尔),"Terracotta Figurines."(《阿希切特拉的陶像》)pp. 124 – 297.

尔米拉的非常相像,而犍陀罗塑像身上的珠宝饰物也很接近巴尔米拉。这或许可以支持弗彻(M. Foucher)的观点:哈达雕塑的时代要早至2—3世纪,而古典艺术的影响则是借助1—2世纪的商队贸易进入到这里。[1]

一些唐代的塑像制作工匠们似乎对印度人较黑的肤色颇感兴趣;有人认为他们当时把那些黑皮肤的人给搞混了,因为唐朝人并不能清楚地区分印度人、黑人和马来人(Malays)。

在佛教寺院的幡画和壁画中,中国的画匠们把他们描绘成大象和狮子的侍者形象,而这两种动物分别是佛教诸神中普贤菩萨(Samant-abhadra)和文殊菩萨(Mañjuśrī)的坐骑。[2] 在一幅文殊菩萨与维摩诘(Vimalakīrti)[3]或释迦牟尼佛(Śākyamūni)、多宝佛(Prabhūtaratna)[4]相会的画面中,就有一名类似的黑皮肤的年轻人;他头发卷曲,嘴唇较厚,袒胸,佩戴印度珠宝。亨茨(Hentze)[5]和施密特(Schmidt)[6]的著作中也可以见到一些陶俑的例子。这些陶俑中有一些是少年鼓手,他们以手击鼓的形象也见于敦煌石窟的壁画中。[7] 鼓手们的脖子上挂着印度鼓,带领着一队舞者踩着鼓点翩翩起舞。

1.3.14.1　昆仑奴,可能代表的是天竺人或爪哇人

---

〔1〕Rostovtzeff, M.(罗斯托夫采夫),"Greco-Indian Art."(《希腊—印度艺术》)In Revue des Arts Asiatiques(《古代艺术评论》),VII. 1931, p. 209, footnote.

〔2〕Stein, Sir M. A.(斯坦因), On Ancient Central Asian Tracks.(《沿着古代中亚的道路》)Pl. III,作者描述说,文殊菩萨乘白狮,"旁边的黑皮肤侍者可能是印度人而不是大家以为的黑人";又见 The Thousand Buddhas.(《千佛洞》),pls. III and IV,以及同作者 Serindia(《塞林迪亚》)pl. LIX 和 Innermost Asia(《腹地亚洲》)中的其他例子。Pelliot, P.(伯希和), Les Grottes de Touen-houang(《敦煌石窟》), vol. VI, caves 168, pl. CCCXXXI,以及 caves 169, pl. CCCXXXIV。Warner, L.(华纳), The Buddhist Wall Paintings of Wan Fo Hsia(《万佛峡佛教壁画》)p. XVIII and XXII.

〔3〕Pelliot, P.(伯希和), Les Grottes de Touen-houang, vol. I, cave 8, pl. XV and pl. XX; vol. VI, pl. CCCXXIV; vol. III, cave 52, pl. XCI 中也有类似的例子。

〔4〕Pelliot, P.(伯希和), Les Grottes de Touen-houang, vol. VI, p. CCCXXV.

〔5〕Hentze, C.(亨茨), Chinese Tomb Figures(《中国的随葬塑像》), London, 1928. p. 74b.

〔6〕Schmidt, R.(施密特), Chinesische Keramik-ausstellung im Frankfurter Kunstgewerbe-museum.(《法兰克福工艺美术博物馆藏中国陶器》)Frankfurt-am-Main, 1923, p. 16c.

〔7〕19 窟,该壁画在伯希和的著作中我没有能找到,反而见于大都会博物馆藏品中编号为 E128658 号幻灯片中,该照片为斯克曼(L. Sickman)所有。从邵芳女士的壁画临摹品中我进一步确定了几幅原作。

个别唐代史学家曾使用过一个形容词"昆仑奴"[1]。《旧唐书》中曾强调指出:"自林邑以南,皆卷发黑身,通号为昆仑"。其地理位置在暹罗(Siam,汉译者按:即泰国)—扶南(Cambodia,汉译者按:即柬埔寨)地区。[2]《新唐书》记载,813 年诃陵国(Ho-ling,即爪哇)"献僧只奴(Seng-ch'i slaves)四",这里指的是南海人。

桑原骘藏(Kuwabara)考订林邑(Lin-yi)乃占婆(Champa,即安南,Annam)的别称[3],但是他将有马来人(Malayas)部落居住的所有国家都包含其中。鉴真则将昆仑与 8 世纪中叶南海诸国中的马来亚联系起来。[4] 根据罗尔夫·斯坦因(Rolf Stein)的说法,昆仑的语言与林邑同,而林邑的地理位置则相当于占婆。[5]

1.3.14.2 唐代文献中有关昆仑的记载

富路特博士(Dr. Goodrich)在评述张教授论文的时候[6]曾列举了7 处可能是昆仑的地方:(1)东南亚(Inde Transgangétique)和印度尼西亚的几个岛屿;(2)昆仑岛(Pulo Condore);(3)土伦(Tourane,汉译者按:今越南岘港市)东南的占毕罗岛(Culao Cam);(4)占婆(Champa),古代柬埔寨(Cambodia)、缅甸(Burma)以及马来半岛(Malay Peninsula)、苏门答腊(Sumatra)和爪哇(Java);(5)南诏(Nanchao)王国;(6)广西(Kuangsi)的一个城镇;(7)马达加斯加(Madagascar)附近的非洲东海岸部分,或指整个非洲。他现在同意了罗尔夫·斯坦因将其比定为

〔1〕张星烺,"The Importation of Negro Slaves to China under the T'ang Dynasty."(《唐代进口到中国的黑奴》)In The Bulletin,Catholic University of Peking,(《辅仁英文学志》)no. 7,Dec. 1930,pp.37-59;此处参见第 37 页。

〔2〕张星烺,"The Importation of Negro Slaves to China under the T'ang Dynasty."(《唐代进口到中国的黑奴》)In The Bulletin,Catholic University of Peking,(《辅仁英文学志》)no. 7,Dec. 1930,p. 39.

〔3〕Kuwabara,J.(桑原骘藏)," Ou P'u Shan-K'ēng."(《浦寿庚考》)In Memoirs of Toyo Bunkono. 2,Tokyo,1928,pp.61-62.

〔4〕Takakusu,J.(高楠顺次郎):《竹内(Ganshin)之航海》,BEFEO,vol. XXVII,1928,Hanoi,1929 年,p.466.

〔5〕Stein,R. A.(斯坦因),"Le Lin-yi."(《林邑考》)In Han Hiue Bulletin(《汉学》),v. II,Peking,1947,p. 197.

〔6〕Geodrich,L. C.(富路特),"Negroes in China ."(《中国的黑奴》)In Bulletin of the Catholic University of Peking(《北平辅仁英文学志》),1931,pp.137-138.

占婆的观点,并引述费琅的看法说,724 年巨港(Palembang,汉译者按:在今印度尼西亚苏门答腊岛东南部)王国输入唐朝的黑奴应该是苏门答腊进口的非洲黑人。有趣的是,汉文中的僧只(seng-ch'i,又作 zanggi 或 janggi)一词也见于 860 年的爪哇碑铭中"janggi"。

1.3.14.3　与天竺、安南、扶南和爪哇同时期艺术的比较

将这些唐代塑像与印度笈多时期阿旃陀(Ajantā)石窟中的壁画相比较,将会略微有助于解决这一令人头痛的问题。该壁画中也有很多黑皮肤的人,但是他们的头型、头发、眼球、鼻子和嘴巴却不像我们这些侍从俑像。而在驯象场景中的少数人物形象[1]则有某些相像之处。安南 8、9 世纪的雕塑[2]也令人失望,因为显然越南人(Cham)的前额较宽,眉毛不够弯曲,嘴唇虽然丰满但却呈一条直线。对印度南部达罗毗荼人(Dravidians)地区雕塑的研究也收获甚微。在爪哇普兰巴南(Prambanan)的浮雕中,我发现了在相貌和卷发上最为相似的人物形象。[3]如果联系到爪哇的贸易活动、有关813年爪哇奴隶输入中国的文献记载,以及 860 年爪哇碑铭中出现的"janggi"一词,那么这一发现就特别有价值。 87

赵汝适(Chao Ju-kua)《诸番志》中有一节说:

> 崑崙层期国,在西南海上,连接大海岛,……土产大象牙、犀角。西有海岛,多野人,身如黑漆,虬发,诱以食而擒之,转卖与大食国为奴,获价甚厚,託以管钥,谓其无亲属之恋也。[4]

僧祇(Seng-ch'i)和层期(Ts'eng-ch'i)通常被比定为桑给巴尔(Zanzibar,考斯玛 Cosma 的《基督教地形学》中作东非人(Zinj),《马可波罗游记》中作 Zaghibar,意为"黑人地区"。)阿拉伯人则将从朱巴河

---

〔1〕Yazdani(雅兹达尼),Ajanta.(《阿旃陀》)前引书第三卷,p. LXXIV,cave XVI.

〔2〕Pamentier,H.(帕门梯埃),Les Sculptures Chames au Musée de Tourance.(《岘港博物馆中的占婆雕塑》)Paris,1922.

〔3〕Kats,J.(凯茨),The Ramayana as Sculptured in Javanese Temples.(《爪哇寺院中的罗摩衍那雕塑》)Batavia,巴达维亚(Batavia,汉译者按:印尼首都雅加达 Jakarta 的旧称),无出版日期,图版 8 中祭坛右侧以及图版 37 左下角的人物。

〔4〕汉译者按:本段原文见赵汝适原著、杨博文校释:《诸蕃志校释》,中华书局 1996 年,第127 页。

·欧·亚·历·史·文·化·文·库·

（Juba River）到德尔加杜角（Cape Delgado）的东非沿岸部分称作桑给巴尔（Zanzibar）。[1]

1.3.14.4　唐朝的黑人

唐朝的黑奴是阿拉伯人输入的。至于其中的联系,张星烺说:[2] 869 年在东哈里发帝国（Eastern Caliphate）的巴士拉（Basra）附近发生了一场叛乱,当时有一些黑奴在那里的盐矿中做苦役。这场叛乱持续了 15 年之久,其中应该有大量黑奴参与其中。"唐人的小说中经常提到外国人贩卖昆仑奴,这些人是非洲人而不是马来半岛的矮小黑人（Negritoes）。"[3] 勒陀拉（Latourette）在讨论唐代的舶来品时曾谈到:"随着象牙、香料、红铜、龟壳、犀牛角等的输入,阿拉伯人很可能把黑奴也带到了中国。"[4]

1.3.14.5　唐朝人观念中对天竺人和黑人的混淆

在佛教的幡画和壁画以及这些俑像中,想要辨别那些黑皮肤男孩们的族属是很困难的,这也许是因为唐人对此的观念是混乱的。在无釉的俑像中,其皮肤的颜料有时是深蓝色,有时又是黑色或棕色;带釉的俑像的肤色则是棕色甚至暗绿色。

88　### 1.3.14.6　天竺的服装

唐代俑像身上的袒胸、项链、臂钏、脚镯常见于同时期印度和爪哇的人物形象上,而衣服披挂式的穿法至今仍见于印度服装中,但是俑像头上卷曲的头发有时则更接近希腊—罗马风格。绘画中人物厚厚的红嘴唇以及反差强烈的皓齿不禁令我们想到当代黑人的肖像,而他

---

〔1〕张星烺,"The Importation of Negro Slaves to China under the T'ang Dynasty."（《唐代进口到中国的黑奴》）In The Bulletin, Catholic University of Peking,（《辅仁英文学志》）no. 7, Dec. 1930, pp. 41 –43.

〔2〕张星烺,"The Importation of Negro Slaves to China under the T'ang Dynasty."（《唐代进口到中国的黑奴》）In The Bulletin, Catholic University of Peking,（《辅仁英文学志》）no. 7, Dec. 1930, p. 43.

〔3〕张星烺,"The Importation of Negro Slaves to China under the T'ang Dynasty."（《唐代进口到中国的黑奴》）In The Bulletin, Catholic University of Peking,（《辅仁英文学志》）no. 7, Dec. 1930, p. 44.

〔4〕Latourette, K.（勒陀拉）, The Chinese, Their History and Culture.（《中国人,他们的历史与文化》）New York, 1946, p. 205.

们轻盈的步态,一双大脚,开心的微笑,鲜明的节奏感,痴迷于音乐的眼神,这一切看起来更像是黑人或爪哇人而不是印度人。不管他们来自何方,这些少年鼓手、驯象者和驯狮者以及领舞者们都是唐代墓葬中那些逝去的灵魂们的快乐伙伴。

1.3.14.7 唐朝与天竺的政治关系;有关北天竺的记述

唐代史籍中有关印度的大部分记载所涉及的主要是贵族或大德,而不是马夫和乐师。642 年以后,乌苌(Uddiyāna)和个失蜜(Kashmir)的国王成为唐太宗的附庸之后,都曾多次遣使唐朝。[1] 关于乌苌国,史籍记载道:

> [乌茶者,一曰乌伏那,亦曰乌苌]……山谷相属,产金、铁、蒲陶、郁金。稻岁熟。人柔诈,善禁架术。……贞观十六年(642年),其王达摩因陀诃斯遣使者献龙脑香,玺书优答。大食与乌苌东鄙接,开元中数诱之,其王与骨咄(Khottal)、俱位(Yasin)二王不肯臣,玄宗命使者册为王。[2]

1.3.14.8 玄奘的记述

玄奘曾造访过乌苌和个失蜜。他发现乌苌并不是自己中意的地方,因为该地是密宗(Tantrism,主修巫术、魔幻和咒术)孳生的温床,于是就继续西行求法。在涉险越过高山,穿越一座铁桥,走了 1000 里地之后,他达到了迦湿弥罗国(即个失蜜或克什米尔,Cashmere)并谈到:

> [迦湿弥罗]周七千余里,四境负山。山极陗峻,虽有门径,而复狭隘,自古邻敌无能攻伐。……宜稼穑,多花果。出龙种马及郁金香、火珠、药草。气序寒劲,多雪少风。服毛褐,衣白氎。土俗轻僄,人多怯懦。国为龙护,遂雄邻境。容貌妍美,情性诡诈,好学多闻,邪正兼信(即佛教和其他宗教)。伽蓝百余所,僧徒五千余人。

〔1〕Grousset,R.(格鲁塞),*Histoire del' Extréme Orient*.(《远东史》)p.268.

〔2〕Chavannes,E.(沙畹),*Documents*. pp.128－129. 汉译者按:此段原文见《新唐书·西域传上》。

有四窣堵波,并无忧王建也,各有如来舍利升余。[1]

当玄奘抵达迦湿弥罗的都城拔逻勿逻布罗城(Pravarapura,今斯利那加 Srīnāgar)的时候,其王率全体廷臣出来迎接。

> 幢盖盈埊,烟华满路,既至,相见礼赞殷厚,自手以无量华供散讫,请乘大象相随而进。……明日……食讫,王请开讲,令法师论难。[2]

1.3.14.9 唐代史籍的记述

唐代史籍对该地区的国家和人民做了大量相似的记述,并强调7世纪中叶和8世纪早期这一遥远的地区与中央王国密切的政治联系。720年唐朝下诏册封其王,其王则向唐朝献胡国(Hu country)的药。该国王去世后,他的儿子遣使唐朝输诚,并表示他的军队已经准备在唐朝需要的时候听从调遣。"此外,"他还说:

> "又国有摩诃波多磨龙池,愿为天可汗营祠。"——因丐王册,鸿胪译以闻。诏内物理多宴中殿,赐赉优备,册木多笔为王,自是职贡有常。[3]

在733年:

> [润三月]个失密王木多笔遣大德僧物理多年来献表。诏引物理多年宴于内殿,赐绢五百疋,数日放还蕃。……(四月五日),册个失密国王木多笔为本国王。[4]

90　　晚至阿拉伯人击败唐军后不久的758年,有记载说罽宾僧人般若力(Prajñā)、一名中亚僧人和个失密的另一名僧人"并慕入朝,"他们都

〔1〕Watters,T.(瓦特斯),*On Yüan Chwang's Travels in India*,629—645 *A. D.*(《关于玄奘629—645年的印度之行》)London,1904. p.261. 汉译者按:此段原文见玄奘、辩机原著,季羡林等校注:《大唐西域记校注》卷1,第321页。

〔2〕Grusset,R.(格鲁塞),*Footsteps.* pp.114-116. 汉译者按:此段原文见慧立、彦悰著,孙毓棠、谢方点校:《大慈恩寺三藏法师传》,第43页。

〔3〕Chavannes,E.(沙畹),*Documents*. pp.166-167. 汉译者按:此段原文见《新唐书·西域传下》。

〔4〕Chavannes,E.(沙畹),*Notes Additionnelles.* p.55. 汉译者按:此段原文见《册府元龟》卷975。

受到了很好的接待并被赐予荣誉官衔。[1]

　　玄奘在经过迦湿弥罗的属国呾叉始罗的时候说:"地称沃壤,稼穑殷盛,泉流多,花果茂。气序和畅,风俗轻勇。崇敬三宝,伽蓝虽多,荒芜已甚。僧徒寡少,并学大乘。"[2]呾叉始罗遗址的历史遗存对于研究希腊化佛教艺术具有重要意义。[3]

　　1.3.14.10　与唐朝的政治联系

　　唐朝对印度的政治影响程度要远远超过克什米尔山谷。关于7世纪晚期和8世纪早期唐朝皇帝与印度境内诸小国君主之间交往的情况,有以下这些记载。692年:

> 东天竺国王摩罗拔摩、西天竺国王尸罗逸多、南天竺国王遮娄其拔罗、北天竺国王那那、中天竺国王地摩西那、龟兹国王延繇拔并来朝献;710年……南天竺国、吐蕃、谢䫶、罽宾国并遣使献方物;[4]720年(开元8年),南天竺国王尸利那罗僧伽(Śri Narasim-ha Potavarman),即建志 Kañci 君王,位于摩陀罗(Madra)西南之康契普腊姆(Conjeeveram)请以战象及兵马,讨大食及吐蕃等,仍求有及名其军。玄宗甚嘉之,名军为"怀德军";……南天竺王尸利那罗僧伽宝多拔摩为国造寺,上表乞寺额,敕以归化为名赐之;[5][同年]八月丁丑,敕中书门下:南天竺王远遣朝贡,其使却还,并须周旋发遣,令望满,乃以锦袍金带鱼袋七事赐其使,遣之;十一月,遣使册南天竺国王尸利那罗僧伽宝多拔摩为南天竺国王。[6]

　　1.3.14.11　天竺对唐朝世俗艺术的影响

　　[1]Chavannes,E.(沙畹),*Notes Additionnelles.* p.93. 汉译者按:此段原文见《册府元龟》卷975:[乾元元年]"四月庚申,罽宾三藏般若力、中天竺国婆罗门三藏善部末摩、个失密三藏舍郡并慕入朝。诏以力为太常少卿,末摩为鸿胪少卿,并员外置。"

　　[2]Watters,T.(瓦特斯),*On Yüan Chwang's Travels in India*,629—645 A. D.(《关于玄奘629—645年的印度之行》)London,1904. p.240. 汉译者按:此段原文见玄奘、辩机原著,季羡林等校注:《大唐西域记校注》卷1,第300页。

　　[3]Rowland,B.(罗兰德),"The Hellenistic Tradition."(《希腊传统》)p.11. 附录4。

　　[4]汉译者按:以上原文分见《册府元龟》卷970、973。

　　[5]汉译者按:此段原文见《旧唐书·西戎传》。

　　[6]Chavannes,E.(沙畹),*Notes Additionnelles.* p.24、28、44-5. 汉译者按:以上两段原文分见《册府元龟》卷974、964。

我们知道,印度对中国的宗教思想和哲学曾产生过相当大的影
响,而且我们同样可以十分清晰地看到印度风格对中国宗教艺术也产
91 生了强烈的影响。我认为这种影响在世俗艺术领域同样有迹可寻,诸
如其中的短翼鸭子或野鹅(hamsa)以及阿育王式的薄唇(Aśoka leaf in
his mouth)等主题在唐代就相当流行。在秣菟罗(Mathurā)、山崎
(Sānchi)、菩提伽耶(Bodhgayā)和阿摩罗婆提(Amarāvatī)等地窣堵波
(Stūpa)上的早期佛教雕塑中,[1]就有属于《大鹅本生经》(Hamsa
Jâtaka)中的野鹅主题;鸟雀也是月亮的符号。[2] 在贝格拉姆的世俗艺
术品中,骨雕和象牙雕上[3]鸟和花的图案表明其已经超越了印度风格
的藩篱,这也是其经过中亚向中国发展过程中的一个阶梯。印度画匠
完全有可能将其直接转输到中国,因为斯坦因爵士在敦煌发现的藏品
中有一件罕见的插图写本,而这个"巨大的笈多直体佛教经卷可能是
通过尼泊尔一侧的西藏传入敦煌的"。[4] 其风格也明显区别于萨珊
波斯已经相当程式化了的嘴衔连珠鸟(图13)。这两种风格在中国境
内都可以见到,但是与波斯程式化、僵化和纹章化的风格相比,其圆润、
自然并充满生机和活力的风格则完全是印度式的。

在织物的图案方面,两者可在《塞林迪亚》(Serindia)中所刊布的
材料中加以比较。敦煌74窟中的女供养人[5]身上的女装实际上就在
一块漂亮的面料上运用了这一主题。日本正仓院藏品中有许多圣武
天皇在750年之前收集的艺术品,它们是东大寺(Todai-ji)于756
年奉献的;各类艺术品上都装饰有各种图案,大部分图案的工艺或观念

---

〔1〕Marshall,Sir J.(马歇尔),*Annual Report of Archaeological Survey of India for* 1912—1913,
(《印度考古综述,1912—1913 年度报告》)Calcutta,1916. 第一部分图版 IX;Bachhofer,L.(巴克霍
弗),*Early Indian Sculpture*,(《早期的印度雕刻》)Paris,1929. vol. II,p. 113.

〔2〕Hackin,J.(哈金),*Recherches archéologiques en Asie Centrale.*(《中亚考古研究》)p. 30.

〔3〕Hackin,J.(哈金),*Recherches archéologiques à Bégram.*(《中亚考古研究》),pls. XLIX,p.
127; LXV,198 and 204;LXIX,pp. 215 – 216;以及第 14、17 和 16 页中的文字部分。

〔4〕Stein,Sir M. A.(斯坦因),*Serindia.* vol. II,p. 914,参见第四卷,图版 CXLVI,ch. c,col. 见
图 13。

〔5〕Pelliot,P.(伯希和),*Les Grottes de Touen-houang.*(《敦煌石窟》)vol. II,p. LXXXIV,cave
51; p. XCIV,cave 53B;vol. V,p. CCCIII and CCCIV,cave 139A;vol. III,p. CXXXV.

都是中国的——诸如一面青铜镜[1]一个嵌金银漆盒[2]一个嵌贝壳八角金叶龟壳盒[3]一个暗红色象牙尺[4]一个彩绘盒[5]以及一个蓝底金银彩绘盒[6]（图版26）。

这里还有一个表明中国人渴望接受"西方"观念和装饰图案的例子。古代的朱雀是表示南方的一个符号,其原始形态接近雄鸡和孔雀;它在后周时期传入中国并一直沿用下去,并在织物、镜子、建筑主题和珠宝中占据了极为重要的地位。但在见多识广的唐代仕女和贵族们接受这些来自异域的美丽图案之前,鸭子和鹅的主题在这些艺术品中并不多见,工匠们即使在制作赌盘、首饰盒、尺子等小玩意儿的时候也较少采用这些图案。这些装饰图案不久便出现在中国本土样式的线形佳作中。

1.3.14.12　天竺对唐朝服饰的影响

肃宗皇帝在位的 8 世纪下半叶,其御林军的穿着犹如护法神(Lokapāla),表明四天王的形象随着佛教的流行进入到了唐人的观念和艺术之中。[7] 唐墓中的大部分威严的守护者所代表的无疑是超自然的神灵,但是从 8 世纪流行的服装上来看,他们中有些可能就是"皇帝本人"。

唐人的某些养花技艺也许在与印度的贸易过程中得到了提高,因为据研究"由于一名外来的佛教僧侣给花的根部加入了一种药物,使

---

〔1〕Harada,J.（原田）,*Catalogue of the Imperial Treasures of the Shōsöin.*（《正仓院皇家珍宝图录》）Tokyo,1929. vol.Ⅱ,pl.18.

〔2〕Harada,J.（原田）,*Catalogue of the Imperial Treasures of the Shōsöin.*（《正仓院皇家珍宝图录》）Tokyo,1929. vol.Ⅷ,pl.39.

〔3〕Harada,J.（原田）,*Catalogue of the Imperial Treasures of the Shōsöin.*（《正仓院皇家珍宝图录》）Tokyo,1929. pl.61.

〔4〕Harada,J.（原田）,*Catalogue of the Imperial Treasures of the Shōsöin.*（《正仓院皇家珍宝图录》）Tokyo,1929. vol.Ⅵ,pl.36.

〔5〕Harada,J.（原田）,*Catalogue of the Imperial Treasures of the Shōsöin.*（《正仓院皇家珍宝图录》）Tokyo,1929. vol.Ⅸ,pl.15.

〔6〕Harada,J.（原田）,*Catalogue of the Imperial Treasures of the Shōsöin.*（《正仓院皇家珍宝图录》）Tokyo,1929. pl.6.

〔7〕Wieger（维格）,*Textes Historiques.*（《文书的历史》）p.1446.

得杜鹃花仿佛像被施了魔法似的可以在任何季节绽放,壮美异常"[1]。

1.3.15　贸易南道:于阗

东西方之间的贸易大部分(尤其在早期)主要是通过前往中国的南部商道进行的,因为在叶尔羌与和田有很多带有印度文化特征的历史遗迹,而南部诸绿洲也出土了一些具有萨珊和希腊—罗马影响的遗物。

93

1.3.15.1　人民

古代于阗现在已经是被沙漠覆盖的荒凉之地,但在过去却曾经是一片人口稠密的繁荣之所。当时的人们喜欢嬉戏、热爱音乐,尽情享受着生活的快乐。奥里尔·斯坦因爵士[2]和其他一些探险家们在此发现的一些古代文明遗物表明,在中国的西部曾经生活着一群有趣而独特的人民。根据他们自己的传说,于阗王国是由一支印度精英和南中国的侨民共同创建的。

不管他们实际上到底来自何处,而印度和中国都在其文化的发展中发挥了主导作用。根据斯坦因所获材料,[3]乔伊斯(Joyce)对于阗人的体质特征进行了研究,指出其没有蒙古利亚人种的特点,而是很接近帕米尔的噶尔克斯人(Galchas),即相当纯种的拉布什的阿尔卑斯人种(Lapouge's Homo Alpinus)的代表,当然属于高加索人种。他们在人种上属于生活在南部的兴都库什山(Hindu Kush)和北部阿莱山脉(Alaǐ)的高地山谷之间的山地部落,所说的语言接近东伊朗语支。吐蕃因素的出现时间可能要稍晚些。

通过对当地雕塑和绘画的研究,我发现肯定普遍存在着另一种人。其体质特征为额头平缓、低矮(这令人想起前面提到的"产子以木压首"的习俗),眼球凸起、眼距较宽,鼻子相对扁平、鼻孔外翻,薄嘴

---

〔1〕Li Shang-yin(李商隐,813—858),I-shan tsa tsuan(《义山杂纂》),p. 127,转引自 Edwards, E. D.(爱德华兹)*Chinese Prose Literature of the T' ang Period.*(《唐代中国的散文文学》)London, 1937—1938,I,p. 50.

〔2〕Stein,Sir M. A.(斯坦因),*Ancient Khotan.*(《古代和田》)Oxford, Clarendon, 1907. 2 vols. ;*The Sand-buried Ruins of Khotan.*(《沙埋于阗废墟记》)London,1903.

〔3〕Stein,Sir M. A.(斯坦因),*Ancient Khotan.* p. 144.

唇,圆下巴。[1] 我注意到有几件俑像上(图版 27、28 和 29)带有这些相同的特点。

1.3.15.2 与唐朝的政治联系

早在公元 1 世纪,中国史籍中就提到了和田(于阗),并将之视为政治地位重要的地方。公元 73 年,东汉军队的首领班超迫使其王归顺并在此驻防。[2] 在此后的世纪里,其政治命运又与贵霜联系起来。[3]

1.3.15.3 宋云的记述

6 世纪时西行求法的宋云在 519 年曾经过于阗,并记载说于阗王头戴类似公鸡鸡冠形状的金冠,头后垂着一条两尺长、5 寸宽的丝绸饰带。他评述了当地的音乐、带刀者和其他一些武器,并说当地妇人穿束带、短背心和裤子,像男子一样骑马,行事相当独立。[4] 从时代稍晚的一幅罕见的供养人画像来看,她依然穿着长裤和紧身外套,外套上宽大的翻领和龟兹的一样,都是承袭波斯的风格。[5]

1.3.15.4 唐代史籍中的于阗

唐代的史籍中对于阗的描述如下:

> 距京师九千七百里……胜兵四千人。有玉河,国人夜视月光盛处必得美玉。王居绘室。俗机巧,言迁大,喜事祆神(Mazda-ism)、浮屠法,然貌恭谨,相见皆跪。以木为笔,[6]玉为印,凡得问遗书,戴于首乃发之。自汉武帝(Wu,Emperor)以来,中国诏书符

---

〔1〕Stein,Sir M. A.(斯坦因),*Ancient Khotan*. p. 144. p. XLIII,Y,0030;p. XLV,B. 001. h,i,g,f;p. LIV,D. 1134;p. LVI,D. vl. 5;*Serindia*. vol. IV,p. CXXXIX,ky 1001 – 2;p. CXXVI,ta. 009;Montell,Gösta(戈斯塔·蒙代尔),"Sven Hedin's Archaological Collection from Khotan."(《斯文赫定的和田考古藏品》)In BMFEA,no. 7,Stockholm,1935. p. III,4c,pls. IX,XI,XII.

〔2〕Stein,Sir M. A.(斯坦因),*Ancient Khotan*. p. 167 – 168.

〔3〕Montell,Gösta(戈斯塔·蒙代尔),"Sven Hedin's Archaological Collection from Khotan."(《斯文赫定的和田考古藏品》)In BMFEA,no. 7,Stockholm,1935. p. 147.

〔4〕Stein,Sir M. A.(斯坦因),*Ancient Khotan*. p. 170.

〔5〕Montell,Gösta(戈斯塔·蒙代尔),"Sven Hedin's Archaological Collection from Khotan."(《斯文赫定的和田考古藏品》)In BMFEA,no. 7,Stockholm,1935. p. IX,fig. 7. 汉译者按:此段据《宋云行记》,原书已佚,其内容散见于北魏杨衒之所撰《洛阳伽蓝记》。

〔6〕Montell,Gösta(戈斯塔·蒙代尔),"Sven Hedin's Archaological Collection from Khotan."(《斯文赫定的和田考古藏品》)In *BMFEA*,no. 7,Stockholm,1935. pp. 146 – 147 以及斯坦因在遗址中发现的那些。

节,其王传以相授。人喜歌舞,工纺勋。……初无桑蚕……[1]

接下来便是那个从中国走私蚕蛹的传说故事。玄奘则报告了于阗种植桑树养蚕,并见到了一座古桑树园。[2]

> 王姓尉迟(Wei-ch'ih)氏,名屋密,本臣突厥,贞观六年,遣使者入献。后三年,遣子入侍。阿史那社尔之平龟兹也,其王伏阇信大惧,使子献橐它三百。……至于阗,陈唐威灵,劝入见天子,伏阇信乃随使者来。[3]

该国王卒于649年,唐朝对他十分重视,并在著名的唐太宗皇帝的昭陵前为其立像。在一条注释中我们得知:

> 他们将伏阇信的像雕刻在一块石板,并将之立于玄门……共有14座石雕像分别代表那些臣服的外国王子。此外还有6块4尺半高、5尺半宽、1尺厚的石板上分别雕刻着中国艺术中著名的六匹马(汉译者按:即"昭陵六骏")。[4]

该于阗王塑像的拓片已经无从知晓,许多这样的石板都被严重损毁,其他的则被人拿走。

674—675年,新任于阗王亲率包括儿子、弟弟和高级贵族在内的67人前来朝贡。[5] 675年,由于击吐蕃有功,他被唐朝任命为毗沙(P'i-cha)都督府都督;[6] 681年于阗君主去世,其子被册立为于阗王;[7] 717年,他们遣使唐朝献打毬马两匹、风脚野驼一头和豹子一头;[8]这

---

〔1〕汉译者按:此段原文见《新唐书·西域传上》,但本书原引文与原文稍异,并插入了"于阗和龟兹一样,也有女肆"之语。

〔2〕Grusset,R.(格鲁塞),Footsteps. p.233.汉译者按:原文见玄奘、辩机原著,季羡林等校注:《大唐西域记校注》卷1,第1021-1022页。

〔3〕Chavannes,E.(沙畹),Documents. p.115;125-126.汉译者按:此段原文见《新唐书·西域传上》。

〔4〕Chavannes,E.(沙畹),Documents. p.38.

〔5〕Chavannes,E.(沙畹),Documents. p.127.汉译者按:此段原文见《新唐书·西域传上》:"上元初,身率子酋领七十人来朝。"本书引文作"67人",疑误。

〔6〕Chavannes,E.(沙畹),Documents. Notes Additionnelles. p.23.汉译者按:此段原文见《册府元龟》卷964。

〔7〕Chavannes,E.(沙畹),Documents. p.24.汉译者按:此段原文见《册府元龟》卷964。

〔8〕Chavannes,E.(沙畹),Documents. p.34.汉译者按:此段原文见《册府元龟》卷971。

一系列定期朝贡表明,唐朝一直在支持和册封于阗国王,并曾在736年和740年册封于阗王妃。[1] 于阗王室中的王弟们仍然入朝担任宿卫;760年其中的一人出任四镇节度副使。[2] 756年,于阗王胜(Shêng)献5000匹马助唐肃宗平定安禄山的叛乱。[3]

1.3.15.5 玄奘的记述

644年,玄奘在于阗造访了七八个月,同时在等待获准重返唐朝,

因为他是私自离开那里的。他的大多数记述都与唐代史籍的记载相合,并发现该国大部分地区都是干燥的荒芜之地,但还是有一些可耕作的土地:

> 宜谷稼,多众果。……气序和畅,飘风飞埃。俗知礼义,人性温恭,……众庶富乐,编户安业。国尚乐音,人好歌儛。少服毛褐毡裘,多衣絁紬白氎。仪形有体,……伽蓝百有余所,僧徒五千余人,……[4]

法显在5世纪早期报告说,于阗有数万名僧侣,并描述了当地佛教的兴盛情况。[5]

1.3.15.6 悟空(Wu-k'ung)的记述

另一位求法者悟空在786年经过那里。在丹丹乌里克(Dandan-Oiliq)发现了他的记述以及768—790年的文书,表明它们是唐朝管理者在709—791年间遗留在那里的,当时由于吐蕃占领北庭,四镇与朝廷的联系中断。780年的一条记载可以说明当时局势的混乱,当时有

---

〔1〕Chavannes,E.(沙畹),*Documents*. p.56,61. 汉译者按:此段依据原文见《册府元龟》卷975。

〔2〕Chavannes,E.(沙畹),*Documents*. p.127. 汉译者按:此段原文见《新唐书·西域传上》:"至德初,以兵赴难,因请留宿卫。乾元三年,以其弟左监门卫率叶护曜为大仆员外卿、同四镇节度副使,权知本国事。"

〔3〕Stein,Sir M. A.(斯坦因),*Ancient Khotan*. p.177.

〔4〕Stein,Sir M. A.(斯坦因),*Ancient Khotan*. p.174. 汉译者按:此段原文见玄奘、辩机原著,季羡林等校注:《大唐西域记校注》卷1,第1001–1002页。

〔5〕Giles,H.(翟理士),*The Travels of Fa-hsien*.(《法显游记》)Cambridge,1923,pp.4–6. 汉译者按:原文见章巽校注:《法显传校注》,上海古籍出版社1985年,第13页。

一个名叫砟如玉(Chu Ju-yü)的内臣被派往于阗为德宗皇帝(Te-tsung emperor)采购玉器,途中遇到了一些麻烦,他所购置的宝物遭到了回纥人的劫掠。从791年以后直到938年,于阗与内地王朝之间再没有直接的联系,而那时唐朝已经衰亡。[1]

1.3.15.7 于阗艺术中的本土类型

当地雕塑和绘画中的人物形象大多属于上述两种类型。他们中有些人有黑色的卷发,光滑的皮肤和地中海人的黑眼睛;类似的人物形象也见于3世纪时米兰附近流行的有关希腊和罗马艺术以及杜拉欧罗普斯(Dura-Europos)艺术的遗存中。[2] 被斯坦因释作蚕蛹女神的那位王后[3]以及一个石雕头像[4]就属于此种类型,而那些骑马或骑驼的男子[5]可能也是这种人。

带有较多当地土著类型特征的人物形象见于一些陶罐上,甚至热瓦克佛塔(Rawāk stūpa)中出土的已经本地化的佛头形象中;[6]他们剪齐的刘海盖在后倾的额头上,一对吊梢眼(slanting eye)远远地分开,眼球凸起,鼻孔张开,嘴唇丰满,与缅甸(Burma)和暹罗(Siam,汉译者按:即泰国)的孟族(Môn)人很相像。咀叉始罗的有关贵霜人身上也与之有明显的相似之处。[7]

---

〔1〕Stein,Sir M. A.(斯坦因),*Ancient Khotan.* pp. 177 – 178. 汉译者按:此段原文见《新唐书·西域传上》:"初,德宗即位,遣内给事砟如玉之安西,求玉于于阗,得圭一,珂佩五,枕一,带胯三百,簪四十,奁三十,钏十,杵三,瑟瑟百斤,并它宝等。及还,诈言假道回纥为所夺。久之事泄,得所市,流死恩州。"据此可知,所谓回纥劫掠之事纯属"诈言"。

〔2〕Hackin,J.(哈金),*Studies in Chinese Art and Some Indian Influences.*(《中国艺术中的某些印度影响研究》)p. 9."在米兰,……一名头戴黑色浓密假发的男子具有《以撒帖记》(Story of Es-ther)故事中人物的某些特征,可视为公元3世纪下半叶杜拉犹太教堂壁画中的一件复制品,应当属于某个'伊朗画匠'的作品。"汉译者按:杜拉欧罗普斯(Dura-Europos)位于今叙利亚幼发拉底河畔。

〔3〕Stein,Sir M. A.(斯坦因),*Ancient Khotan.* p. LXIII,D. X. 4.

〔4〕Stein,Sir M. A.(斯坦因),*Ancient Khotan.* p. XVIII,K. H. 003. q.

〔5〕Stein,Sir M. A.(斯坦因),*Ancient Khotan.* p. LIX,D. VII. 5,LXII,D. X. 5.

〔6〕Stein,Sir M. A.(斯坦因),*Ancient Khotan.* p. XLIII,Y. 0030;XLV,B. 001. h. i. g. f.;LIV,D. 11. 34;LVI,D. vi. 5;LXXXIV;蒙代尔(Montell,Gösta),"Sven Hedin's Archaeological Collection from Khotan."(《斯文赫定的和田考古藏品》)In BMFEA,no. 7,Stockholm,1935,pp. 145 – 146.

〔7〕Agrawala(阿格华尔),"Terracotta Figurines".(《阿西切特拉的陶像》)pp. 124 – 159;第254页的图版LV,以及242页的图版LVI。

1.3.15.8　当地的服装

当地的服装似乎包括一种不带翻领的对襟短袖袍,里面是长窄袖罩衫。有两个骑马男俑穿着中国式的圆领袍,完全像一个中国人(不像波斯人那样束腰),腰带的位置远低于正常的腰身。[1]

1.3.15.9　于阗人的塑像

那些骑马俑的帽子十分有趣,因为这些塑像尤其是打马球俑都带着同一种帽子。尽管马球在7世纪的时候才从吐蕃传入唐朝,[2]但我们知道打马球的矮种马是从于阗输入唐朝的,这样女子就可以和男子一样骑马了。因此,那些打马球俑中的有些人可能就是于阗人(图版30)。

我觉得还有一个塑像(图版29)也带有很多于阗人的特征。这名年轻人表情温和,依本地习俗剪发,身上的袍子和于阗画中的完全一样。这些特征和那些绘画一样,其中尤其是人的脸型,使人想到希腊化世界,表明唐朝的艺人们是依照那些外来模式进行创作的。

还有几尊面带微笑的男贵族俑,嘴唇很厚,眼球像于阗人一样很　98
大。他们看起来可能是侍奉在唐朝皇帝身旁的大臣和王室成员。

1.3.15.10　敦煌的于阗人

在敦煌千佛洞的壁画中有一些身着华丽官袍的于阗供养人形象。[3] 他们的面容与一些突厥人相像,多刺绣的袍子、"穹形圆顶"头饰、精致的发簪以及略施粉黛的面颊很像回鹘人。这表明当地的画匠并没有特别拘泥他们固有的模式,而是采用了当时任何可以凸现人物特征的手法。

在中国与其边墙(frontier wall)和守捉(watch-towers)以西沙漠地

〔1〕Stein,Sir M. A.(斯坦因),*Ancient Khotan*. p. LIX,D. VII. 5,LXII,D. X. 5。

〔2〕Goodrich, L. C.(富路特),"Polo in Ancient China."(《古代中国的马球》)In Horse and Horseman, vol. 19,Apr. 1938,pp. 27,38 – 40.

〔3〕Pelliot,P.(伯希和),Les Grottes, vol. III,p. CXXXIII,cave 74,于阗王;vol. IV,ps. CCIII – IV and XIII,cave 17,于阗王(960—1001 年在位)的三女儿李氏公主曾与归义军节度使曹延禄(Ts'ao Yen-lu)联姻,所以该窟以及其他类似石窟的年代可以大致判定;参见 Priest, A.(普瑞斯特),*Chinese Sculpture in the Metropolitan Museum*.(《大都会博物馆的中国雕塑》)New York,1944,p. 65.

区的漫长贸易和外交关系史上,她和于阗之间的关系是其中最持久、最和谐的之一。

1.3.16 阿拉伯(大食)

对唐代中国人生活影响较大的最后一类"朝贡者"是阿拉伯穆斯林。从先知穆罕默德(Mohammed)632年去世以后,伊斯兰势力在西亚地区稳步兴起,并在唐朝衰落后成为萨马尔罕—布哈拉地区一支重要的影响力量。

1.3.16.1 大食人

唐朝与大食人的首次直接接触在651年,当时有"信仰王子"之称的第四任哈里发奥斯曼[1](Othman)的使节到达唐朝。据德拉克(Drake)研究,在660—750年之间的倭马亚哈里发王朝(Omayyad Caliphate)时期,阿拉伯的势力从波斯向帕米尔发展。巴尔赫(Balkh)在712年、布哈拉在709年、萨马尔罕和费尔干那在712年,相继被阿拉伯所征服。据穆斯林文献记载,阿拉伯人越过帕米尔占领了喀什噶尔,随后又行至吐鲁番,并遣使要求唐朝皇帝臣服。

1.3.16.2 派往唐朝的使节

中国史籍对当时局势记载的倾向性则有所不同。其中虽然有几次阿拉伯来使的记载,但是与最后一次来使相关的主要问题在于:

> 穆罕默德的信徒们拒绝向唐朝皇帝伏地叩拜,因为他们在自己的国家里只拜倒在安拉的面前。唐朝官员试图惩罚他们,但是他们却以本国习俗不同为由最终免予叩拜。
>
> 史书对随后的几次使团也加以记载,而阿拉伯使者们尽管依然拒绝伏地叩拜的礼节,但是他们却在不断的压力下做出了让步,同意遵从唐朝的习惯。[2]

玄宗皇帝在位期间(713—755年),唐朝收复了吐鲁番盆地。他所采取的积极的对外政策与阿拉伯人的退却以及750年倭马亚哈里发王

---

〔1〕汉译者按:原文如此。奥斯曼当为伊斯兰史上的第三任哈里发。

〔2〕Drake, F. S(林仰山):"Mohammedanism in the T'ang Dynasty."(《唐代的伊斯兰教》)In Monumenta Serica(《华裔学志》). p. 8.

朝的衰亡是同步的。唐朝再度成为新疆的主导力量,但是这种局面却很短暂;因为我们看到,由高丽将军高仙芝率领的唐朝远征军于751年在塔什干东北的怛罗斯被阿拉伯人击败。吐蕃则利用唐朝在塔里木盆地的溃败,在758—760年间控制了这里的大部分地区。

8世纪早期,唐朝和大食人曾经互换礼物;716年大食使者献金线袍和玉瓶;[1] 726年苏黎(Sulaymān)和其他11人来朝献方物,获赐绯袍和银带后返回自己的祖国。[2] 729年另一名使者入朝"致敬"并献方物,获赐百匹丝绸后被遣还。[3] 746年一名波斯使者带来了一头犀牛(可能只是一只犀牛角)和一头大象等笨重的礼物。[4] 755和756年阿巴斯王朝('Abbasids)遣使,758和759年又再度遣使;其中758年的入朝出现了礼仪方面的麻烦,因为穆斯林使者和一些回鹘使者同时抵达,并由此引起了一场谁先觐见皇帝的大争论。唐朝最后决定将他们分成两组,从左右同时进入。[5]

1.3.16.3　安禄山叛乱与大食的援助

8世纪中期(755—766)的安禄山叛乱,导致唐朝很快就失去了西京长安,并借助外来的军队平定叛乱。安禄山曾经是皇帝的宠臣,但是他却在755年12月16日转而反对玄宗皇帝,并从自己管辖的范阳起兵,经过河北和山西后围攻洛阳,34天后该城落入他的手中。756年7月14日,唐玄宗和随行人员从长安逃往四川。愤怒的禁军将士杀死了宰相和他的儿子,并要求处死皇帝宠幸的杨贵妃。玄宗皇帝在自己的

　　〔1〕Chavannes,E.(沙畹),*Notes Additionnelles.* p.32. 汉译者按:原文见《册府元龟》卷974:"开元四年七月戊子,大食(阿拉伯)国黑密牟尼苏利漫遣使献金线织就宝装、玉酒地瓶各一。授其使员外中郎将,放还蕃。"

　　〔2〕汉译者按:原文见《册府元龟》卷975:"开元十三年正月丙午,大食遣其将苏黎等十二人来献方物,并授果毅,赐绯袍、银带,放还蕃。"

　　〔3〕汉译者按:原文见《册府元龟》卷975:开元十七年"九月乙未,大食国遣使来朝,且献方物。赐帛百疋,放还蕃。"

　　〔4〕汉译者按:原文见《册府元龟》卷971:天宝五载"七月,波斯遣使呼慈国大城主李波达仆献犀牛及象各一。"

　　〔5〕以上依据 Chavannes,E.(沙畹),*Notes Additionnelles.* p.46,50,76,9,93. 汉译者按:原文见《册府元龟》卷971:"乾元元年四月壬申朔,迴纥使多乙亥阿波八十人、黑衣大食酋长闹文等六人,并朝见,至阁门争长。通事舍人乃分左右,从东西门并入。"

生命安全受到威胁的情况下被迫做出让步,杨贵妃被勒死。

契丹将军李光弼(Li Kuang-pi)则选择与叛军进行战斗。他率领由汉人和外来骑兵组成的 1 万余人的队伍以及 3000 名弓箭手从太原(Tai Yüan)起兵。

8 月 12 日,后来庙号为肃宗的皇位继承人(汉译者按:即太子李亨)称帝,并在灵武(Lin Wu)建立了一个强有力的朝廷。他派人向西方的盟友求助,从甘肃赶来了一支 5000 余人的军队,回鹘人稍后在鄂尔多斯(Ordos)地区也加入到唐军中。

春季,新皇帝得到消息说,来自拔汗那(费尔干那)、大食(阿拉伯)、安西和北庭的军队就要到了。人们还记得,744 年唐朝公主曾经与费尔干那国王联姻,此后双方的关系特别和谐。在这支穿越唐朝与帕米尔之间辽阔区域的军队中有一名著名的景教主教伊萨克(Isaac),他在唐代史籍中被称为"伊斯"(Iss-ǔ),于 757 年 3 月 14 日抵达。

于阗国王带来了 5000 人。来自朔方郡(Shuo Fang, country)和西域其他地区的 15 万多名士兵汇聚到了长安。许多作战勇敢的西方人担任先锋。在他们的帮助下,叛军有 6 万人被杀后逃走,而唐军则于 757 年 11 月 14 日进入长安。据说教士伊斯是他的上司郭子仪(Kuo Tsu-yi)将军的"爪牙"和军队的"耳目"。由于唐朝的军队中使用了很多间谍和密探,所以他有可能就是一名间谍——这的确是景教主教生涯中令人瞩目的一页。

757 年 12 月 3 日洛阳收复,758 年 1 月 30 日,安禄山被其子谋杀。尽管叛乱被成功平息,但是在唐朝人面前还有很多麻烦,这主要是因为那些不安分的外来军队。在收复洛阳的时候,唐朝曾以 1 万匹丝绸(1 匹相当于唐代的 40 尺)贿赂回鹘人,以阻止其在城内抢掠。

762 年城北发生暴乱,在战斗中有大约 6 万人被杀;军队随即在东京进行劫掠和破坏,数万人被杀,还有很多人被作为奴隶掠走。该城被纵火烧毁,大火燃烧达数周之久。数月后诗人戎昱(Jung Yü)途经此地,目睹了这座城被"长鼻、黄色卷发"的人烧杀后的惨状。[1]

1.3.16.4　定居唐朝的大食人

在西方来的援军中有 3000 多名大食人。一般认为,尽管史书中未见到完整的记载,但是传说他们中有些人留下来并娶了中国的妻子,他们的后人则构成了当今北中国穆斯林人口中的核心部分。阿拉伯旅行家伊本·瓦哈布(Ibn Wahhāb)大约在 815 年来到中国并在西安府(长安)拜见了僖宗皇帝,他在自己的报告中对此只字未提。他的记载表明,当时那里既没有穆斯林也没有清真寺。唐代的史籍中曾谈到景教寺和祆教祠,但是却并没有提到伊斯兰教的清真寺。[2] 当然,由于海上贸易活动的原因,在南中国的广州,可能还有杭州和泉州(Ch'üan-chou),也有一些阿拉伯居民。大名鼎鼎的中国高僧鉴真(日文中作鑑真 Ganjin)曾留下了有关 8 世纪广东的记述。他在前往日本的途中遇到海风,在穿过"蛇海、鱼海和鸟海,历经艰险后"被吹到了海南(Hain-an)和广州。在广州河[3]上有很多印度人、波斯人和昆仑人的船只。这里各种商人都有,其中包括来自锡兰(Ceylon)、阿拉伯和中亚的白人和棕色人。[4]

1.3.16.5　阿拉伯对唐朝的记述

102

阿拉伯商人苏莱曼的有关记述,实际上是几名不同的旅行者在830—851 年前往中国和印度的综合报告。[5] 这一记载为我们提供了

---

〔1〕张星烺,"The cause which Induced the Monk Ĭ-ssŭ,the Nestorian Bishop of Ch'ang-an to come to China,and the Exact Date."(《长安景教主教伊斯入华的原因及其确切年代》)In the Journal of the North China Branch of the Royal Asiatic Society(《皇家亚洲学会华北分会学刊》),Shanghai,1938,vol.73,pp.69-88;参见其中有关此次叛乱的内容。汉译者按:戎昱原诗题作《苦哉行五首(宝应中过滑州洛阳后同王季友作)》,其中有:"前年狂胡来,俱死翻生全。今秋官军至,岂意遭戈鋋。匈奴为先锋,长鼻黄发拳。弯弓猎生人,百步牛羊膻。脱身落虎口,不及归黄泉。"

〔2〕Drake,F.S(林仰山):"Mohammedanism in the T'ang Dynasty."(《唐代的伊斯兰教》)In Monumenta Serica(《华裔学志》).同上,p.11.

〔3〕汉译者按:原文作 the river of Canton,当为珠江。参见〔日〕真人元开,(明)李言恭、郝杰著,汪向荣,严大中 校注:《唐大和上东征传》,中华书局,2000 年.

〔4〕Ferrand,G.(费琅),Relations de Voyages et Textes Géographiques.(《地理志中有关航海的史料》)Paris,1913.p.638;Takakusu,J.(高楠顺次郎),"Le Voyage de Ganshin."(《鉴真航海》),pp.461—467.

〔5〕Sauwaget(索瓦格特),Relation(《851 年中国与印度的关系》)p.xix and p.60 note 2.

一些有趣的第一手材料。记述说:

> 中国人有精美的黄金、白银、珍珠、锦缎和丝绸……他们将象牙、香料、铜锭以及装饰腰带用的乌龟壳和犀牛角输入到中国。他们没有阿拉伯马,只有其他品种的马;他们有许多驴和双峰驼。他们的制陶工艺十分精良,做出来的瓷碗像玻璃一样好。[1]

这是文献中首次提到瓷器。萨迈拉(Samarra)[2]遗址曾出土了一些明确属于中国出产的陶瓷以及几件当地的仿制品,表明远东的陶瓷在阿巴斯王朝时期伊斯兰世界的重要性。[3] 苏莱曼还对商品征税的情况进行了讨论,并注意到在露天卖的东西都是由皇帝先挑选。他还注意到,皇帝垄断了盐和茶叶的买卖。不管是中国人、阿拉伯人或者其他民族的旅行者,都要带上一张身份卡。他还谈到了那里的法律和刑罚,并说娼妓们必须在官方注册并在颈部盖上印记或带上细绳。她们有执照,要纳税,并禁止与人结婚;不管谁娶了她们都将被处死。[4] 他对中国人的丝绸袍子(有些是半透明)赞不绝口,并提到有名太监曾向一个商人展示过一件5层的袍子。[5]

1.3.16.6　唐朝对阿拉伯的记述

唐朝人同样也对阿拉伯人(Ta-shih,大食)印象深刻,并对这个遥远的国家有相当准确的了解。唐代史书记载说:

> 大食(Ta-shih),本波斯地。男子鼻高,黑而髯。女子白皙,出辄鄣面。日五拜天神。银带,佩银刀,不饮酒取乐。有礼堂容数百人,率七日,王高坐为下说曰:"死敌者生天上,杀敌受福。"故俗

---

〔1〕Sauwaget(索瓦格特),*Relation*(《851年中国与印度的关系》) p. xix and p. 60 note 2. p. 16.

〔2〕汉译者按:萨迈拉(samarra)乃伊拉克中部城市,位于底格里斯河东岸,在1908年到1914年期间进行的考古挖掘中曾发现了大量的中国陶瓷。

〔3〕Sauwaget(索瓦格特),*Relation*(《851年中国与印度的关系》) p. xix and p. 60 note 2. sect. 34,note 5.

〔4〕Ferrand,G.(费琅),*Voage du. Marchand Arabe Sulaynān en Inde et en Chine.*(《阿拉伯人苏莱曼中国印度航海记》)Paris,1922. pp. 79 - 80.

〔5〕Ferrand,G.(费琅),*Voage du. Marchand Arabe Sulaynān en Inde et en Chine.*(《阿拉伯人苏莱曼中国印度航海记》)Paris,pp. 83 - 84.

勇于斗。土饶砾不可耕,猎而食肉。……[1]

伊本·瓦哈布曾在815年拜见唐朝皇帝,并报告说这位皇帝给他拿出了一些众先知们的图像。他从中认出了诺亚(Noah)、摩西(Moses)、耶稣(Jesus)和穆罕默德(Mohammed)。[2]

1.3.16.7 伊本·瓦哈布笔下的长安

伊本·瓦哈布回国后,曾被问及唐代皇帝的朝廷所在地克姆丹城(Khumdān,即长安的粟特语名称)的情况,他回答道:

> [该]城市甚大,人烟稠密。城中有宽长大街一条。街分全城为两大部。皇帝、大臣、军队、最高判官、阉寺以及所有皇室附属各色人等,皆居街东面。人民无法可与官吏交通。城东有小河自大河分出,供给所需用之水。河边植树成行,房舍布列。建筑雄壮,装饰华丽,人民不得进内。大街西面为商贾民居。有大市场通衢,售卖各种生活必需品。天明时,宫中官吏及差役厨夫、达官家役,有步行者,有骑马者,纷来市场店铺,购买所需。至次晨始再回寓。[3]

1.3.17 京城长安

长安故城的布局[4]证实了伊本·瓦哈布的说法——该城的确呈正方形,一条宽阔的大道将其一分为二,而这条大道向北直通皇城和宫城的围墙。城市的街道经过了精心的布局,每部分都体现了唐人对秩序和规范的偏爱,诸如宫殿面南、讲究朝向、城分左右等。日本人因　104

---

〔1〕Mason, I.(马松),"How Islam Enterred China."(《伊斯兰教是如何进入中国的》)In *The Moslem World*(《穆斯林世界》),XIX,July,1929,p. 258. 汉译者按:此段原文见《新唐书·西域传下》。

〔2〕Drake, F. S(林仰山):"Mohammedanism in the T'ang Dynasty."(《唐代的伊斯兰教》)In *Monumenta Serica*(《华裔学志》). p. 18.

〔3〕Broomhall, M.(布卢姆豪尔),*Islam in China*.(《中国的伊斯兰教》)London,1910. pp. 45 –46. 汉译者按:此段译文据张星烺编著、朱杰勤校订:《中西交通史料汇编》,第二册,第215页。

〔4〕des Rotours, R.(戴何都):*Traité de fonctionnaires et traité de l'armée*.(《论官吏与军队》)Paris,1948. 布局图 I、附录 II,以及 Bingham W(宾汉姆):"Li Shih-min's Coup in A. D. 606."(《606年的李世民政变》)JAOS, vol. 70, no. 4,1950,P. 259;Hiraoka, T.(平冈武夫),*Ch'ang-an and Lo-yang*.(《长安与洛阳》)T'ang Civilization Series("唐文明丛书"),Kyoto University, Jimbun Kagaku Kenkyu Shu(京都大学人文科学研究所),1956.

之深受启发,并根据该城一样的格局仿造了他们的新都奈良(Nara)。奈良至今仍然被称赞为早期城市规划的典范。

这里有为外来神祇们建造的寺庙,也是携带礼品和贡物的商队的目的地;来自异域的人们在此聚集,说着各自不同的语言,吃着各自不同的食物,穿着各自不同的衣服。各种外来的时尚在此几乎无孔不入,好像唐朝人自己传统的生活方式已经被戎狄习俗所改变了。

关于长安的市场:

长安城有两处分开的市场,用于贸易和制造商品。商人们的组织被称为"行"(Hang),用于指称由买卖同种商品或从事同类贸易的商铺所组成的街道或街区。市场由街坊外墙一侧数以百计的货栈组成。据说长安的市场里有220个行,行四周的货栈里充满了来自全国各地的珍稀货物。

城中有一条肉铺街,各种各样的食品则可以在其他街道上买到;有些街道则专门经营铁器和其他金属制品;还有一些街道经营马辔和马鞍,有些经营度量衡器,有些则经营药材和针头线脑。各行的大门口可能还挂着本行的招牌;这一点肯定也是唐初实行严格限制和约束的结果。后来这些规则便无人理会,各种商铺便开始分布在指定区域以外的地方,而从事同类贸易的商人们则依然在某种行内联合以来。[1]

1.3.18 唐代塑像在描绘外国人形象方面的重要性

制作这些塑像的店铺也许就坐落在城中的市场内。毫无疑问,这些店铺中各种规格不同、种类各异,带釉或无釉的塑像充斥其间,等待着各色人等前来选购。设计师和学徒们在作坊里肯定在忙着制作陶坯,为窑中准备塑件,并在陶坯上施以几近流质的釉料,供下一步烧制。

透过窗子可以看到熙熙攘攘的大街和宽阔的大道,一双双明亮而好奇的眼睛注视着窗外不断变化着的景色,当那些大鼻子的人、黑皮肤的人或一头卷发的人们前来做买卖的时候,他们的服装、步态和面

---

[1]Kato,S.(加藤),"On the Hang or the Association of Merchants in China."(《论唐代商人的联合组织——行》)In Memoirs of the Toyo Bunko,Tokyo,vol. XIII,1936. pp.46–70.

相便尽收眼底。泥塑工匠们用小棍轻快地一压,一小块陶泥便变成一个胡须,而他们所制作的这些商贩、酒商、马夫或圣人,也就成为唐代文献记载中的一部分内容。这些塑像虽然看起来显得有些微不足道,但却是历史记载的有机补充部分;它们有时甚至比文字更能传神地显现过去中国的国际化生活景象。包括土耳其人、俄罗斯人、印度人以及波斯人、阿富汗人和阿拉伯人在内的所有亚洲人的先人们,都来到了这里碰运气;他们在此展示自己的财富,相互分享各自在穿越新疆来到唐朝途中的历险经历,而所有的这些则构成了当时中央王国日常生活的一部分。

2 塑像上的唐代服装研究

2.1 唐代之前的服饰:汉代与北魏

在汉代和后汉时期,男子与女子都穿一种前面开襟的宽松长袍,腰束丝带或皮带。袍袖从肩部直通到手腕,其长度足以使人在拱手致意时可以盖住双手。大多数女子的袍子都垂至地面,大概在足部外翻,这样在行走的时候便可以发出十分悦耳的声音[1]。身体穿上这种服装便显得十分得体和高雅。这种服装的剪裁在数世纪的时间里基本没有变化,但是根据不同的场合以及穿着者社会地位的不同(图 2),服装面料上的图案和颜色却可以有很多选择的余地。

从云冈石窟中的供养人雕像(图 3,据题记其年代为 457 年)[2]来判断,拓跋鲜卑人占领北中国的时候穿的是一种两件套服装。女子和波斯人一样内穿百褶长裙,外着紧身外套或窄袖短袍;男子则穿着裤子、外套等骑装,足蹬安息式的或源自早期阿尔泰的靴子[3]。由于受到了汉文化的影响,这些鲜卑人开始穿着汉式的宽松长袍。546 年的佛陀降生石碑[4]以及龙门石窟中的供养人雕像说明,传统的服装已经征服了这些征服者,并从汉人的世俗生活中进入到了佛教艺术

---

[1]*Toledo Museum Catalogue*,(《托莱多艺术博物馆藏目》),第 12 页,图 206 及 218;the Kokka(《国家》),no. 446,Jan. 1928,其中刊布的一件汉代漆盒;Chavannes,E.(沙畹),*Mission archéologique dans la Chine septentrionale.*(《华北考古发掘》),Paris,1913. vol. II,nos. 48,104,116,以及本卷图版 I。

[2]Sirèn(喜龙仁),*Chinese Sculpture.*(《中国雕塑》),vol. II,p. 117 and p. 70,时代为 495 年。

[3]Rudenko,S. I.(鲁登科),*Gornaltaiskie Nakhodki i Skify.*(《阿尔泰山的发现与斯基泰人》)Moscow,1952,p. 33.

[4]Sirèn(喜龙仁),*Chinese Sculpture.*(《中国雕塑》),vol. II,p. 185.

之中。[1]

关于供养人形象对于断代的重要性：

在 6 世纪,人们虔诚的宗教活动十分活跃,数以百计的造像碑被奉献给佛陀。这些造像碑很多都带有从 6 世纪初到 551 年的年代题记,大部分造像碑的图案框架中都雕刻有供养人的形象。[2] 其风格的变化便与可信的年代密切相关。造像碑中的官吏们和重要人物都穿着宽松的衣服,衣服的袖子从肩部到肘部很紧,肘部到腕部则较宽,男子通常戴一种尖顶高帽,女子的头饰要比汉代的更为精致。此外,他们所穿的长袍则和以往的很相像。仆人尤其是那些马夫们下身穿膝部打绑腿的长裤,上身着卷袖或短袖的短外套(图 3)。

2.2　隋代的服饰:龟兹的影响

550 年以后,很可能就在 590 年的隋代,宫廷女子都服膺于龟兹之风尚。如我们在前面指出的那样,这种风尚无疑是由波斯和中亚的乐师和舞伎传入的。宽松的长袍已经被人遗弃,因为合体的外套或胸衣更能凸显胸部的线条;而袒胸露肩的剪裁服装初次出现在宫廷的时候,必定引起了轰动(图 4)。[3] 对于那些时尚的女子来讲,垫肩装饰、喇叭袖、泡泡袖、裙子上镶嵌图案精美的饰片、新颖而生动的发式等这种风格,既令人愉悦也具有挑战性(图 7)。[4] 中国的宫鞋很像一条前端高高凸起的船,与那些精致的长袍搭配穿戴。所有的这些东西一直延续到初唐时期。

----

〔1〕Sickman, L. And Soper, A.(斯克曼、索珀), *The Art and Architecture of China*. (《中国的艺术与建筑》)Penguin, New York,1956,p. 32B。

〔2〕Sirèn(喜龙仁), *Chinese Sculpture*. (《中国雕塑》), vol. II, p. 95,96,121,97,127B,151, 153,159,109,111,144,181,185,169,171 and 199. Tokiwa(常盘)、Sckino(关野), *Buddhist Monuments in China*. (《中国的佛教碑铭》)Tokyo,1946. p. 91,92,95,104,124 and 150.

〔3〕*Toledo Museum Catalogue*,(《托莱多艺术博物馆藏目》), no. 127, p. 8,明尼波斯的费尔斯伯瑞收藏的一件俑像。

〔4〕*Toledo Museum Catalogue*,(《托莱多艺术博物馆藏目》), nos. 32,34 and 43 on p. 14;Grusset, R.(格鲁塞), *De la Grèce à la Chine*. p. 83.

115

具有品阶的男子所穿的鞋子与女子们的一样。[1] 这种鞋子流行于武德时期(Wu-tê era,618—626 年),其制作面料的选取十分重要。最初做鞋子用的是皮革,但是后来人们更喜欢用织物。人们在百年之后的开元时期(713—741 年)仍然穿这种鞋子。

2.3　7 世纪的唐代服饰

由于乐师、侍从和仕女们在宫廷里的地位较低,在 7 世纪和 8 世纪早期的时候对克孜尔—龟兹服装样式的改造遂成一股风气,[2]特别是其中采用了巴斯克式腰身[3](basque waist)、带波形褶襞的紧身外套以及泡泡袖等。在族属上属于吐火罗人而不是汉人的那个女骑马俑,上身穿紧身外套或窄袖紧身胸衣,下身着带有波斯艺术图案的长裙,头戴帷帽(即裙帽)(图版 15)。这些俑像大部分较小,既没有上釉,也不带有隋代和初唐时期的那种米色浅釉,据此可按照它们的工艺和风格将其时代置于较早的时期。因此,通过对服饰的分析,我们有足够的理由为它们断代。

2.3.1　带入中国的外来观念

根据历史记载,我们知道在 7 世纪和 8 世纪早期,唐朝与龟兹和西方的贸易与外交关系达到了一个高峰,这一时期各种时尚的交流已经成为一种常态。这也进一步支撑了我们的论断。

2.3.2　羃䍦

这种被称为羃䍦的通体长斗篷无疑来自波斯。据《唐书·舆服志》讲,它在隋代和初唐时期就已经流行了。[4]"宫人骑马者,多著羃

---

〔1〕Hentze,C.(亨茨),*Chinese Tomb Figures*(《中国的随葬塑像》),London,1928,p. 53,and figs. 69 – 71.

〔2〕参见图版 7 a、b;13;14 a、b、c。

〔3〕汉译者按:巴斯克式腰身指的是一种服装设计的腰身,腰线起于自然腰处或略低,在中间处向下延伸成 V 形或 U 形。

〔4〕向达:*T'ang Tai Ch'ang-an Yü Hsi-yü Wên-ming.*(《唐代长安与西域文明》),p. 41.

羃。永徽（650 年）以后,皆用帷帽。……虽发自戎夷,而全身障蔽,不欲途路窥之。"[1] 穿着羃羅的一个可爱例子可参见本书图版 31 以及罗振玉(Lo Chên-yü)的素描图。[2] 我要感谢亚历山大·索珀(Alexander Soper)提供的大量有关羃羅的丰富参考资料;据说隋文帝之子杨俊(Yang Chün)"为妃作七宝罩(羃羅)篦,车(重羅)不可载,以马负之而行。"[3]

我们曾提到在波斯阿契美尼德时期使用的一种宽松的长披风(16页);根据同时期的细密画来判断,这种披风晚至 15 和 16 世纪还在那里使用。[4]

敦煌 137 窟[5]中所描绘的供养人身穿通体的长披风;这些披风虽然带袖子,可是这些袖子实际上并没有用处。我们曾指出有一种来自波斯的类似服装见于高昌壁画中,[6]一些俑像身上穿的也是这种服装(图版 12;图 5)。这些服装也许也可以称为"羃羅"。

2.3.3 帷帽

650 年以后,帷帽开始取代羃羅;骑马的女子不再穿那种通体长斗篷而改戴"太阳帽"。在很久之前,巴克特里亚的君主们曾戴过这种帽

---

〔1〕汉译者按:此段引文见向达:《唐代长安与西域文明》,三联书店 1957 年,第 44 页。本书此段引文将向达原书中的论述以及所引《旧唐书·舆服志》中的内容杂糅在一处,并未加注明。

〔2〕*Ku Ming Ch'i t'u lu*(《昆明池图录》),1916,p. 7,fig. 3;参见素描图 5c。

〔3〕据《续世说》(Hsü Shih Shou)卷 9,一部有关早期奇闻轶事的宋代文集;见 Soper,A.(索珀),*Kuo Jo-hsü's Experiences in Painting.*(《郭若虚的绘画体验》)Washington,1952. p. 125,note 160 and p. 127,note 177.——汉译者按:《续世说》为北宋孔平仲(字)编撰的"世说"体文集;原书共 12 卷;今人吴平的译注本(东方出版中心 1996 年版)未收此条。本译文据(清)阮元辑"宛委别藏"本《续世说》,江苏古籍出版社 1988 年影印本,第 392 页。原文"羃羅"作"罩篦"。

〔4〕Dimand,M.(戴蒙德),*Handbook of Mohammedan Art.*(《伊斯兰艺术手册》)The Metropolitan Museum(大都会艺术博物馆),New York,1944. figs. 23 and 24.

〔5〕Pelliot,P.(伯希和),*Les Grottes*,vol. III,pl. CXXXIII,cave 74,于阗王;vol. IV,pls. CCIII - IV and XIII,cave 17,于阗王(960—1001 年在位)的三女儿李氏公主曾与归义军节度使曹延禄(Ts'ao Yen-lu)联姻,所以该窟以及其他类似石窟的年代可以大致判定;参见 Priest,A.(普瑞斯特),*Chinese Sculpture in the Metropolitan Museum.*(《大都会博物馆的中国雕塑》)New York,1944,p. 65. vol. V,p. CCXCVI.

〔6〕Le Coq,A. von(勒柯克),*Chotscho*,p. 7.

子。[1] 这种帽子后来又被吐火罗女子所接受,用以保护她们娇好的皮肤。从俑像来判断,她们好像是龟兹(图版15)和吐鲁番[2]的居民。这种明显将帽子与头巾结合在一起的戴法,便是唐朝人所说的"裙帽"(帷帽)。如此使用面纱原本就不是突厥的习俗,当然也不是穆斯林式的穿戴,因为其时代要早于伊斯兰教的产生。朱士嘉(Chu Shih-chia)却认为,[3]它无疑受到了后来突厥穆斯林妇女的影响,因为按照宗教习俗,她们要遮住自己的面部。幸运的是,有一些唐代俑像的帽子可以取下来,所以我们可以看到她们的头发在头顶打了一个软结,用来戴这种"太阳帽",而面纱则从头上垂至脖子,有时甚至垂至后背。

110　　头顶高髻的这种发式在库车—克孜尔绿洲十分流行,甚至对宗教人物形象的塑造产生了影响。佛教众神中的女神(devatās)形象便是按照这种方式绘制的。[4]后来,唐代的菩萨(Bodhisttvas)也是这种发式,日本的也是如此。[5]

　　这种发式可能在隋代进入到汉人的世俗生活之中的,因为我们看到当时的女子们开始堆发,而不是像汉朝时那样将头发中分后端庄地梳在脑后(图版1和16)。在接下来的两个世纪中,这种被称为"椎髻"(tui-chi)的时尚一直在不断改造的过程中继续流行;头发梳到头顶被绾成结状或环状后再手工固定。这样做有时可能是相当危险的。[6]而那些舞伎、乐师和青年女子则在脑后中分头发,并将它们在耳朵上面分别绾成两个结(图版7a和16)。

　　[1]Newell,E.(内维尔),*Royal Greek Portrait Coins*.(《希腊王室肖像钱币》)New York,1937,p. X,figs. 10 and 11;Grusset,R.(格鲁塞),De la Grèce à la Chine. p. 11.

　　[2]Stein,Sir M. A.(斯坦因),*On Ancient Central Asian Tracks*.(《沿着古代中亚的道路》)p. 121.

　　[3]参见朱士嘉为向达《唐代长安与西域文明》所作的书评,载《远东季刊》(In Far Eastern Quarterly),第七卷,1947年11月,第67页。

　　[4]Le Coq,A. von(勒柯克),*Bilderatlas zur Kunst und Kulturgeschichte Mittelasiens*.(《中亚艺术与文化史图解》),figs. 175–185.

　　[5]Le Coq,A. von(勒柯克),*Bilderatlas zur Kunst und Kulturgeschichte Mittelasiens*.(《中亚艺术与文化史图解》),pp. 90–92.

　　[6]*Toledo Museum Catalogue*,(《托莱多艺术博物馆藏目》),no. 27,p. 12;no. 107 and 237 on p. 13.

2.3.4　其他外国帽子

　　如果发式过于复杂的话,那么帷帽就演变成戴在头上的一种连帽风衣式的风帽,就像一只盖在茶壶上的茶壶套(图版 8,右 1)。男子和女子一样也戴几种帷帽。正仓院藏品中的一张响弓上装饰有 96 个小人物形象。其中有男有女,有老有少,还有耍把戏、玩杂技的以及舞伎、击剑的和乐师等,他们中有些人戴着一种镂空、硬边的"西式帽子"(图版 41)。[1] 而一件乐器上[2]则描绘了一些异域人乘象的场景,其中的男子和少年是乐师和玩杂技的,他们也戴着一种高冠帽子。该藏品中还有一个棋盘,[3]其中嵌入了一个骑马飞驰、弯弓搭箭的猎人以及一名骑在面带微笑的大象身上的男子的图案,这两个人都戴着一种西亚式的帽子。当然,所有这些藏品都属于 750 年前,因为它们是在圣武天皇退位并遁入空门前收藏的。

　　在敦煌壁画中也可以见到很多这种高冠、帽檐笔直、新颖独特的帽子。在 17 窟[4]甚至佛陀涅槃图中,[5]里面的胡人一般都戴着奇特的帽子。晚至 9—10 世纪,类似的这种太阳帽仍然还在使用。[6]

2.4　8 世纪的时尚趋势

　　在 8 世纪早期的唐玄宗(即 713 年即位的唐明皇)时期,我们获知:

---

〔1〕*Shösöin Catalogue*.(《正仓院皇家珍宝目录》),vol. VIII,p. 40.

〔2〕*Toyo Bijutsu Taikwan*(《东洋美术大观》),vol. 8,p. 1.

〔3〕*Shösöin Catalogue*. ,(《正仓院皇家珍宝目录》),vol. I,p. 57,58,59.

〔4〕Pelliot,P.(伯希和),*Les Grottes*,vol. III,pl. CXXXIII,cave 74,于阗王;vol. IV,p. CCIII－IV and XIII,cave 17,于阗王(960—1001 年在位)的三女儿李氏公主曾与归义军节度使曹延禄(Ts'ao Yen-lu)联姻,所以该窟以及其他类似石窟的年代可以大致判定;参见 Priest,A.(普瑞斯特),*Chinese Sculpture in the Metropolitan Museum*.(《大都会博物馆的中国雕塑》)New York,1944,vol. II,p. xlv.

〔5〕Pelliot,P.(伯希和),*Les Grottes*,vol. III,p. CXXXIII,cave 74,于阗王;vol. IV,p. CCIII－IV and XIII,cave 17,于阗王(960—1001 年在位)的三女儿李氏公主曾与归义军节度使曹延禄(Ts'ao Yen-lu)联姻,所以该窟以及其他类似石窟的年代可以大致判定;参见 Priest,A.(普瑞斯特),*Chinese Sculpture in the Metropolitan Museum*.(《大都会博物馆的中国雕塑》)New York,1944,vol. I,p. LXIV.

〔6〕Le Coq,A. von(勒柯克),*Bilderatlas*. Fig. 42.

[开元初]从驾宫人骑马者皆著胡帽,靓粧露面,无复障蔽。士庶之家又相仿效,帷帽之制,绝不行用。俄又露髻驰骋,或有著丈夫衣服靴衫,而尊卑内外斯一贯矣。[1]

2.4.1　骑马的男装女子

一项有关俑像的研究证实了这个论断,因为的确有一些女子的穿着和骑在马背上的男子一样。而这些打马球的女孩子俑像(图版30)就是当时制作明器的工匠们创作的。这也许会使我们想起前引史籍中的有关记载,即于阗曾在 717 年给唐朝皇帝献过两匹用于打马球的小矮马;由此我们可以推测,鉴于打马球流行于开元时期,这些小俑像应当制作于 8 世纪早期。这些女骑马俑体型较小且没有施釉,也表明它们制作于这一时期,[2]因为有明文规定随葬的俑像不得高于 1 尺。

2.4.2　外来时尚的流行在 8 世纪达到顶峰

同样是在唐玄宗在位时期,追求各种外来的奇珍异品成为一种时尚。宫廷内演出各种外来的音乐和舞蹈,外来的食物和酒肴出现在贵族的餐桌上,"男子和女子们争相穿着胡服,"就连马匹佩戴的也是波斯的马饰。

2.4.3　借自西方的锁子甲

112　　根据玄宗在位时制定的规程,皇家武器署制作的铠甲共分 13 级。[3] 其中包括用犀牛皮和水牛皮制作的皮甲、铠甲和锁子甲。锁子甲是从伊朗地区引入的,"也是唐朝从外国借鉴和进口的唯一一种盔

---

〔1〕向达: *T'ang Tai Ch'ang-an Yü Hsi-yü Wên-ming.*（《唐代长安与西域文明》）, p. 42. 汉译者按:此段引文见《旧唐书·舆服志》。

〔2〕See Chart on Regulations. p. 130.

〔3〕Laufer, B.（劳费尔）, *Chinese Clay Figures.*（《中国陶俑》）Part I. Prolegomena on the History of Defensive Armor(有关护甲历史的绪论). Field Museum, Anthropological series, v. XIII, no. 2, Chicago, 1914, p. 292. 汉译者按:《唐六典》卷 16 云:"甲之制,十有三。一曰明光甲;二曰光要甲;三曰细鳞甲;四曰山文甲;五曰乌鎚甲;六曰白布甲;七曰皂绢甲;八曰布背甲;九曰步兵甲;十曰皮甲;十有一曰木甲;十有二曰锁子甲;十有三曰马甲。"〔唐〕李隆基撰、〔唐〕李林甫注、〔日〕广池千九郎校注、〔日〕内田智雄补订:《大唐六典》,三秦出版社 1991 年,第 331 页。

甲。"[1]从塔奇布斯坦(Taq-i-Bustan)出土的库斯老二世塑像中,[2]我们可以看到萨珊君主在7世纪早期穿戴锁子甲的情况,这也令人想起撒马尔罕(康国)国王曾在718年献过一副锁子甲的记载。

2.4.4　其他类型的盔甲

唐代宗在位的763年以后,铠甲的使用比较普遍;他的兵部尚书(president of the Board of War)马燧(Ma Sui)曾发明过一种丝绸或麻布面料的外套,外套的内层或外层覆盖着一排铁制或钢制的护甲。与之搭配穿戴的则是一种狮头盔[3](图版37以及38d)。

在陕西,武士们身着片甲,上面的两片胸甲由一个兽头状扣件相连接;或者穿一种金属护甲的围甲(an apron of metal plates)。他们头上戴的是一种鹰首面罩头盔,肩上围着的披肩则在前面打结。这种披肩常见于波斯的服饰之中,所以无疑是从波斯传入的。

在河南,武士们头戴尖顶头盔,身着铁片甲,外着无袖短皮衣,上面饰以环形图案。北魏时期,他们所穿的长裤在膝盖上的部位缚以结带[4](图版36,汉译者按:即缚裤)。早期的俑像一般为米色釉白陶,有的俑像上面则饰以未经烧制的天然颜料。俑像身上的颜色多为红色和黑色(在一些经过精心处理过的俑像上还可以见到),这使人们想到拜占庭作家西莫卡塔(Simocatta)对北魏军队的有关记述。[5] 在初唐时期,中国北方的军队似乎仍穿着红色和黑色的军服。

那些体型较大、精施彩釉的俑像则类似于龙门石窟和敦煌石窟雕塑中常见的佛教护法神(Lokapāla,汉译者按:即所谓的四大天王)。在唐代,他们身着中国式的彩色铠甲;无论他们手里拿的是什么(长矛或

---

　　[1]Laufer,B.（劳费尔）,*Chinese Clay Figures.* p.253.

　　[2]*Survey.*（《波斯艺术综览》）,p.161A.

　　[3]Laufer,B.（劳费尔）,*Chinese Clay Figures.* pp.276 – 277.

　　[4]Laufer,B.（劳费尔）,*Chinese Clay Figures.* pp.277 – 279.

　　[5]汉译者按:西莫卡塔(Simocatta)全名为泰奥菲拉克特·西莫卡塔(Theophylacte Simocatta),7世纪的拜占庭历史学家,在其所著的《历史》中曾提到与本文相关的内容:"桃花石以一条江为界。从前,这条江将隔岸遥遥相望的两大民族分隔开了。其中一个民族穿有黑装,另一个民族穿着鲜红色的服装。"译文参见戈岱司编、耿昇译:《希腊拉丁作家远东古文献辑录》,中华书局1987年,第105页。但是西莫卡塔此处所指称的是否为北魏军队,尚有疑问。

·欧·亚·历·史·文·化·文·库·

宝塔之类的东西）或者脚下踩的是什么（面目狰狞的小夜叉或者侏儒），但是看起来都像是西方人出身的官员。那些面部令人恐惧的表情表明，他们更可能是神话中驱魔辟邪的精灵，而不是军官或者皇帝禁卫军中的士兵。然而，他们中有些俑像可能两者兼备（图版40）。人们将会想到，唐肃宗禁卫军的穿着就像这四大天王；而在日本，廷臣们的穿着甚至和盛装的菩萨一样。所以，佛教对当时宫廷和庆典活动的影响是很大的。

2.4.5　8世纪的女装

　　回到8世纪时的女性服装风格，我们前面已经提到（第32页，指原文页码——汉译者按），当时女装最流行的穿法就是上身着高腰的紧身长袖女衫，下身着百褶裙（图版8和图8）。圆领开口要比此前的宫廷女装风格更趋保守些，而源自波斯的女披肩或长巾在当时已经变得完全程式化了。我们之所以这样认为，是因为在8世纪后的绘画中（参见第31页，指原文页码——汉译者按）以及带纪年造像碑上的供养人形象中，[1] 里面的女子们都是这样穿的；日本法隆寺（Hōryū-ji）中有一座建于711年的五级佛塔，而上面的一些细小人物形象的穿着也是如此。[2] 后面这些雕塑尽管在规格、样式和工艺上比较接近"明器"，但却并不是用于随葬，因为他们属于带金箔的彩绘陶塑，而且面部表情丰富多样——和敦煌中的那些人物一样，[3] 他们在佛塔中的位置就如在须弥山（Mt. Sumeru）脚下礼佛场景中的人物，在样式上看起

　　〔1〕Sirèn（喜龙仁），*Chinese Sculpture.* vol. III，图版412中的726年造像碑；vol. IV，图版479中的734年造像碑；vol. IV，图版482－483中的部分704年佛龛，其中既有男性也有女性供养人的形象。Tokiwa（常盤）、Sckino 前引书，vol. I，图版25中的703年造像碑。

　　〔2〕参见 *Catalogue of the Art Treasures of the Hōryū-ji.*（《法隆寺艺术珍宝目录》）vol. IV，p. 24，以及 *Kokusuai Bunka Shinkokai Lantern Slide Catalogue of Japanese Sculpture.*（《新宿新华康塑国际株式会社日本雕塑幻灯片目录》）Tokyo，1937. p. 13.

　　〔3〕Pelliot, P.（伯希和），*Les Grottes*，vol. III，p. CXXXIII，cave 74，于阗王；vol. IV，p. CCIII－IV and XIII，cave 17，于阗王（960—1001年在位）的三女儿李氏公主曾与归义军节度使曹延禄（Ts'ao Yen-lu）联姻，所以该窟以及其他类似石窟的年代可以大致判定；参见 Priest, A.（普瑞斯特），*Chinese Sculpture in the Metropolitan Museum.*（《大都会博物馆的中国雕塑》）New York，1944，p. 65. vol. IV，p. CCCXXVI.

来也完全是中国式的。

　女子的服装更为宽松。传说唐玄宗宠幸的杨贵妃开创了以胖为美的时尚，并改进了一种高腰服。一条长巾轻轻地围在她那丰满的脖子上，圆润的胳膊和手在宽松的袖子下面若隐若现，酥胸之下是一条宽松的长裙；胳膊下系着的一条彩带标示着那已不复存在的腰身，并取代了早先的紧身外套，从而使得衣服从肩部到下摆形成一条弯曲的弧线。

114

　与这些曲线完美结合的，是那结实的圆颈上支撑着的如满月般的脸庞；脸庞一般上扬，这样露出的双下巴就可以展示她们的雍容华贵之态。她们的头发自然不能完全梳到脑后，而是顺着脸庞周围盘在前额之上。头发盘成球形冠状，顶部打结并成一定的后倾角度，从而使发髻向一侧的眼睛下垂（图版41）。此类女子脸上的表情时而和蔼可亲，时而趾高气扬，有时甚至显得乖戾无常。正如在前面的画面中所看到的那样，她们有的在准备缫丝，有的忙于刺绣，有的则在欣赏音乐；[1]由此既可以了解到她们生活压力和负担沉重的一面，也生动地展现了当时中国人生活安逸的另一面。她们肯定知道如何摆放献给屈原（Chü-yüan）的食物，这些食物有 58 种之多，包括"长寿粥"、白"龙脑"、"凤鸟胎"、"甜雪球"、精肉（浸在牛奶中的鸡肉片）或烧饼、"烤龙须"、紫色龙粽子以及象牙色粽子等。[2]

　骑在马背上的这些身材苗条而柔软的女子们肯定要笑话那些体态丰盈的贵妇人，因为这些时尚在 8 世纪的时候很时髦。正仓院藏品中的那些屏风以及大谷探险队从哈拉和卓带回的纸画[3]（画在一张开元四年即 716 年的籍账文书上）上面都描绘有这种体态丰腴的贵妇人形象。

　所有这些时尚在 8 世纪的大部分时间里肯定还在继续流行。为它

----

〔1〕参见本书第 31－32 页（为原文页码）。

〔2〕Edwards, E. D.（爱德华兹），*Chinese Prose Literature of the T'ang Period*. pp. 192－193.

〔3〕参见 Kokka（《国家》）. No. 358, March 1920, pl. III, 以及 *Nishi-Hong-wan-ji seiki koko zufu*（《西本愿寺西域考古图谱》）, Tokyo, 1940. p. 2.

·欧·亚·历·史·文·化·文·库·

们建立起年代谱系是很重要的,因为这可以使我们根据那些女子身上的服装以及绘画的时代风格特征,判断出那些没有年代的俑像属于玄宗和肃宗时期。敦煌发现的一些寺院幡画、[1]敦煌壁画[2]和万佛峡的壁画,[3]以及那些难以数计的没有年代的俑像,很可能原本都制作

115 于中国历史上的那一时期。这些俑像一般都施绿色、黄色、棕色和蓝色斑釉,或运用了滴釉工艺;它们的时代似乎要晚于隋代和初唐的米色通体釉。当这些俑像被大量用作明器、需求量大增的时候,则表明其发展进入到了一个繁盛期。公元8世纪的历史正顺应了这种需求。

2.4.6 7世纪和8世纪的男装

从供养人的形象来看,在7世纪的时候唐朝平民男子的服装已经从长袍变为一种高圆领、中袖的束腰短袍;短袍下着裤子,以窄腰带束之。[4] 在8世纪时的一幅幡画上[5],男子们穿的短袍要稍长一些,一直垂到脚踝部;他们头戴一种有特色的黑帽(汉译者按:即幞头),帽子后面一般都有尾巴(汉译者按:即垂脚)或垂至后背的短飘带(汉译者按:即长脚罗)。现存波士顿的704年的佛龛上,两名男性供养人帽子

---

〔1〕Stein,Sir M. A.(斯坦因),*The Thousand Buddhas.*(《千佛洞》)p. X,以及封面上的衬图;p. XI,以及 p. XXXIV 和 XXXV 中的刺绣;Stein,Sir M. A.(斯坦因),*Serindia.*(《塞林迪亚》)p. LXXIV,ch. 00114.

〔2〕Pelliot,P.(伯希和),*Les Grottes*,vol. III,p. CXXXIII,cave 74,于阗王;vol. IV,p. CCIII – IV and XIII,cave 17,于阗王(960—1001 年在位)的三女儿李氏公主曾与归义军节度使曹延禄(Ts'ao Yen-lu)联姻,所以该窟以及其他类似石窟的年代可以大致判定;参见 Priest,A.(普瑞斯特),*Chinese Sculpture in the Metropolitan Museum.*(《大都会博物馆的中国雕塑》)New York,1944,p. 65. vol. IV,cave 120G,p. CCXLVIII 和 CCXLIX;vol. V,cave 140,p. CCCVII.

〔3〕Warner,L.(华纳),*The Buddhist Wall Paintings of Wan Fo Hsia*(《万佛峡佛教壁画》),图版35。

〔4〕Chavannes,E.(沙畹),*Six Monuments de la sculpture Chinoise.*(《六块中国造像碑》)Ars Asiatica series(《亚洲艺术》).Paris,1914. p. LII,其中有一块造像碑的年代是 670 年。

〔5〕Stein,Sir M. A.(斯坦因),*The Thousand Buddhas.*(《千佛洞》)pl. X,以及封面上的衬图;p. XI,以及 p. XXXIV 和 XXXV 中的刺绣;Stein,Sir M. A.(斯坦因),*Serindia.*(《塞林迪亚》)p. LXXIV,ch. 00114.

后面的垂脚则呈一定的角度伸展开来(汉译者按:即翘角幞头)。[1] 男子从事的是一些体力工作,诸如马夫、桨手、刽子手、杂技演员等,他们穿的是翻领开口的短袍、裤子和靴子(图版8以及图9)。故于728年的唐朝大臣刘廷洵(Liu T'ing-hsün)墓[2]中曾出土了一组俑像,同时出土的还有一张石刻拓片,其中有些男俑就是这样穿的。敦煌壁画中的有些画面中也可以见到他们的形象。[3]

7世纪和8世纪的唐朝贵族在穿外套的时候也像龟兹流行的那样外罩"胸甲",而且唐人也如龟兹人那样接受了褶袖和褶带(图6)。这些外套通常正面开襟,中袖,襟边和袖边饰以锦缎或刺绣。他们身上的裙子和长裤将腿完全盖住,而弯曲的宫鞋则从衣服下摆处露出。

2.4.7　9世纪的供养人形象

9世纪的供养人形象显示,男性的服装几乎没有什么变化,只是短袍上的袖子稍微宽松了一些,袖边使用的是一种轻质材料。黑幞头上的垂脚多为硬脚,且向两侧分开。[4] 这一时期女性供养人所穿的服装则对8世纪时的丰腴样式做了修改,诸如上面的中袖。但是她们仍然带披肩,头发还是梳成扇状盘在头顶。从历史的记载中我们知道,自从751年被阿拉伯击败和吐蕃作乱塔里木盆地以后,唐朝的势力开始走下坡路。从那以后,携带珠宝和织物等礼品前来朝贡的使节自然也就少了,就连"朝贡"的马匹(还有马夫)也逐渐减少。原本充斥长安街道上的西域人也变少了。在9世纪,外部的回鹘突厥人与唐朝的关系最为密切,他们对10世纪的时尚产生了某些影响。

〔1〕Sirèn(喜龙仁),*Chinese Sculpture.*(《中国雕塑》)vol. III,图版412中的726年造像碑;vol. IV,图版479中的734年造像碑;vol. IV,图版482-483中的部分704年佛龛,其中既有男性也有女性供养人的形象。Tokiwa(常盘)、Sckino. *Buddhist Monuments in Chia.* vol. I,图版25中的703年造像碑的形象。

〔2〕Hobson(郝布森),*The George Eumorfopoulos Collection*(《乔治·尤莫佛颇罗斯藏品目录》) p. xx and pp. 270-282 and 291-292.

〔3〕Pekkuit A.(伯希和),*Les Grottes de Touen-houang*,vol. I,cave 8,p. XV and p. XX;vol. VI,p. CCXXVII,CCCVIII and CCCXI.

〔4〕Stein,Sir M. A.(斯坦因),*The Thousand Buddhas.* p. XVI,864年的一幅幡画;*Serindia.* p. XC,890年的幡画。

2.4.8 回鹘风格对 10 世纪习俗的影响

这一点主要反映在敦煌幡画上的供养人形象中,因为那一时期的雕像也减少了。幡画上女子头发上除了有各色各式不断增多、伸向四处的发簪外,还有篦子、丝带、头花、果实、鸟禽、蝴蝶和金叶等首饰。她们耳朵上长长的耳环垂至肩膀,在行走的时候必定叮当作响;脖子上精工制作的项链一次就戴好几条。她们身上的袍子袖口宽松,并且和当时吐鲁番地区流行服装一样,袖边多饰以刺绣带,领口有饰片,腰部也有饰带。她们和吐鲁番的女子一样也在脸上化妆,使用的颜色有橘黄色和暗红色,类似那里的突厥人所使用的色调。[1] 随着时间的推进,奢华之风渐盛,而在 847 年至 1031 年回鹘人统治时期,[2]吐鲁番当地早年的那些高雅之风逐渐消退(图 12)。

117　　　那时的男子要比女子保守得多。从他们的形象中可以看到,这一变化主要体现在其帽子上的黑色垂脚更为突出,垂脚一般通过涂漆或上浆予以加固,并按一定的角度从头部向外伸出;袍子开襟很长,露出里面鲜艳的裤装;一条彩色的腰带很低地束在正常腰线的下方。在983 年的一幅幡画上,里面的供养人面带胡须,也反映出回鹘人的影响。

尽管有很多雕像与 8 世纪的这些供养人肖像很相像,但是我并没有发现任何雕像身上穿的衣服与 9 世纪晚期和 10 世纪幡画上人的一样。我们曾经指出,当时唐朝与西域地区的贸易和外交关系正趋于衰落状态,而本土的内乱又使得人们缺乏安全感。在这种情况下,也许很少有人能够承担得起用奢华的俑像随葬,至于因为时尚的变化而设计新样式的俑像显然就更不值得了。旧式的俑像也许还在使用,但是在唐朝接近最后灭亡的时候,在墓中随葬俑像的习俗可能也发生了根本

---

〔1〕Stein,Sir M. A.(斯坦因),*The Thousand Buddhas*. p. XXV,年代为 963 年。Serindia. p. LXI,年代为 971 年;p. LXVI,年代为 983 年;p. LXVII,年代为 963 年;p. LXXX,年代为 910 年;p. C,年代为 947 年。Thompson, D.(汤普森),"Note on the Dated Rolls from Ch'ien Fo-tung in the British Museum."(《大英博物馆藏千佛洞纪年卷子》)In Rupam ,Calcutta,no. 30,1927.

〔2〕Stein,Sir M. A.(斯坦因),*Innermost Asia*. Vol. II,pp. 581 – 586.

性的改变。从这些俑像的服装、规格以及釉色来看,我们这里所展示的大部"明器"都属于7世纪和8世纪。正是在这一时期,很多旅行者从西域来到中央王国,带来了织物和珠宝、武器和盔甲以及草原上的皮毛、印度的香料,还有新的食物和酒、香水和珍珠、黑人和侏儒等。敦煌玉门关外出产的世界上所有奇珍异宝可谓都汇聚于此了。

3 塑像工艺研究

118 ## 3.1 东周的塑像

中国最早随葬的成套陶制塑像见于东周（战国）时期，它们出土于河南北部的辉县（Hui-hsien），自 1935 年以来就一直引起人们的关注。[1] 它们形制较小，有些高度从 3.5 寸到 4 寸，其他的则高两寸左右。这些塑像都用一种软灰陶制成，外表松软，用指甲都可以在上面刮刻，显然是在低温下烧制的；塑像表层经过抛光后再饰以红色的颜料。尽管它们的体型较小，但是很多却借助形体动作显得活力十足；塑像面部扁平，上面只有一道从前额向下的细长楔形突起表示鼻子（图 1）。伸出体外的胳膊位置特别说明俑像是在舞蹈或演奏乐器，支撑胳膊的则是宽大的袖孔，而袖孔在袖口逐渐收紧。女俑身着高腰百褶长裙，与汉代的飘逸长袍迥异，反而十分接近大约千年后唐代的服装（图 2）。与其后那些形制较大的塑像不同，这些塑像是实心的，只是在底座的中心留有一个小孔，其作用或许是为了使塑像保持立姿，也可能是在烧制过程中用的。所以这些塑像尽管形制较小，但却很沉。

在长沙地区出土的那些东周时期的较大木制塑像似乎就是汉代俑像的真正雏形，两者在服装、形制和风格上都非常接近。这些身着长119 袍的男女木俑身上充分传递出了汉人重视灵魂、礼仪的观念。木俑雕刻简约，显示出工匠对待材料和探索的态度：即通过最少的细节表达

---

[1]Loehr，Max.（劳伊尔），"Clay Figurines and Facsimiles from the Warring States Period."（《战国时期的陶制塑像及其复制品》）In *Monumenta Serica*（《华裔学志》），XI，1946，P. 326 et seq；*Far Eastern Ceramic Bulletin*（《远东陶瓷学刊》），Dec. 1949，no. 8，以及 Lee，J. G.（李）："A Report on some Known Forgeries of the Hui-hsien Type."（《一些辉县类型陶像赝品的调查报告》）*Far Eastern Ceramic Bullctin*（《远东陶瓷学刊》），vol . VI，no. 1，March，1954，p. 2.

出最多的意义。[1]

3.2　汉代的塑像:材料与风格

下一个伟大的时期是汉代,那时的一些陶制塑像显得高大而尊贵。这些塑像以一块大木头为支架模制而成,所以尽管塑像上部较重,但是仍然可以通过支架加固颈部而支撑起塑像的头部和身体。这种制作塑像的方式虽然显得相对原始,但却一直使用到唐代。有一尊被认为是于阗人(Khotanese)的大塑像(图版 27)就是用一块粗糙的木头模制的,塑像完成后再将这块木头抽出来。这种方法曾在北印度、中亚、于阗和吐鲁番等地使用过。

汉代曾制作了大量的陶器,它们有些是为了逗小孩,[2]有些则被放置在了墓中。保存至今的陶器则有房屋、塔楼的模型,以及满是家畜的兽圈、炉灶、器皿和炊具、家具、车辆、马匹、怪兽和神兽、乐师和鼓手、士兵和仆人等。各种生活状态下的人们以及他们生前使用过的器物和宠物都被聚集在了一起,用以抚慰那些逝去的灵魂。

许多陶器的表面上都施以一层著名的绿色或棕色硅酸铅釉,经过长年埋葬在地下,釉色呈现出珍珠般的晕彩。尽管那时的工匠已能塑造出活泼迷人的塑像,诸如多伦多皇家昂塔利奥博物馆(R.O.M.A.)收藏的那尊杂耍俑,但是他们却极少刻意去表现人物的个性、面部表情以及人体在解剖结构方面的特点。由于这些塑像都身着和服似的通体长袍,所以根本无法区分出男女。工匠在制作塑像的时候似乎也没有在形态上刻意去表现男性的阳刚和女性的阴柔。由于忽视去表现细节,所以他们所采取的这种简约的表现形式,多少会使其钟爱的"法乎自然"的观察打些折扣。

---

〔1〕Sickman, L. And Soper, A. (斯克曼、索珀), *The Art and Architecture of China.* (《中国的艺术与建筑》) Penguin, New York, 1956, p. 10.

〔2〕Balázs, Etienne (巴拉兹), "La crise sociale et la philosophie politique à la fin des Han." (《政治哲学角度的社会危机与汉朝的灭亡》) In *T'oung Pao*(《通报》), no. 39, p. 101, 1949.

·欧·亚·历·史·文·化·文·库·

3.3 六朝时期：西方影响所带来的风格变化

在六朝时期，中国北部被所谓的"野蛮人"占领，这标志着人们的态度似乎已经开始发生变化。尽管这一时期的雕塑者也不太关注解剖学方面的问题并进而"修正"对身体的写实性描绘，但是他们已开始去塑造不同个体甚至不同民族人们的个性特点。汉人的幽默感依旧明显（图版 2 和 32），那种通过简约的方式去表达更多含义的汉人旧有观念仍然是指导性原则；但与此同时，某些非汉人的观念似乎也已经出现，我认为其灵感来自于发源地，即哈达（Haddā）以及印度西北部与恒河流域相关的某些中心区域。

正如我们所看到的（第 81 页——原文页码，汉译者注），大规模的陶器制造是从 3—5 世纪，当时前往远东的贸易和旅行活动使得这些观念和图像传入中国。在巴克特里亚（Bactria）和安息（Parthia）[1] 的希腊化传统的影响以及与奥古斯都（Augustan）时期罗马帝国的贸易背景下，这些观念和图像成为佛教社团表现其虔诚的一部分内容，而且我们还注意到它们的影响已经远至贸易南道和北道。哈达的陶像是用模子制作的，一般形制较小，易于运输；它们原本不上釉，在中国一直到隋唐时期才被加上了美丽的釉色。

尽管哈达在 5 世纪的时候毁于嚈哒（Hephthalites）之手，但是其雕塑却在此后超越了时间和空间，广泛地传播开来。注重表现个性，突出民族、阶层、职业和气质等方面的差异，这些新出现的特点在早期中国雕塑中比较少见，似乎应该是从那个遥远的地方引入的。当时中国北部的统治者北魏鞑靼人（Wei Tatars）也曾控制了位于贸易北道上的一些中亚城市，而哈达风格的希腊化佛教艺术在这些城市中曾十分繁盛。随着犍陀罗地区的佛教高僧[2]和不见著录的旅行者的到来，这种影响又进一步地渗透到了中国。种种迹象表明，这种艺术的东传不仅

〔1〕参见附录 3。
〔2〕参见附录 4。

反映在主题和风格上,也表现在工艺上,而呾叉始罗(Taxila)和哈达似乎是这些绿洲城郭工匠们的母校。

3.4　典型的随葬侍从俑

在动荡不安的六朝时期军队是很重要的,这一点在 1948 年 4—5 月纽约展出的一大组塑像中就得到了反映。[1] 整组俑像包括有一队骑兵,其中包括 1 名领队的旗手、1 对铠甲骑士、6 名乐师和 10 名骑马侍从;接下来是一辆带篷牛车,车后是一列行进中的步兵,包括 4 名手持盾牌的卫士、4 名鼓手,然后是 10 名贵族、4 名官员、8 名书吏、4 名随从和 10 名铠甲卫士。随从俑共有 74 件,均为灰陶、无釉、中空,高度在 10 寸以下(图版 33)。

3.5　唐代塑像的规格与数量规定

唐代制定了典章,规定按照级别和重要性依次递减所使用"明器"的数量和规格(参见 130 页——原文页码,汉译者按)。由于贵重物品禁止随葬,所以只能完全依靠陶工们制作的陶器,其需求量似乎很大。"匠作监负责为皇室制作随葬俑的塑像,并存放在一间特殊的仓库中;依照惯例,大臣们按级别或者家庭成员的数量来获得随葬所需的塑像。"[2]

至于平民,"我们估计在一般情况下,一名男子在自己死之前,或者其家人在其死之后,进入一家店铺挑选俑像,能买多少就买多少。"[3]我们可以想象有无数店铺和陶窑都在为此而忙碌着,而且可以肯定这是因为这种小塑像在当时很流行。在隋唐时期,模塑者的技艺

---

〔1〕*An Exhibition of Chinese Terra Cotta Sculpncre.*(《中国陶俑展》)Oriental Fire Arts, Inc, New York, 1948. no. 17 on Catalogue.

〔2〕Hentze, C.(亨茨), *Chinese Tomb Figures*(《中国的随葬塑像》), London, 1928, p. 19.

〔3〕Fernald, Helen E.(弗纳德), "Some Chinese Grave Figure."(《几件中国随葬俑》)Journal of the Pennsylvania Museum(《宾夕法尼亚博物馆学刊》), vol. XVII, no. I, March, 1926, p. 77.

比前代更为高超。他们在 7、8、9 世纪的时候已经将其工艺水平提高到了 20 世纪流行的民间艺术的高度。

3.6 隋代:陶土和釉料

122

　　一般情况下,隋朝和初唐时期的塑像是用河南地区的一种白陶土制作的,上面在施一层光滑的釉料,釉料的色调从黄色到浅棕色和浅绿色。未经烧制的颜料施加上去,可以提高塑像的真实感与华丽感。塑像从模子里取出后,再给其全身,包括头和手施加釉料,然后再用红色、蓝色、绿色、黑色和金色绘上各种图案以及需要加重的部分(图版 14 和 15)。

　　以现阶段的知识水平,我们还不能确切地说明各种陶窑所处的位置以及各种类型的陶土和釉料出自何处。一般认为,暗灰色的无釉塑像都属于六朝时期,但是我怀疑这一看法可能过于武断,因为我曾见过一些此种类型的塑像,其风格和服装肯定是唐代的。白陶和白釉塑像的情况也是如此。我认为,说它们都属于隋代或初唐时期是不明智的;从碗和碟的制作情况来看,两者是同步发展的。随着唐代进入 9 世纪和 10 世纪,出现了具有标志性的混合装饰,绿色、黄色、蓝色和棕色釉料的使用有所增加。[1]

3.7 唐代的陶土和釉料

　　多伦多皇家昂塔利奥博物馆(Royal Ontario Museum of Toronto)收藏的精美塑像出土于河南省的墓中,它们是在修筑铁路的过程中出土的;其中包括白釉和多色的"明器",其余的一些则无釉,均属于唐代。少数明器在黑陶胎上施彩釉(主要是绿色),显然是另外一个工场制作的。但是多伦多藏品中的大多数是在白陶胎上施以多色的釉料,按照该馆修复师威廉·托德(William Todd)先生的看法,为了达到更好的

―――――――――

　　〔1〕Hobson(郝布森)The George Eumovfopoulos Collection. pp.133.

烧制效果,其中可能还在著名的河南白陶土中加入了少量的外国颜
料,一般是红色和黑色。

尽管我曾徒劳地试图探究出一张可靠的中国陶土矿藏图,查阅了
一些地质报告[1]并请教了一些陶瓷专家,但是我们还是不能肯定地讲
所有的黑陶塑像都产自山西(Shansi),所有的白陶塑像都产自河南,所
有的黄白陶塑像都出自长沙,所有的红陶塑像都产自四川,或者所有
的蓝黑陶塑像都出自敦煌地区;只能说它们大部分都出自各自的原产
地。近几年流入美国的一些特别精美的塑像据说出自陕西(Shensi)的
墓中。[2]

3.8　装配模具的方法

唐代的小塑像是用两片模子制作的,所以在接合以后两侧的接缝
依然清晰可见(图版24)。如骑马俑之类的较大和复杂一些的塑像则
要用几片模子。威廉·托德(William Todd)先生曾经处理过数以百计
或完整或严重破损的塑像,并指出马俑的身体到膝关节部分是用一块
模子制作的,而马头和马首部分则是在烧制前加上去的。有时马尾巴
也是用真马鬃加上去的。骑手的躯干部分是用一块模子制作的,而腿、
胳膊、手和头部则是后来加上去的。骑手的头部和四肢也是模制的,然
而有时胳膊和手、腿和脚在模制的时候似乎很随意,通常都不带釉,只
是在上面涂上一层未经烧制的颜料以增强其真实感。为了确保烧制
的安全,大型塑像保持中空状态,人们甚至在陶土上见到真实的唐代
指印。大家可以想象这样一种场景:在当时一个工场的架子上摆放着
塑像的各种部件,新出窑的塑像在经过最后一道烧制工序后,上面多
彩的釉色呈现出清新质朴的美丽。

---

〔1〕Lee,J. S.(李),*The Geology of China*.(《中国地质学》)London,1939. pp. 426 – 441;
Wang,K. P.(王):*The Mineral Industry of China*.(《中国矿业》)Columbia University,King's Crown
Press,1943.

〔2〕Paine,R. T.,Jr(佩恩),"A Chinese Horse with a Female Rider."(《一件中国女骑马俑》)
In the Bulletin of the Museum of Fine Arts,Boston,Oct. 1948,no. 265,pp. 54 – 55.

·欧·亚·历·史·文·化·文·库·

毫无疑问,艺术大师通过研究大都市街道上熙熙攘攘人群的服装、种族特征和个体癖好并从中获得灵感,从而设计出每一种新样式的塑像。士卒和文人、权贵和舞者、地毯商和卖酒者、猎手和牧牛人,他们的姿态被刻画得如此逼真,以至于有时候看起来几近滑稽。塑像面部上的各种表情以及种族特征上的显著差异同样被忠实地塑造出来。抿嘴微笑和露齿大笑、面带酒窝的面颊以及苦行僧般消瘦的脸颊,熠熠生光的双眸以及如猛禽般犀利的眼睛,和蔼可亲与无聊乏味,傲慢自大与恼羞成怒、恐惧温顺,警觉与呆滞,所有这些细微的差异都被技艺高超的设计者们创造了出来。

在检视过相当数量的塑像后,人们不禁会惊异地发现,学徒工将塑像的各部位组合在一起的时候有点嬉戏之处。诸如将头部倾斜以产生阴影的效果,重新安装胳膊和腿就可以表达出完全不同的情绪。有时候学徒工还有点儿粗心,会将一个俑头安到另外一个俑的身上;这种可笑的误植例子在多伦多皇家昂塔利奥博物馆就可以见到(图版34)。这种男俑一般被称作放鹰俑,身着紧身翻领长外套,足蹬尖头靴子。各种各样的女俑头被安装到了这种俑的身上,俑像通常会显得眉清目秀而不是傲慢粗俗,给人的印象则是高贵和雅致。然而多伦多收藏的这尊塑像则将一个女俑头安到了宽肩、细腰的非女性的俑身上。可以确定的是,大部分这种俑头都不施釉;俑的咽喉底部曾有接缝,但是其脖子后面(包括接缝部分)却溅盖有原来唐代的釉料。这种最为细微之处表明,该俑头是在唐代的时候安装到俑身上的,而不是当代修复师修整的结果。

我曾见过好几件这样的骑马俑:工匠或者是在不经意间,或许是为了好玩,或者是想在骑兵队伍加入女骑俑但当时并没有为买家准备好女性俑身,所以就在原本应该是搭配男俑头的男性俑身上加上了女俑头。这些怪异的塑像也许是某个窘迫的商人半价卖出的,或许它们比"正常的"塑像更受欢迎,或许买家在购买它们的时候没注意,因为人们只要在多伦多丰富的各种藏品中看到数以百计的这种塑像聚集在一起的时候,就可以确信:将俑头、胳膊和腿安装到标准的俑身上的方式是多种多样的。鉴于8世纪和9世纪塑像上的这些附加物不施釉或没有正规地上釉,所以这一点是十分可能的。上面提及的那些出自陕西(Shensi)的精美塑像上的俑头[1]被描绘得十分迷人而精致:画匠们将颜料直接涂抹在陶土上,他们在脸颊上使用柔和的粉红色,嘴唇上用的是枫山红,并用一把很小的刷子将眼眉、睫毛和胡须涂成黑色。这些颜色保存完好,我们还能完全看到它们当初美丽的色彩。

3.9 赝品

想象一下,所有这些被那些设计大师或学徒们制造的"明器"是如何被创造出来的。它们之中蕴藏着真正的独创性,而正是这种独创性反映出了它们在唐代和当代的旨趣,并将它们从粗糙的和工场批量生产的层次提升到各个时代精细艺术的水平。事实上,它们是如此的流行,以至于在某些年份里制造赝品已经成为一件有利可图的事情。买家们要小心那些不上釉的塑像;其模具是按照真模子的样子制作的,所用的陶土选自上好的中国矿藏并经过日本或中国的聪明工匠们加以处理,由此会看到:给你的所谓唐代塑像只是在地下埋藏了一段时间而不是1000年。然而仿制上釉的塑像却决非易事。因为经过数百年或长时间的埋葬后,其表面会产生裂缝、龟裂或其他变化,而这些东西是不易复制的。人们只要通过高倍透镜检测或者刮一下塑像足底和其他一些不起眼地方的陶土,一般就可以发现赝品。如果露出来的颜色是熟石膏的白色或者当代赤陶的淡红色,那么你拥有的就不是一个古物。当代仿制者最喜欢制作的是女舞俑、乐俑和一些"漂亮的"小俑。一般情况下,仿制的胡人俑看起来都显得很笨拙,行家一眼就可以看出来。在给学生推荐的多伦多皇家昂塔利奥博物馆整组藏品中,每间展室里的一件件塑像都是在其变得流行和值钱之前从中国输入的,里面没有最近添入的。所以该馆无釉和上釉的藏品无疑都是真品。

125

——————————

　　[1]Paine,R.T.,Jr(佩恩),"A Chinese Horse with a Female Rider."(《一件中国女骑马俑》)In the Bulletin of the Museum of Fine Arts,Boston,Oct. 1948,no.265,pp.54 – 55.

·欧·亚·历·史·文·化·文·库·

大多数情况下,人们在古物店和陈列馆所见到的塑像都经过了修复,或者是把破碎的各部分拼合而成的。其俑头的处理大多很随意,马俑腿安装的角度也很古怪,陶土的颜色也不一样。仔细观察,你就会看到这一点。遗憾的是,市面上大多数真品文物都不知出自何处、何墓;即使那些最乐于助人的卖家也无法提供其准确的出土地点,或者墓中发现的其他一些有助于为这些文物断代的器物。尽管如此,还是有两组精美的俑像在发现的时候伴有带纪年的碑铭。

3.10　唐末产量和工艺的衰退

126　　郑德坤指出,[1]该艺术在唐代达到顶峰之后便走向了衰退;明代的一些器物虽然也令人注目,但是其作为个体却远不如早期的那样迷人。葬俗的变化或许可以解释这一点,因为在唐末和宋代人们更关注的是如何装饰墓葬本身。[2]木制品和石制品取代了陶器,而木器到今天可能已经朽化了。

1939年成都在挖掘二战期间防空掩体的时候发现了唐以后的前蜀国王王建(Wang Chien,847—918年在位)的墓,在中心墓室中散落的各种器物中没有见到塑像。[3]发掘报告中提到有陶瓷碎片、唐宋时期的上釉器皿和工匠们的碗等等,没有陶制塑像。但是却有一组真人三分之二大小的石雕力士像抬扶着棺座,棺座的面上装饰着一些舞伎和乐伎浮雕。经过与该地区的佛教雕塑比较后就会发现,它们的设计

〔1〕Cheng Tê-k'un and Shên Wei-chun(郑德坤、沈维钧):*A Brief History of Mortuary Objects* (*Chung Kuo Ming-ch'i*).(《中国明器》) Yenching Journal of Chinese Studies. Monograph series no. I.(燕京学报专刊之一)Peiping,1933. p. 72.

〔2〕Cheng Tê-k'un and Shên Wei-chun(郑德坤、沈维钧):*A Brief History of Mortuary Objects* (*Chung Kuo Ming-ch'i*).(《中国明器》) Yenching Journal of Chinese Studies. p. 2.

〔3〕Han-yi Feng(冯汉骥),"Discovery and Excavation of the Yong Ling."(《永陵的发现与发掘》) Archives,II,Chinese Art Society of American(《美国中国艺术学会成果之二》),1947,pp. 11 - 20,《四川博物馆特刊第一号》重印,成都,1944年;郑德坤,"The Royal Tomb of Wang Chien."(《王建墓》)In HJAS,March 1945,vol. VIII,nos. 3 and 4,pp. 235 - 240;Sullivan,D. Michael.(苏里万),"A Western China Discovery of Immense Importance. The Excavations of a T'ang Imperial Tomb."(《华西的重大发现:一座唐代帝王墓的发掘》) In Illustrated London News,April 20,1946,p. 429 - 431.

风格完全是原创的。该墓虽然遭到盗劫,但是仍然保存了一些珍贵的玉器和金属器。相对于陶制的"明器"来讲,该座王墓则显得十分富丽堂皇;总的来看,该国王在为自己建造坟墓时候的全部精力都放在了如何雕饰石棺上。

郝布森对所用材料的报告:

唐代随葬器物一般使用白色或浅黄色的材料制作,其中包括软石膏状的陶器、硬质粗陶或瓷器。它们通常不带釉,而是在外表先涂一层白色釉泥,然后再用未经烧制的颜料绘制各种纹样。颜料的颜色包括黑色和红色,偶尔也有蓝色。软陶器所上的釉是一种硅酸铅,呈透明状或浅绿色。如果想要颜色明亮一些,那么就可以往里面加一点儿调色剂,或者将调色剂涂在器物上并使之融入到随后施加的釉料中。器物上所用的颜色有淡绿色、叶绿色、琥珀蓝色、钴蓝色等,还有很少一些是蓝紫色或紫红色。这些颜色在发现的时候有些是单色的,有些则是复色或兼色的。唐代硬度较高的器物上所使用的一些釉料非常耐火,显然属于长石之类;它们的颜色包括白色、水绿色或灰绿色、纯灰绿色、黑色和巧克力棕色。最后,有时还可以见到一种蓝色和灰色的复色釉料,这种颜色应该是偶然产生的……一名铁路工程师曾在河南府附近的一座铁路施工现场扰乱的墓葬中得到一组有趣的陶器(现藏大英博物馆Case D)。这组出土的器物包括 6 个带盖的陶罐,里面盛的可能是6 种谷物;1 件杯状流、蛇形把儿的双耳酒瓶;1 件圆形托盘,里面有 1 件瓜形小瓶,四周围着 1 圈浅杯;1 组俑像,其中包括 1 件骑马女俑和几件男女侍俑、僧侣俑,以及 1 件长鼻男胡俑和 6 件身着铠甲的"武士俑";几件动物俑,其中包括一些马俑、骆驼俑、猪俑和羊俑,1 件狗俑和 1 件鹅俑;两件护卫墓葬的神兽(土地神)。这些俑像一般都使用白灰泥之类的材料制作,外面是浅麦秆色的釉料……四川一座墓(据墓志说墓主人为"崔君",卒于 839 年)中曾出土有 3 件俑像,它们与刘庭训(Liu T'ing-hsün,卒于 728 年,王室成员)墓发现的那些常见的唐代陶器明显不同……为淡红色胎体、黄色的透明铅釉。由于使用了釉泥和氧化铜,其表面形成了几种色彩分明的颜色:诸如橘红色(施釉于红色的胎体)、乳白色(施釉于白色的釉泥上)、浅叶绿色(色调与釉料中的氧化铜一样),而棕色则可能在红色胎体而不是白色的釉泥上施加一种铜绿色的釉料而产生的。[1]

根据对托莱多艺术博物馆展出的大约 250 件陶器分析和检测的结果,唐代陶土的情况如下:

表 3-1 陶土类型表[2]

灰陶土	硬
灰陶土	中
红陶土	硬
红陶土	软
浅黄色陶土	硬
浅黄色陶土	中
浅黄色陶土	软
白陶土	硬
白陶土	中
白陶土	软

128

3.11 阿富汗斯坦与中亚的雕塑工艺

中亚绿洲城市的雕塑家似乎借鉴了哈达工匠们的技艺,因为据冯·勒柯克和安德鲁的描述,其雕塑工艺与巴托克(Barthoux)所提供

〔1〕Hobson,R. L.(郝布森),*Handbook of the Pottery and Porcetain of Far East.*(《大英博物馆远东陶瓷手册》)London,1937. pp. 12 – 16.

〔2〕根据 *Sculptural Forms in Terra Cotta from Chinese Tombs*(《中国古墓中的赤陶雕塑类型》).The Toledo Museum of Art. Toledo,Ohio,1939. J. Arthur Maclean,Curator,Dorothy Blair,Assistant Curator,p. 3.

的哈达雕塑体系完全一致。[1]

安德鲁斯对此曾描述道:

在印度西北边疆的广阔地区散布着一些希腊化佛教
(Graceo-Buddhist)的石雕遗存,其风格和组合自成体系;在佛教僧
团和求法者的努力下,其影响及于整个中亚地区并进入到了印度
和中国。至于那些石头较少的地方,石雕艺术不甚发达,取而代之
的则是灰泥。然而采用灰泥的原因并不总是由于缺乏石头,以石
头较多的呾叉始罗为例,我们发现在其较早的建筑中已经在大量
使用灰泥了。不管原因如何,有一点是很明显的,就像临摹绘画一
样,旗幡和墙壁上的画是易于携带和复制的。雕塑的情况也是如
此,从原产地取得模具并根据本地的需要用灰泥进行复制显然是
首选。这样一方面比较易于按照本地的风格加以变通,另一方面
也无需改变原件的基本特征。从中国新疆的佛教艺术中可以看
出,其制模匠和泥匠的技艺是最发达的工艺之一。这里神殿内外
曾充斥着贴金的和彩绘的灰泥塑像与装饰物……所用的材料包
括釉泥、白石膏以及某种精心配置的糨糊。至于真人大小或更大
一些的大型塑像,则首先要用木头或草捆做出毛坯或支架。塑像
的外层分别用上好的釉泥"模铸"而成,然后再安装在支架上,支
架和外层之间的空隙则用差一些的釉泥填充。在唐代,塑像表层
或外层不仅使用精心挑选的上好釉泥,而且其中还掺杂有某种上
好的纤维或羊毛;有时这种掺杂比例很大,从而使其具有较高的
柔韧性,即使从模子里取出来仍然能根据需要进行弯折。

最早的一些泥塑出自尼雅(Niya)和米兰(Miran);由于这些
泥塑里极少甚至没有掺加纤维,所以易碎。这些塑像的面部具有
西方人的特征而没有中国影响的痕迹(这一点与同时期即公元3
世纪时期的壁画是一致的)。热瓦克(Rawāk)出土的泥塑头像也
是用同样的方式制作的,其时代可能要晚一些并多少具有蒙古利

---

〔1〕Barthoux,K.(巴托克),*Les Fouilles de Hadda*.(《哈达的发掘》)vol.Ⅲ,pp.7-8.

亚人种的特征。

明屋(Ming-oi,即克孜尔,Qizil)大型塑像的各部分也是模制后组合在一起的,甚至其眼珠也是单独嵌入的。

[塑像的]面部和手臂从模子里刚取出还是湿的时候可以进行处理,这就使得泥塑艺术具有特别的可塑性和适应性。

129

给泥塑上色就像画蛋彩。通常第一层是白色,然后再施加其他颜色。其中可能也使用了各种介质。吐峪沟(Toyuk)塑像上的色彩要比其他地方的更持久,其中显然含有蜡质的介质。这一点和其他一些证据显示了来自西藏的影响,因为那里在早期就有蜡画了。

在诸如公元7世纪左右的阿斯塔那古墓群之类的汉人墓葬中随葬的人物俑和动物俑中,可以见到一种特殊的模制工艺。该墓群中发现的俑像显然是死者生前周围的随从和奴仆,其中包括骑俑,即身披铠甲、手执长矛、骑乘战马,色彩鲜艳的武士俑,以及男女侍从俑。此外还有代表黄道十二宫的神兽,守卫墓葬的怪兽以及死者的精灵······所有这些俑像都用一种纹理细密、韧性颇佳的釉泥制作,未经烧制,而且采用某种蛋彩画的方式上色。这种塑造工艺方面的贡献曾沿用1000多年而鲜有变化。有两件俑像(Ast. iii 4072 – 4073)的头部和胸部采用了质地特别细密的釉泥,其表面的坚硬度很类似吐峪沟的那些残俑。

除了少数的几件外,几乎所有俑像的色彩都保持原状。唯一的例外是有一种特别红色变成了黑色。[1]

冯·勒柯克的分析如下:

在毁弃的硕尔楚克(Shortschuq)城中,我们挖开了一间显然是工场的屋子并发现了30件泥制模子的残片。[2] 如果模子破

---

〔1〕Andrews,F. H.(安德鲁斯),*Descriptive Catalogue of AnhquitiesRecoverad by Sir Aurel Scein During His Explorations in Central Asia,Kansu and Eastern Iran in the Central Asian Antiquities Museum.*(《新德里中亚古物博物馆藏奥瑞尔·斯坦因爵士中亚、甘肃和东伊朗探险所获古物题解》)New Delhi,1935,pp. 1214.

〔2〕在柏林用其中的一些模子铸造的塑像已经在他所著的《新画作》中刊布,I,pls. 5 and 6.

损了，那么就按照原来的样式通过某种工艺流程制作一个新的模具，再像以往那样用新模具继续铸造……这些模子是用泥土制作的，其中掺杂了动物的毛发、植物纤维，有时也有西部地区灰泥中少见的碎麦秆。脸部、手臂和脚等身体的各个部位都是分别模制的。

大型塑像其实是由各部位组合而成，其中不太宽的部分则用同样的材料或一捆芦草填充，然后再在阳光下晒干。塑像的各个部件用一种粗糙的小木楔连接到一起，有时只用草绳系在一起；胳膊等部位是安装上去的，而整个塑像（通常只是半浮雕状）的背部则用一层釉泥抹光，然后再用柽柳楔子固定到寺院的墙壁上。此后将塑像的正面抹平，接缝填好，通体仔细地上一层陶土，然后再敷一层厚厚的灰泥，用水彩描绘并用金箔贴金。金箔被裁成小方块贴上去，并衬以黑彩或漂亮而透明的紫红色……鉴于金饰会显得突出和醒目，许多特别珍贵的塑像都首选它们进行装饰并使用一种非常坚固的粘合剂（可能是釉泥），然后再在上面贴小金箔块和描绘；金箔的边边角角也都加以描绘，而浮雕上的金饰则用玉石或类似的东西精心地打磨。我们只在高昌废墟 B 中发现有使用此种工艺流程的证据。[1]

3.12 唐代使用随葬俑的规定[2]

初唐时期使用随葬俑的官方标准如下：

三品以上 90 事（件）

五品以上 60 事

---

〔1〕Le Coq, A. von（勒柯克）, *Buried Treasures of Chinese Turkestan.*（《中国突厥斯坦的地下宝藏》）p. 80.

〔2〕根据郑德坤、沈维钧所著的《中国明器》，第 55－73 页。我们在以下所译各类目后均标出该书的页码。

九品以上 40 事[1]

塑像的高度为 1 尺。车驾的大小,乐队成员、武士以及侍从人员的服饰等都依据墓主官阶的高低而定;这些俑像为陶制或木制,高度为 7 寸之内(第 57 页——原文页码,汉译者按)。

唐玄宗在开元二十九年(742 年)发布的圣旨中减少了随葬俑的数量,但其规格保持不变:

三品以上减至 70 事

五品以上减至 40 事

九品以上减至 20 事

原来未作规定的平民允许使用 15 事

唐宪宗元和(806 年—820 年)初年规定:

三品以上 90 事,包括四方神和十二生肖俑

五品以上 60 事,包括四方神和十二生肖俑

九品以上 40 事,包括四方神和十二生肖俑

平民 15 事

四天王的高度不超过 1 尺;其他俑像不超过 7 寸(第 56 页——原文页码,汉译者按)

131　　　"四方神"指的无疑是四个方向的守护神,即印度佛教中的四大天王(Lokapāla)。这表明来自印度的观念在中国图像塑造中的重要性有所增长,而佛教在当地民俗实践中的影响也有所提高(参见图版 39)。

晚唐时期的唐武宗(Wu-tsung)会昌元年(841 年)规定:

三品以上 100 事,材料为木制,四方神的高度不超过 1 尺 5 寸,其他俑像不超过 1 尺

五品以上 70 事,四方神的高度不超过 1 尺 2 寸,其他俑像为 8 寸

九品以上 50 事,四方神的高度不超过 1 尺,其他俑像为 7 寸

平民 25 事,所有的高度都在 7 寸以下

---

〔1〕汉译者按:此处原文据李隆基撰、李林甫注《大唐六典》卷23,三秦出版社 1991 年,第 425 页。

以上这些规定引自皇帝发布的具有法律效能的谕旨。从他对以往规定遭到破坏的悲叹中可以看出,当时其实已经超过了朝廷规定的标准(第 58 页——原文页码,汉译者按)。

在唐懿宗咸通(Hsien-t'ung)十一年(871 年),奢侈之风大行;超过 1 尺高的俑像开始使用并施以漂亮的彩釉。规定也发生了变化,平民被禁止使用它们。俑像用陶瓷制作,不得使用木器和金属器,不得用真正的丝绸和锦缎制作衣服,也禁止使用禽肉献牲(第 55 页和 56 页——原文页码,汉译者按)。

长兴二年(932 年)[1]皇帝发布诏令说:

五品和六品的官员为三十事;

七品官员二十事,京官和六品以下候补官员为十五事(第 73 页——原文页码,汉译者按)。

该书的作者指出,国立北平大学收藏的两件俑像证明上述规定根本无效,因为它们的尺寸都超过了官方的标准。

(1)封泰墓出土物:

2 件文官俑……38 寸(英美制)

2 件武士俑……36 寸(英美制)

2 件马俑

2 件骆驼俑

(2)戴令言墓出土物:

1 件文官俑……51 寸(英美制)

1 件武士俑……52 寸(英美制)

1 件马夫俑

2 件骆驼俑……40 寸(英美制)(第 60 页——原文页码,汉译者按)

作者所使用的度量制似乎没有统一的标准,他们有时会如上文那样注明为英美制,有时又不作特别说明;直接引述的古文献所指的应 132

---

[1]汉译者按:长兴是后唐明宗的年号,本文作者在此显然混淆了唐朝和后唐的区别。

该是唐制。正仓院藏品中所保存的唐尺虽然不是正规的,但大致有29.6厘米长,每尺分为10等份单位(寸)而不像英国尺那样为12英寸;每寸大约9毫米,比美国现代尺的标准要短一些。[1]

也许人们会认为大型的带釉华丽俑像只是在9世纪晚期才开始使用,但是据我所知,在带有纪年墓志的唐代大臣刘庭训(Liu T'ing-hsün)[2](卒于728年[3])墓中出土的两组俑像,以及多伦多皇家昂塔利奥博物馆(R.O.M.A.)所藏杨将军(693年下葬)墓出土的那些俑像,[4]却显示出情况并非如此。这些俑像平均高30英寸或更高,而且被精致地上了釉。

3.13 典型的唐代侍从俑

《C.T.鲁卖品目录》中曾描述了一组典型的随葬侍从俑:

一组共十件,包括两个手执笏板的文官俑、两名武士(天王)

---

〔1〕Harada,J.(参见原田),*Catalogue of the Imperial Treasures of the Shōsöin*.(《正仓院皇家珍宝图录》,vol. I, p. 16.

〔2〕他的字为庭训(T'ing-hsün),曾任忠武将军,河南府、怀音府长上折冲都尉等职。他卒于开元十六年八月十六日,时年72岁。其家族在两汉时期传了20代人,族人先后曾作过皇帝、大臣、法官和公爵。他本人曾担任过引驾、右卫司戈、左羽林军中侯。契丹鞑靼人犯边的时候,他曾率训练有素的手下出击,"就像赶面前的蚊子那样将他们赶走。"尽管他饱受他人的忌妒甚至一度病入膏肓,但还是活到了72岁。参见 Hobson, R. Tang Pottery Figures in the Victoria and Albert Museum(郝布森:《维多利亚与阿尔伯特博物馆所藏唐代陶俑》)一文中所引 Waley, A.(瓦雷)之文,Burlington Magzine(《博林顿杂志》),1921年1月,第20-25页。郝布森还提到了洛阳温寿成(Wên Shou-chêng)墓出土的另一组俑像,温系王室成员,卒于683年。他在巴黎曾见过这些小而精致的俑像,但是这些材料显然尚未刊布。汉译者按:刘庭训墓志全名为《大堂上柱国忠武将军河南府怀音府长上折冲上柱国河间郡刘府君墓志铭并序》,其文云:"公讳字庭训……公之先前后两汉廿余代,代为天子。至于三台四岳,八座五候,盖不足而称也。祖敬,豪饶二州司法、朝散大夫、滑州匡城令。……公以良家子补引驾、左卫长上、右卫司戈、左羽林军中侯。……属契丹作梗,侵扰边陲,恃蚊蚋之师,系雷霆之怒。……加忠武将军,迁崇信、怀音二府长上折冲都尉。公前后八仕,历仕四朝,颇倦繁华,游心江汉。……医人秦缓,不救膏肓;术士华佗,无湔肠胃。才过杨雄之岁,旋及孔丘之年。以开元十六年八月十六日,终于杨府之旅亭,时年七十有二。"录文见吴钢主编《全唐文补遗》第五辑,三秦出版社1985年,第354-355页。

〔3〕前尤莫佛颇罗斯的藏品(Former Eumorfopoulos Collection),郝布森目录编号270-282号,释文见第20页。

〔4〕墓志内容由馆长海伦·弗纳德(Helen Fernald)女士提供。

俑、两头骆驼俑、两匹马俑和两个镇墓兽俑。这样的一组侍从俑随葬于一名军队首领的墓中,两名文官协助他处理内务,两名武士帮助他打仗,两匹马供其骑乘,两头骆驼为他驮运必要的行李,而两名天王则是为了击退任何可能出现的恶魔。[1]

133 (人俑高 21 英寸,天王俑 18 英寸,马俑 14 英寸,骆驼俑 16 英寸。《目录》的注解说"已知有几组较大的俑像,其中一组是 1906 年在河南境内修筑铁路的时候发现的,今藏大英博物馆。")如果再加上牵马俑和牵驼俑,那么整组俑像就共有 14 件。

山中(S. Yamanaka)先生所在的一支考古队曾在中国发现了一座重要的唐代墓葬,其墓室是在山边凿出的。他在《山中卖品目录》[2]的第 480 条目下绘制了一张墓葬草图,里面正对着墓室入口处的是天王,天王的后面是由马俑和骆驼俑形成的一条"神道";石棺的两侧分别矗立着文官俑和武官俑。这不禁令人想到其后在北京的明代陵墓前的那些石雕像所显示的通向陵寝的道路。这座唐代墓葬中随葬的女侍俑有 16 件左右,其中包括乐俑、舞俑和骑俑,墓中还有一件牛车俑(图14)。

本书研究的藏品中,比较重要的成组随葬俑还见于费城大学博物馆、芝加哥艺术研究所、明尼波里斯艺术研究所和皇家昂塔利奥博物馆。

重要收藏中的唐代俑像统计:

尤莫佛颇罗斯藏品(Eumo) 63 件人物俑,其中胡俑 22 件;

纽约的大都会博物馆(MMA) 17 件人物俑,其中胡俑 22 件(汉译者按:原文如此);

波士顿美术博物馆(MFA) 77 件人物俑,其中胡俑 8 件;

明尼波里斯艺术研究所(MAI) 34 件人物俑,其中胡俑 6 件;

塞特艺术博物馆(SAM) 27 件人物俑,其中胡俑 6 件;

---

〔1〕*C. T. Loo , Catalogue of Sale.*(《C. T. 鲁卖品目录》)New York ,1941—1942. 编号为478。

〔2〕*Yamanaka Collection of Chinese and other Far Eastern Art*(《山上的中国与其他远东艺术藏品》),New York,1943.

·欧·亚·历·史·文·化·文·库·

芝加哥艺术研究所（CAI）50 件人物俑，其中胡俑 11 件；

堪萨斯城尼尔森陈列馆（KCNC）17 件人物俑，其中胡俑 7 件；

皇家昂塔利奥博物馆（ROMA）353 件人物俑，其中胡俑 72 件；

鲁氏藏品：3 年中共有 1000 件左右人物俑，其中 10% 的是西方人；

托莱多展品目录列出：115 件人物俑——43 件为胡人俑。

以上统计可能无法准确地显示出胡人俑的数量在本地类型的人物俑中所占的比例，因为博物馆愿意收藏的是具有特殊价值的器物而不是数量众多的大众货，所以那些胡人俑更受欢迎。

汉文史籍中所见"西戎"和胡人

	语言（Linguistic Grouping）	族属（Racing Grouping）
鞑靼人（Tatars）	突厥语（Turkic，早期，即 13 世纪蒙古人兴起前,蒙古高原的人们操此种语言）	阿尔泰人（Altaic）[1]
回鹘人（Uighurs）	同上	同上
东西突厥人（East & West Turks）	同上	同上
沙陀（Sha-t'o）	同上	同上
匈尼特人—嚈哒人（Chionites-Hephthalites）即白匈奴	伊朗语（Iranian）	伊朗人（Iranian）
西方人,包括东西罗马帝国人（Westerners, members of both Roman empires） A. 地中海—高加索人（Mediterraneo-Caucasian）	安纳托利亚语（Anatolian）高加索语（Caucasian）,包括亚美尼亚语（Armenians）印欧语（Indo-Europeans）突厥语（Turkic）	类亚美尼亚人（Armenoid）[2] 类亚美尼亚人、阿尔泰人混血（Armenoid, Altaic mixed）
B. 闪米特人（Semites）	闪米特语（Semitic）	闪米特人（Semitic）
吐火罗人（Tocharians）	印欧语（Indo-European）:西支（Centum）吐火罗语组（Tocharian group）	欧罗巴人（Europeanoid）

[1]阿尔泰人类型指的是今天蒙古利亚人,其体质特点包括椭圆形的脸,黄皮肤,吊梢眼（slanting eyes）,小鼻子,黑色直发,躯干和胳膊长,短腿,蒙古斑（Mongolian spot）等。

[2]类亚美尼亚人类型属于地中海 - 高加索人种东支的一种,其体质特点包括浅黑色的皮肤,突起的鼻子,宽短的颅骨。胡里安人（Hurrians）、原始印欧人种的赫梯人和亚美尼亚人（the pre-Indo-European Hittites and Armenians）以及其他许多近东高原的古代部落都可以划归为类亚美尼亚人。

·欧·亚·历·史·文·化·文·库·

	语言（Linguistic Grouping）	族属（Racing Grouping）
疏勒人（Kashgarians）	东伊朗语或北伊朗语（East or north Iranian）	高加索—伊朗人（Caucaso-Iranian）[1]夹杂有阿尔泰人血统的高加索—伊朗人（with Altaic infiltration）
费尔干那人（Ferghanese）、撒马尔罕人（Samarkandians）、布哈拉人（Bokharians）	同上	
	同上	同上
花剌子模人（Khorezmians）	同上	(1)与贵霜人相关的高加索—伊朗人（Caucaso-Iranian Related to Kushans）
于阗人（Khotanese）	塞语（Saka），东伊朗或北伊朗语（East or north Iranian）东伊朗或北伊朗语	(2)阿尔卑斯人（Alpin，Homo Alpinus）
	同上	(3)南亚混血人（South Asiatic affinities）
北印度人（North Indians）	印欧语：印度语（Indian）	西北印度人类型（Racial type N. W. India）
阿拉伯人（Arabs）	闪米特语（Semitic）	闪米特人或高加索—闪米特人（Caucaso-Semitic）

---

〔1〕高加索—伊朗人类型仍然生活在伊朗高原，属操伊朗语的人群与高加索土著人的混血。这种人的体质特征包括突起的鼻子，深陷的眼睛，宽额头，长脸；躯干和腿长，白皮肤，曲发。

附录 2

缩略语

收藏机构

CAI = Chicago Art Institute。（芝加哥艺术研究所）

Eumo = Eumorfopoulos Collection, London。（尤莫佛颇罗斯藏品，伦敦）

KCNG = Kansas City, Nelson Gallery。（堪萨斯城的尼尔森陈列馆）

MAI = Minneapolis Art Institute。（明尼波利斯艺术研究所）

MFA = Museum of Fine Arts, Boston。（美术博物馆，波士顿）

MMA = Metropolitan Museum of Art, New York。（大都会艺术博物馆，纽约）

PUM = Pennsylvania University Museum, Philadelphia。（宾夕法尼亚大学博物馆，费城）

ROMA = Royal Ontario Museum of Archaeology, Toronto, now Royal Ontario Museum。（皇家昂塔利奥考古博物馆，多伦多，今皇家昂塔利奥博物馆）

SAM = Seattle Art Museum。（塞特艺术博物馆）

期刊

BEFEO = Bulletin de l'École Francaise d'Extrême-Orient, Hanoi。（《法兰西远东学院集刊》，河内）

BMFEA = Bulletin of the Museum of Far Eastern Antiquities, Stockholm。（《远东古物博物馆集刊》，斯德哥尔摩）

BSOAS = Bulletin of the School of Oriental (and African) Studies,

·欧·亚·历·史·文·化·文·库·

London。(《东方(非洲)研究院集刊,伦敦》)

　　HJAS ＝ Harvard Journal of Asiatic Sudies,Cambridge。(《哈佛亚洲研究学刊》,剑桥)

　　JAOS ＝ Journal of the American Oriental Society,New Haven。(《美国东方学会学报》,纽黑文)

附录 3

在将新艺术的影响
带入中国方面可能发挥过作用的旅行者

生于敦煌的月氏人昙摩罗摩(Dharmarākṣa,汉译者按:即法护)曾在中亚地区游历并造访过印度。他此后于3世纪中叶生活在东晋的都城(长安)。[1]

帛尸梨蜜多罗(Śrīmitra),大约卒于335年或342年;

鸠摩罗什(Kumārajīvā),4世纪时人,卒于413年;

涉公(Shê-kung),来自中亚,卒于380年。

值得注意的是,邻近犍陀罗(Gandhāra)与哈达(Haḍḍa)地区附近的克什米尔(Kashmir,汉译者按:即罽宾)和欧达(Oudh)在佛教直接传入中国方面曾发挥着主导作用,来自这里的人包括:

僧伽跋澄(Saṅghabūti),381年抵达中国;

僧伽提婆(Saṅghadeva),384年抵达长安;

弗若多罗(Puṇyatrāta,鸠摩罗什的合作者)和昙摩耶舍(Dharmayaśas),他们经过中亚并于401年抵达中国;

佛陀耶舍(Buddhayaśas),生于罽宾并在龟兹生活,与鸠摩罗什关系密切;

卑摩罗叉(Vimalakṣa),从罽宾来到龟兹,406—413年间在中国;

佛陀什(Buddhajīvā)和求那跋摩(Gunavarman),活动在中国南部。

昙摩蜜多(Dharmamitra),从罽宾来到龟兹和敦煌;

佛陀跋陀罗(Buddhabhadra)。[2]

---

〔1〕Bagchi,P. C.(师觉月),*India and China*,*a Thousand Year of Sino-Indian Cultural Contact.*(《印度与中国:中印千年文化关系史》)Calcutta,1944,pp. 35－36;师觉月(Bagchi,P. C.),*Le Canon Bouddhique en Chine.*(《中国的佛教教规》)Paris,1920. 2 vols. p. XV and XXXI and p. 702.

〔2〕Bagchi,P. C.(师觉月),*India and China.* pp. 39－45.

·欧·亚·历·史·文·化·文·库·

法显(Fa-hsien)和宝云(Pao-yün)等在 399 年离开长安前往恒河流域(Ganges)诸国;他经过敦煌、焉耆、于阗和犍陀罗等地,于 405 年抵达摩揭陀(Magadha)。他在印度待了 6 年,然后取道锡兰(Ceylon)回国,于 414年抵达长安。

佛图澄(Fo T′u-têng),420 年。

5 世纪前往印度的其他中国高僧还包括:

智猛(Chih-meng)及其一行 14 人于 404 年起程前往中亚,经过于阗到达罽宾,424 年返回。420 年法勇(Fa-yung)与 25 名僧人经北道前往。据记载道普(Tao-pu)、法盛(Fa-shêng)、法维(Fa-wei)、道养(Tao-yo)和道泰(Tao-t′ai)等也曾前往该国。[1]

"昙无谶(Dharmaksema,卒于 433 年)习陀罗尼咒(dhāranī),能用密咒使岩石中流出泉水……"[2]他来自中天竺,曾到过罽宾、于阗和龟兹。[3]

中亚高僧昙曜(T′an-yao)曾修建了大同[云冈]石窟寺,并于 462年在天竺僧人的配合下翻译了《大吉义神咒经》(Da-chi-i shen-chou ching)。该经介绍了设置道场的方法,即摆一圈佛像接受信众的供奉。道场似乎是曼陀罗(Mandala)或祭坛的基础,该经此后还讲授了其建造的方法。该经也传授了各种咒术(siddhis)。这些咒术可以赢得战争、阻止风暴、求雨、隐形或确保珍宝的安全……[4]

6 世纪时的旅行者宋云和惠生受胡太后(Empress Wu)之命,于 518 年前往天竺;他们经过了于阗和犍陀罗(此地后来在 520 年被嚈哒占据),并在乌苌国(Uddiyāna,即乌仗那)和犍陀罗停留两年,然后在 522 年携带许多大乘经论返回中国。

毗目智仙(?,Vimoksasena)在 6 世纪从天竺来到中国。一般认为,禅(Ch′an)宗始祖菩提达摩(Bodhidharma)也在这一时期首先抵达中国南

---

〔1〕Bagchi,P. C.(师觉月),*India and China*. pp. 72 - 73.

〔2〕Chou Yi-liang(周一良),"Tantrism in China."(《中国密教》)In the *HJAS*, March 1945, p. 243.

〔3〕Bagchi,P. C.(师觉月),*India and China*. pp. 46 - 47.

〔4〕Chou Yi-liang(周一良),"Tantrism in China." p. 243.

部,然后北上洛阳并于 535 年在此圆寂。在他之后的还有般剌若流支(Prajñāruci),真谛(Paramārtha,汉译者按:即拘罗那陀,Kulanātha),那连提黎耶舍(Narendrayaśas,来自犍陀罗地区的乌苌)。来自白沙瓦(Peshawar,也在犍陀罗地区)的阇那崛多(Jinagupta)经过于阗来到中国(528—605 年),并在 574 年法难中与皈依他的东突厥可汗一起逃往漠北避难;隋朝建立后,他又被召回洛阳。[1]

达摩笈多(Dharmagupta)在北旁遮普(Punjab)和迦毕试(Kapīsa)游历 137 两年后,从陆路经过疏勒(Kāsghār)、龟兹(Kuchā)、焉耆(Qarashahr)、吐鲁番(Turfān)、哈密(Hami)等地,于 590 年到达长安。他在 619 年卒于洛阳。此后,波罗颇迦罗蜜多罗(Prabhākaramitra)于 627 年、阿地瞿多(Atigupta)于 652 年、那提(Punyodaya)于 655 年也先后抵达长安;菩提流志(Bodhiruci)则经海路前往中国,并于 706 年抵达西京;来自那烂陀(Nālandā)的僧人善无畏(Śubhākarasimha)则携带大量经卷,在 716 年由陆路抵达长安。[2]

我们知道,当时有许多生活在于阗、爪哇等印度之外地区的天竺高僧也在唐代前往中国,在佛教经典的翻译与注释等方面做了大量工作,并构成了佛教教义的保存与传播的重要组成部分。

在 7 世纪,唐代使节王玄策(Wan Hsüan-ts′ê)在 643—665 年之间先后 4 次出使天竺(参见第 139 页的详细论述——原文页码,汉译者按)。

我们在本书中曾多次提到,玄奘(Hsüan-tsang)在 629—645 年之间西行求法并带回一些佛像;此后不久义净(I-ching,645—713 年)也去求法。义净在天竺那烂陀修习佛教密宗(Tantric form),后来又翻译了《大孔雀咒王经》(梵文作 Mahāmayūrī vidyārājñīsūtra),后面附有建造祭坛的方法和绘制的佛像。[3]

玄照在 651 年起程,旅途漫长,历经磨难。他在天竺停留了 11 年之

〔1〕以上材料(除参考文献注出的以外)依据 Grousset, R.(格鲁塞),*Histoire del′Extréme Orient.* pp. 256 – 263; Bagchi, P. C.(师觉月),*India and China.* pp. 48 – 51.

〔2〕Bagchi, P. C.(师觉月),*India and China.* pp. 54 – 58; Chou Yi-liang(周一良),"Tantrism in China."

〔3〕Chou Yi-liang(周一良),"Tantrism in China."p. 245.

久,最后带了一支卫队经泥波罗(Nepal)回到中国。到达洛阳后,皇帝又下令让他再度前往天竺为朝廷寻求名医和长年药。他先到德干(Deccan)搜寻长年药,然后北上那烂陀休整,最后在摩揭陀(Magadha)病故。玄照带回了天竺图像的绘制方法以及一件菩提迦耶(Bodhgayā)[1]的佛像摹本,并将其存放于皇宫里。[2] 中文文献中还保存了7世纪下半叶前往天竺求法的60名僧人的传记。[3]

138　善无畏(Shan Wu-wei)于716年抵达长安,不久获准将随身携带的密教经书加以翻译,从而成为汉传密宗的祖师。他曾在那烂陀修习陀罗尼咒(dhāranīs)、瑜伽三密(yoga)以及其他密法,并在印度和新疆获大体验。开元年间(713—741年)善无畏受到了玄宗皇帝的礼遇;该皇帝曾梦到过他并尊其为菩萨(Bodhisattva)。善无畏曾与一些自称能调遣鬼神的方术之士比试神通,他恬然不动,而那些方术之士最终不得不甘拜下风。据说他还通过搅动盂钵中的清水祈雨。[4] 爱德华兹(Edwards)提到了这个故事:

在圣善寺居住着来自犍陀罗的天竺高僧名叫无畏,他答应去除旱情。他拿一柄小刀搅动一个盛满清水的盂钵,边搅边数百次地念咒。须臾,水中出现一物,似龙,赤色,大如拇指……继续念咒,俄顷,有白气自钵中升起,充斥庙堂,继而狂风雷雨侵袭乡村。[5]

继善无畏之后不久来华的是金刚智(Vajrabodhi,跋日罗菩提)及其弟子不空(Amoghavajra,阿目佉跋折罗),他们将密宗(Tantrism)在中国尤其是朝廷上进一步加以弘扬;但是这对天台宗(T'en-t'ai sect)的流行并未产生太大的影响。天台宗由智顗和尚(Chih-i,538—597年)创立,他引入了《妙法莲华经》(the Lotus of the Good Law)的教义并在杭州附近创建寺院,

〔1〕汉译者按:菩提迦耶位于今印度的比哈尔(Bihar),被认为是释迦牟尼得道的场所,也是最重要的佛教朝圣中心。

〔2〕Grusset,R.(格鲁塞),*Footsteps*,p.256 et seq;Bagchi,P. C.(师觉月),*India and China*. p.168. 汉译者按:玄照事迹原文请参见义净原著:《大唐西域求法高僧传》卷上,王邦维校注,第9-12页。

〔3〕Bagchi,P. C.(师觉月),*India and China*. p.83. 汉译者按:此部文献指的是义净所著的《大唐西域求法高僧传》。

〔4〕Chou Yi-liang(周一良),"Tantrism in China.",p.246 and 257-268.

〔5〕Edwards.(爱德华兹),*Chinese Prose Literature*.(《唐代中国的散文文学》) p.93.

而慧远（Hui-yün,334—416 年）则创立了阿弥陀宗（Amidism）和净土宗（the Pure Land sect）。[1]

789 年,悟空（Wu-k'ung）在西域诸国和天竺求法近 40 年后回到中国。他在 751 年前往罽宾（Chi-pin, Kapīśa）的时候很可能经过了吐鲁番（Turfān）、安西（龟兹,Kuchā）和疏勒（Su-lê,Kāshghar）,但是"有关他旅行的记载十分简单,并没有提供更多的细节"。[2]

来自西方的艺术家——从六朝时期开始,来自天竺和西域各地的僧俗佛画画家们都对中国产生了巨大的影响。其中包括迦佛佗（Chia-fo-t'o）和昙摩拙叉（T'an-mo-cho-ch'a）等。甚至 6 世纪时梁代的画家张僧繇（Chang Sêng-yu）也用天竺技法作画;同时期还有 5 位画家工于宗教绘画,而且都是外来的比丘（bhiksu,即受具足戒的托钵僧）,或许由于不太出名,所以正式的记载中并没有留下他们的名字。[3]

瞿多提婆（Ch'ü-to t'i-po,可能即笈多提婆 Gupta-deva）武德年间（618—626 年）在中国的时候被称为婆罗门（Brahmin）画师。[4]

著名的尉迟跋质那（Yü-chih Po-chih-na）及其子尉迟乙僧（Yü-chih I-sêng）本为于阗人,擅长佛教绘画。尉迟跋质那 627 年到达长安,而其子的作品则在 652 年的时候被提到。[5]

666 年高宗在位时,范长寿（Fan Ch'ang-shou）等画师受皇命为《西域记》（关于西域诸国的记载）做了 40 卷的图解。玄奘在 646 年已经完成了该书 60 卷中 12 卷的文字部分。[6]

我们曾经提到,唐朝使节王玄策曾在 643—665 年多次前往天竺,并且每次都带回了一些佛像、图画以及其他圣物,从而为唐初文明的发展做出了巨大的贡献。与他随行的画师宋法智（Sung Fa-chih）肯定摹画了一些著名的天竺佛像。他还为王玄策所撰有关中天竺的文本做了 3 卷的图

139

〔1〕Grusset,R.（格鲁塞）,*Histoire del'Extréme Orient.*（《远东史》）vol. I,pp. 262 – 264.

〔2〕Stein,Sir M. A.（斯坦因）,*Innermost Asia.*（《腹地亚洲》）第 580 – 581 页注文。

〔3〕Naitō,T.（内藤）,*The Wall-painting of Hōryūji.*（《法隆寺壁画》）阿克（Acker．W.）与罗兰德（Rowland,B.,Jr.）译,Baltimore,1943. p. 210,214 – 215.

〔4〕Naitō,T.（内藤）,*The Wall-painting of Hōryūji.* p. 218.

〔5〕Naitō,T.（内藤）,*The Wall-painting of Hōryūji.* p. 216.

〔6〕Naitō,T.（内藤）,*The Wall-painting of Hōryūji.* p. 211.

解,这肯定也对那些奉召图解《西域记》的画师产生过很大的影响。[1]

与之相匹敌的还有北齐曹仲达(Ts'ao Chung-ta)传继下来的画派。曹仲达来自撒马尔罕,所以他的绘画应该具有巴米扬的印度—伊朗风格(Indo-Iranian style of Bāmiyān)。

上述这些见诸记载的旅行大多是从犍陀罗地区前往中国,而主要的文献中也详细记述了那些旅行家、商贾和使者的情况,由此可以充分证明希腊化佛教艺术和印度观念与母题是如何被引入,甚至影响到了中国的世俗艺术。哈达佛像连同其较为自由的表达方式、民族类型和个性特征方面的审美旨趣,也是以同样的方式被带入中国的。

---

[1]Naitō,T.(内藤),*The Wall-painting of Hōryūji.* pp. 261,212 - 213,内藤说王玄策只出使过三次;但列维等则提出不同看法,参见 Lévi,S.(列维):Wang Hsuan-ts'ö et Kaniṣka(《王玄策与伽腻色迦》),T'oung Pao,Paris,1912. p. 307 - 309;Pelliot,P.(伯希和),"Autour d'une traduction sanscrite du Tao tö king."(《关于〈道德经〉的梵文译本》)T'oung Pao,1912. pp. 351 - 378;伯希和,"Note sur quelques artistes des Six Dynasty et T'ang."(《六朝与唐代的几个艺术家》)T'oung Pao,1923,pp. 274 - 282.

附录 4

佛教艺术的希腊—罗马背景
及其通过中亚所产生的影响

公元前 516 年大流士（Darius）时代的阿契美尼德王朝（Achaemenid）贝希斯敦（Bisutun, Behistun）碑铭中曾提到西北印度的犍陀罗以及旁遮普以远的地区，当时这里是阿契美尼德帝国的一部分。在公元前 327 年亚历山大大帝（Alexander the Great）率领的马其顿（Macedonian）大军进军印度前，该帝国已经衰落了。亚历山大大帝在此遇到了当地的首领、著名的印度孔雀王朝（Maurya）的创建者旃尼罗笈多（Chandragupta）。即使亚历山大在旁遮普的时候，当地人也不满外来的统治并转向旃尼罗笈多，推翻了亚历山大扶植的傀儡政权。[1]

亚历山大的继任者塞琉古（Seleukos）被任命为巴比伦（Babylonia）总督并成为犍陀罗名义上的统治者，但是旃尼罗笈多却与希腊指挥官不和。公元前 4 世纪后期，塞琉古与旃尼罗笈多签订条约，将喀布尔谷地及其邻近地区划归其统治。旃尼罗笈多之孙阿育王（Aśoka, 卒于公元前 232 年）向各地派遣僧侣，使民众皈依佛教。这位著名的佛教君王在马尔丹（Mardan）以东 10 英里的夏巴加里希（Shāhbazgarhi）树立了一座石碑敕令，以文告的形式充分证明在犍陀罗地区施行佛法（the Buddha's Law）。[2]

在巴克特里亚，塞琉古的继承者开始向南扩张势力范围。公元前190 年，德米特里（Demetrius）占领了犍陀罗和喀布尔；随后在巴克特里亚统治权的争夺中，德米特里遭欧克拉提德斯（Eucratides）驱逐。尽管

---

〔1〕Majumdar, R. C.（麦琴达尔）, Raychaudhuri, H. C.（雷坎德胡利）和 Datta, K.（达塔）, *An Advanced History of India*,（《高级印度史》）2nd ed, London, 1950, pp. 97 – 103.

〔2〕Rowland, B.（罗兰）, *The Art and Architecture of India*, Penguin, Baltimore, 1953, pp. 75 – 77.

发生了君权之争,但是希腊—巴克特里亚人的统治还是从犍陀罗、米
南德(Menander,印度历史上称米南陀 Milinada)扩展到恒河流域,并在
公元前 175 年至前 155 年之间作为君主统治着喀布尔和北印度地区。
在公元前最后一个世纪期间,希腊—巴克特里亚人与其印度邻居们一
直保持着密切的关系。一个名叫安提亚吉多斯(Antialkidos,希腊语作
"亚梵那"Yavana)的呾叉始罗王子曾遣使贝斯那迦尔(Besnagar),[1]
拜会了苏噶(Śunga)王子威达沙(Vidaśa)。

141

大约在公元前 135 年,巴克特里亚的希腊统治者被从他们所控制
的西北部赶走,赶走他们的是印度历史上的萨迦人(Śakas),希腊文献
中称之为萨卡若罗伊(Sakarauloi)、吐火罗(Tokhari)或印度—斯基泰
(Indo-Scyth);汉文文献中作塞种(Ss'u)或月氏(Yüeh-chih)。塞琉古
政权解体后,安息人逐渐强大起来;这些萨迦人与他们联合起来,并在
公元前 1 世纪统治了东伊朗的部分地区。公元前 90 年左右,一个名叫
毛厄斯(Maues,即 Moga)的萨迦人酋长侵入西北印度,使最后一任希腊
人国王的领地局限于喀布尔谷地的狭小地带。此后,斯基泰—安息
(Scytho-Parthian,Śaka-Pahlava)的君王们所统治的帝国便包括有数个
省(province)或州(satrap),各地行政长官分别管理着迦毕试(Kapīśa,
即贝格拉姆 Bégram)、呾叉始罗(Taxila)、阎牟那河畔(Jumna River)的
秣菟罗(Mathurā)、德干高原(upper Deccan)以及玛尔瓦(Mālwā)的乌
迦因(Ujjain)。

贵霜人(Kushans)与萨迦人同族,他们曾与喀布尔的最后一位希
腊人君王赫麦尤斯(Hermaius)结盟反对安息人。安息人冈多弗纳斯
(Gondophernes)战败,而在赫麦尤斯死后,贵霜人则成为了主宰者。丘
就却·卡德菲塞斯(Kujula Kadphises)大约在公元前 64 年称王,建都
迦毕试。安息人在公元前 100 年至公元 60—65 年之间曾据有塞卡普
(Sirkap)城,该城曾遭到贵霜人的洗劫。

在安息人占据塞卡普城期间,罗马人扩张到了伊朗边境,而罗马

---

〔1〕汉译者按:即今博帕尔(Bhopal),印度中部城市,印度中央邦首府。

帝国在奥古斯都(Augustus,公元前27—公元19年)统治下得到统一。安息人统治时期的塞卡普艺术明显受到了罗马的影响。他们与罗马的贸易十分活跃,来自"印度"的使节们曾向罗马皇帝图拉真(Trajan,98—117年在位)递交国书。这些使节可能来自贵霜王廷。

在丘就却之孙伽腻色迦(Kaniska)统治时期,贵霜王国的领地包括兴都库什山(Hindu Kush)两侧、克什米尔(Kashmir)、巴克特里亚全境、花剌子模(Khorezmia)以及索格底亚那(Sogdiana)。伽腻色迦来自于阗(Khotan),并在144年开始统治白沙瓦(Peshawar)。[1] 和孔雀王朝的阿育王一样,他也是一名虔诚的佛教徒;中国高僧法显的记述中曾经提到,公元400年的时候依然可以见到他的造像残碑。

伽腻色迦及其继任者都热衷于佛教艺术,直到来自伊朗的萨珊人(Sassanians)在沙普尔一世(Shapur I)的率领下于241年取代贵霜在犍陀罗的统治。白匈奴(White Huns)在5世纪时肆意破坏了大部分佛教造像,但是近代考古学家在迦试毕和哈达遗址中的发现足以证明其早期文化与艺术具有世界性。这种世界性特征混合了罗马、印度、叙利亚等其他各种文化艺术,并如那些绿洲城郭遗存所显示的那样,通过贸易南道(3—4世纪)和北道(5—8世纪)传入中国。

在贵霜人终结希腊—巴克特里亚人统治的5个世纪之后,寄多罗(Kidarites,即小贵霜)人部落以及匈尼特人(Chionites)[2]—嚈哒人部落开始在乌浒水(Oxus)与药杀水(Iaxartes)盆地兴起。匈尼特人主宰吐火罗斯坦长达两个世纪。过去人们曾经认为他们属于突厥—蒙古人种(Turco-Mongol origin),但是在阿富汗斯坦发现的嚈哒钱币却显示他们应当是伊朗人种大家庭中的一部分。他们自称匈尼特人,而嚈哒人只是其中的一支。公元5世纪上半叶,嚈哒曾入侵索格底亚那和巴克特里亚。印度史学家称他们为白匈奴(White Huns),但并没有将他

142

---

〔1〕Ghirshman, R.(基尔施曼),"Fouilles de Bégram, Afghanstan."(《阿富汗贝格拉姆考古发掘》)Journal Asiatique,1943—1945, pp. 59 - 71.

〔2〕汉译者按:乔尼特人(Chionites)在汉文文献中称为"滑国"。

· 欧 · 亚 · 历 · 史 · 文 · 化 · 文 · 库 ·

们与其死对头匈奴(Hsiung-nu,又称 Huns)相混淆。[1] 匈尼特人中的查布尔部落(Zabul tribe)迁入到阿富汗斯坦的加兹尼(Ghazni)地区(古代的阿拉霍西亚,Arachosia),该地区因之被称为查布尔斯坦(Zabulistan,即漕国 Ts'ao——汉译者按:即唐代文献中的漕矩吒)。站稳脚跟后,他们向两个方向扩张并对抗其昔日的统治者萨珊波斯和印度。在其酋长密西拉古拉(Mihiragula,515—544 年)统治期间,他们征服了笈多王朝的大部分属国。由于密西拉古拉狂热地信奉密哈拉教(Mihara,即密特拉 Mithras,其供祭的主神是太阳神),所以他在进军中摧毁了沿途的佛教寺院。[2] 此后西突厥和萨珊人联兵击破了嚈哒,突厥人最终统治了这一地区。

---

〔1〕Ghirshman(基尔施曼):*Chionites*(《匈尼特人》),p. XI—XIII. Samolin,W.(萨摩林),"Hsiung-nu,Hun,Turk"(《匈奴、匈人与突厥》),*Central Asiatic Journal*(《中亚学刊》)III 2,1957,pp. 143–150,Note on Kidara(《寄多罗考》),CAJII /4,1956,pp. 295–297.

〔2〕Ghirshman(基尔施曼):*Chionites*(《匈尼特人》),pp. 104–109.

附录 5

吐火罗人

关于操吐火罗语 A 方言和 B 方言人群的情况,学者们仍在探讨。海因—戈登(Heine-Geldern)和萨摩林(Samolin)博士认为,从南俄到中国西北边疆的广阔地区有一个隐没的部族(ethnic sub-stratum),在原始伊朗人群(pre-Iranian)中可称之为基米里—吐火罗人(Kimmerian-Tokharian),伊塞顿人(Issedones,即乌孙 Wu-sun)即为其中的一支。[1]

月氏—贵霜人的祖先在从伊朗东迁的过程中,肯定融合了沿途的各种土著文化。在匈奴的压力下,他们又发起了一股西迁的浪潮,并相继在里海(Caspian sea)附近和旁遮普找到了自己新的家乡(参见附录 4)。原始伊朗人(pre-Iranian stock)的一支残余留在了贸易南道地区,与 A 方言和 B 方言有关的文书遂在这里被发现。

苏尔万·列维(Sylvain Lévi)在分析吐火罗人的 A 方言和 B 方言时曾谈到:

> 可以确定的是,B 方言乃是中国新疆境内小国龟兹的书面用语、官署用语和宗教用语。[2]

德国学者西额(Sieg)和西额林(Siegling)根据 B 方言壁画题记、写本和碑铭的分布范围,认为其流行范围包括从龟兹到吐鲁番的整个区域,而列维则将焉耆(Qarashar)、吐鲁番、柏孜克里克(Bäzäklik)、木头沟(Murtuq)和胜金口(Sangim)等地发现的残卷中的 A 方言称为焉耆

---

〔1〕Samolin,W.(萨摩林),"Historical Ethnography of the Tarim Basin before the Turks",(《前突厥时期的塔里木盆地民族史志》) Paleologia(《古物学》),IV,Osaka,1955,pp. 33 – 40;Samolin,W.(萨摩林),"Some Notes on the Avar Prolem",(《阿瓦尔问题杂考》)CAJ,Ⅲ/1,1957,p. 65.

〔2〕Lévi,Sylvain(列维),"Le 'Tocharien'."(《吐火罗语》)In Journal Asiatique,v. CCXXII,Jan. – March,1933,pp. 1 – 30.

语(Karashahrian)。他注意到焉耆和吐鲁番发现的写本里,A方言写本中有用B方言词汇进行注释,而B方言残卷中则不见有这种现象。

B方言写本和壁画题记的遗存见于龟兹和吐鲁番全境,而……龟兹出土的文书中我从未见到有用A方言书写的……显然,处于北方的匈奴人、突厥人与东方的中国人这两个强邻的压迫下,他们未能完全形成一个统一的文明。然而令人惊异的是,即使在此情况下,他们仍然能够在中亚文化发展史上占据显赫的地位。[1]

144

---

[1]Lévi,Sylvain(列维),"Le 'Tocharien'."

附录 6

回鹘人

　　回鹘属突厥语族的一支。最早的突厥王国形成于 556 年,不久便分裂为两个几乎完全独立的联盟,东突厥建牙帐于鄂尔浑河(Orkun,今蒙古北部),西突厥则在额尔齐斯河(Irtish,东)和塔拉斯河(Talas,西)建立了汗廷。与西突厥相比,东突厥则时常被中国所降服。

　　630 年西突厥 10 个部落分为左右两厢,即咄陆部(Tu-lu 或 Tö-lö)和弩失毕(Nu-shih-pi)部;他们先是与萨珊王朝结盟击败嚈哒,后又与拜占庭结盟。降至 689 年,突厥在东突厥的率领下暂时复归统一。741 年东突厥的势力被一个三部落联盟摧毁,回鹘人称为鄂尔浑河的主宰者。直到 840 年被黠戛斯(Qirghiz)推翻之前,他们一直保持强盛。此后回鹘分散到两个不同的区域,有些到了甘肃(Kansu),其余的则到了吐鲁番和敦煌。[1] 因此,他们的生活区域包括了蒙古、中国西部以及贸易南道诸绿洲。

　　7 世纪的时候,他们在汉文史书中被称为回纥(Hui-ho)。回纥首任可汗驻牧于色楞格河(Selenga,即娑陵水 So-ling),该河注入贝加尔湖(Lake Baikal)南部;其继任者迁到吐拉河(Tu-la,Tola),该河是鄂尔浑河的支流,最后也注入色楞格河。回纥第三任可汗越过阿赖山(Ala-shan)抵达黄河,并遣使唐朝皇帝表示臣服。回纥汗国及其邻近的咄陆诸部被认为是唐朝的附属国,实际统治这一地区的是唐朝的都督。回纥部则统治着瀚海地区(Han-hai)。

　　回纥起初与唐朝关系良好,但后来随着力量的强大便时常袭扰唐

---

〔1〕Wittfogel,K.(魏特夫)、Feng Chia-sheng(冯家昇),*History of Chinese Society. The Liao.*(《中国社会史—辽》)Philadelphia,1949,p. 103.

朝的边境。

　　　　唐代史籍中提到了 20 个左右的回纥可汗,并详细记载了他们在位时发生的事件,尤其是与突厥(西突厥)的战争。763 年,有一个回纥可汗在造访洛阳的时候皈依了摩尼教(Manichaeism)。

　　磨延啜(Mo-yen-do)可汗于 756 年即位,他曾协助唐朝皇帝平定了安禄山的叛乱。作为奖赏,唐朝将皇帝的女儿宁国公主(Princess Ning-ho)嫁给他。宁国公主在唐朝使节的陪同下前往回纥汗廷,但是由于联姻一年后可汗亡故,所以她在 759 年返回唐朝。

　　磨延啜的继任者照例也娶了一位唐朝的公主;该公主在 768 年去世后,他又娶了另一位公主,这位公主曾救过他一命。这位公主在远离回纥汗廷的地方生活了很多年,于 790 年去世。

　　接下来的可汗在位时间从 779 年至 189 年。他在去世前一年娶了唐朝的咸安(Hsien-an)公主。咸安公主在汗廷生活了 21 年,后来相继嫁给了四任可汗,于 808 年去世。

　　回纥在 788 年上书唐朝皇帝,请求将他们的名字改为回鹘(鹘,即猎鹰,非常符合他们尚武的性格)。他们的请求获准。

　　数年以后,他们协助唐朝对吐蕃(T'u-fan)作战,并将吐蕃从北庭(Pei-t'ing)赶走。北庭是唐朝在回鹘地区都护的住所,位于今乌鲁木齐(Urumchi)附近。他们还将战俘送给了唐朝皇帝。

　　822 年宪宗皇帝的女儿太和公主(Princess T'ai-ho)嫁给了回鹘可汗。一名唐朝使节护送她到可汗驻地。太和公主拥有自己的牙帐并得到两名大臣的协助。她在 840 年的战乱中幸免于难,于 843 年回到唐朝。在 840 年黠戛斯袭杀回鹘可汗之前,唐朝皇帝每年要给回鹘丝绸50 万匹。如我们指出的那样,回鹘人的这场大离散发生在 9 世纪中叶,而迁居到吐鲁番的那支回鹘人则继承了之前生活在此的吐火罗人、粟特人和汉人的文化。

　　参见 Bretschneider, E.(布莱施奈德):Medieval Research(《中世纪研究》),伦敦,1888 年,第一卷,第 236 - 263 页;Minorsky, V.(米诺斯

基）:Tamīm Ibn Bahr' Journey to Uyghurs(《塔米・伊本・巴尔的回鹘之行》),BSOS,1948 年,第 275 – 305 页。有关唐之后的历史情况,参见 Vernadsky,G.（弗纳德斯基）:Note on the History of the Uighurs in the Late Middle Ages(《中世纪后期回鹘史考述》),JAOS,1936 年 12 月,第 453 – 461 页。

·欧·亚·历·史·文·化·文·库·

附录 7

胡旋舞

　　胡旋舞（Hu-Hsüan）无疑来自西方。唐代史籍的记载显示，康（K'ang）国从开元初年（可能是 718 年）开始朝贡的贡物中就包括女舞伎，727 年又再次献舞伎；米（Mi）国则于 729 年献舞伎。史（Shih）国在 727 年献舞伎和葡萄，当年晚些时候该国国王又献了更多的舞伎和一只豹子。处密（Chü-mi）的舞伎于 719 年来到唐朝。这些舞者在记述的时候都采用相同的词汇，所以他们表演的应该是同一种舞蹈，即撒马尔罕、弭秣贺（Maĭmargh）、忽懔（Khumdeh）或索格底亚那（Sogdiana）及其周边地区的当地舞蹈。

　　考察唐代"胡"一词（第一章）可知它的含意广泛，曾经用以指称北方的戎狄（the Barbarians of the north），还有诸如在龟兹、于阗等地居住的西域人，甚至某些吐蕃种的人群。它也用于指称葱岭（帕米尔）以西诸如波斯人、阿拉伯人这样的文明开化人群。就连天竺人（Hindus）也曾被称作"胡"。该词用于指称舞蹈的时候，指的是一种"回旋的舞蹈，尤其是索格底亚那的舞蹈"。[1]

　　史籍中提到，胡旋舞者必须技艺非凡。那些献给皇帝的舞者被置于太常寺（T'ai-ch'ang-ssŭ）的"坊院"（college），而且之前必须已经是声名远扬。

　　我认为还有一些舞伎是从其遥远的家乡被带来的。他们构成了慈恩寺（Ts'u-an-ssŭ）、青龙寺（Ch'ing-lung-ssŭ）等所有佛教寺院戏场表演的一部分。虽然当时这些寺院戏场的表演名声不太好，但是民众

---

[1]Ishida,M.（石田），"Études sino-iranniennes,Ⅰ.Apropos du Hu-hsüan-wu."（《中国—伊朗研究之一：论胡旋舞》）in the memoirs of Tōyō Bunko Rescach Department, no. 6, Tokyo, 1932, pp. 61 – 76.

们却喜欢这种精彩的"胡"舞。[1]

文献中提及的这种舞蹈的表演者通常为女性。但是安禄山的传 148
记中说他曾在玄宗皇帝面前跳胡旋舞。他是一名汉化的"胡人",在东
北边疆长大;该处生活着很多来自西方的胡人,这里受伊朗文化的影响
很大。[2] 他擅长跳舞,而其他男性胡人可能也熟悉它,所以该种舞蹈绝
非女性专属。

胡旋舞包括左旋和右旋两种跳法,《康国乐》条(《旧唐书》)称其
"舞急转如风",但是该舞的流行区域并不限于此国。

白居易曾咏唱道:

> 胡旋女,胡旋女。
>
> 心应弦,手应鼓。
>
> 弦鼓一声双袖举,
>
> 回雪飘飖转蓬舞。
>
> 左旋右转不知疲,
>
> 千匝万周无已时。
>
> 人间物类无可比,
>
> 奔车轮缓旋风迟。

元稹(Yüan Chên)也曾对此称赞如下:

> ……
>
> 胡旋之义世莫知,
>
> 胡旋之容我能传。
>
> 蓬断霜根羊角疾,
>
> 竿戴朱盘火轮炫。
>
> 骊珠迸珥逐飞星,
>
> 虹晕轻巾掣流电。

---

〔1〕Kuwabara(桑原骘藏)在他所著的《唐代弘法大师的中国之旅》(Voyage of Kōbō Daishi in China under the T'ang)一书中称这种寺院戏场为"集市"(kermesse)。其中的一条脚注说,一名皇家公主由于去过节而没有看望生病的亲人,所以受到了唐宣宗(847—859 年在位)的训斥。第65－66 页。

〔2〕Kuwabara(桑原骘藏):Mélanges Naitö(《内藤文集》),pp.60－62.

·欧·亚·历·史·文·化·文·库·

潜鲸暗噏笡波海，

回风乱舞当空霰。

万过其谁辨终始，

四座安能分背面。[1]

舞者所穿的服装应该是一种带衬里的紫色长袍，织锦袖子，绿绫浑裆裤，或没有浑裆（也许是袖口）的白色长裤，红色皮靴。《旧唐书》的《康国乐》条还提到舞者身上的"锦领袖"和"浑裆裤"[2]——这些都是宫廷表演者的穿着，现在已经无法知晓他们平时是否也是这副打扮。

还有一些唐诗在描述类似的西方舞蹈的时候都注意到了它们快速的节奏，如表演者快速移动的脚步，而其身体则如诗中所说的那样"醉却东倾又西倒"。[3]

这一点不禁使人想到俄国农民舞蹈中那奔放的斤斗和旋转，以及藏族人回转的宗教仪式。这些舞蹈形式在中亚都有发现，并有可能从此向四方传播。

唐诗中所有这些描述和我们今天所见到的舞蹈中的回转和旋转都很相像。

唐以前的一尊男性塑像身着短袍、足蹬靴子，作此种舞蹈状，看起来也很像俄国舞。参见耶茨（Yetts, P.）：《伦敦尤莫佛颇罗斯藏品中的中国和朝鲜青铜器》（*Chinese and Korean Bronzes in the Eumorfopoulos Collection*），第三卷，图版 27，注 40。

最近中国出版的杂志《考古通讯》1958 年第 1 期上刊布了几张 7 世纪晚期到 8 世纪初期的随葬俑图片，其中包括一个男舞俑和 4 名坐在骆驼上的中亚乐师。

---

〔1〕据石田译文。汉译者按：此处据白居易、元稹原诗。

〔2〕汉译者按：《旧唐书》卷 33《康国乐》条云："工人帛丝布头巾，绯丝布袍，锦领。舞二人，绯祅，锦领袖，绿绫浑裆裤，赤皮靴，白裤帑。舞急转如风，俗谓之胡旋。"

〔3〕汉译者按：此句诗引自李端的《胡腾儿》，原诗云："胡腾身是凉州儿，肌肤如玉鼻如锥。桐布轻衫前后卷，葡萄长带一边垂。帐前跪作本音语，拈襟摆袖为君舞。安西旧牧收泪看，洛下词人抄曲与。扬眉动目踏花毡，红汗交流珠帽偏。醉却东倾又西倒，双靴柔弱满灯前。环行急蹴皆应节，反手叉腰如却月。丝桐忽奏一曲终，呜呜画角城头发。胡腾儿，胡腾儿，家乡路断知不知？"

参考文献

著作

Bachhofer, L. (巴克霍弗). Bachhofer, L. Early Indian Sculpture, Paris, 1929. 2 v. (《早期的印度雕刻》, 巴黎, 1929 年, 2 卷。)

Bagchi, P. C. (师觉月). Bagchi, P. C. India and China, a Thousand Year of Sino-Indian Cultural Contact. Calcutta, 1944. (《印度与中国: 中印千年文化关系史》, 加尔各答, 1944 年。)

Bagchi, P. C. (师觉月). Le Canon Bouddhique en Chine. Paris, 1920. 2 v. (《中国的佛教教规》, 巴黎, 1920 年, 2 卷。)

Barthold, W. (巴托尔德). Barthold, W. Turkestan Down to the Mongol Invasion. London, 1928. (《蒙古入侵时期的突厥斯坦》, 伦敦, 1928 年。)

Barthold, W. (巴托尔德). Histoire des Turcs d'Asie Centrale. Paris, 1945. (《中亚突厥史》, 巴黎, 1945 年。)

Barthoux, J. (巴托克). Barthoux, K. Les Fouilles de Hadda. Paris, 1930. V. I and III. v. III ofthe Mémoires de la Délégation archéologique francaise en Afghanistan. (《哈达的考古发掘》, 巴黎, 1930 年, 第一卷和第三卷; 阿富汗斯坦法兰西考古队纪念文集之三。)

Margarete Bieber(玛格丽特·毕伯). Bieber, M. The History of the Greek and Roman Theater. Princeton, 1939. (《希腊罗马戏剧史》, 普林斯顿, 1939 年。)

Bienkowski, P. (巴恩考夫斯基). Bienkowski, P. DieDarstellungen der Gallier in der Hellenistischen Kunst. Wien, 1908. (《希腊艺术中的高卢人形象》, 维也纳, 1908 年。)

Bingham, W. (宾汉姆). Bingham, W. The Founding of the T'ang

Dynasty. The Fall of the Sui and the Rise of the T'ang. Baltimore,1941. (《唐朝的建立——隋的衰亡与唐的兴起》,巴尔蒂莫,1941 年。)

Bretschneider,E. (布莱施奈德). Bretschneider, E. MedievalRe-searches. London,1888. v . I.(《中世纪研究》,伦敦,1888 年,第 1 卷。)

Briggs,L. P. (布里吉斯). Briggs,L. P. The Ancient Khmer Empire. Transactions of the American Philosophical Society, vol. 41, part I, Phila-delphia,1951. pp. 11 – 87.(《古代高棉王国》,《美国语言学会会刊》, 第 41 卷第一分册,费城,1951 年。)

Broomhall,M. (布卢姆豪尔). Broomhall, M. Islamin China. Lon-don,1910(《中国的伊斯兰教》,伦敦,1910 年。)

Buchthal,H (布赫塔尔). Buchthal, H. The Western Aspects ofGandhāra Sculpture. The British Academy,London,1945. (《犍陀罗雕塑中的西方因素》,英国科学院,伦敦,1945 年。)

Buxton,L. H(布克斯顿). Buxton,L. H. The Peoples of Asia. New York,1925.(《亚洲人》,纽约,1925 年。)

Chavannes,E. (沙畹). Chavannes, E. Documents sur les Tou-kiue occidentaux. St. Petersburg,1903. And parÍs reprint including the Notes Additionnelles (no date). Appeared originally in the T'oung Pao,v. V, 1904. P. 1 – 110.(《有关突厥历史的文献》,圣匹兹堡,1903 年;该书补充注释后又在巴黎重印,无年代,第 170 – 171 页。初刊于《通报》 (Tong Pao),1904 年,第 5 卷,第 1 – 100 页。)

Chavannes,E. (沙畹). Mission archéologique dans la Chine septen-trionale. Paris,1913. 2. V.(《华北考古发掘》,巴黎,1913 年,2 卷。)

Chavannes,E. (沙畹). Six Monuments de la sculpture Chinoise. Ars Asiatica series. Paris,1914. V. 2. (《六块中国造像碑》,《亚洲艺术丛书》,巴黎,1914 年,第 2 卷。)

Cheng Tê-k'un and Shên Wei-chun. Chung Kuo Ming-ch'i (A Brief History of Mortuary Objects). Yenching Journal of Chinese Studies. Mono-graph series no. I. Peiping,1933. (郑德坤、沈维钧:《中国明器》,燕京学

报专刊之一,北平,1933 年。)

Curiel,R. And Schlumberger,D.（库里尔和史龙伯格）. Curiel,R. And Schlumberger, D. Trésors monétaires d′Afghanistan. Mém. de la Délégation francaise en Afghanistan. T. XVI,Paris,1953.（《阿富汗斯坦的窖藏珍宝》,阿富汗斯坦法兰西考古队纪念文集之十六,巴黎,1953 年。)

des Rotours,R. 即 Robert des Rotours（戴何都）：des Rotours,R. Traité de fonctionnaires et traité de l′armée. Paris,1947,and 1948. 2 v.（《军队与军官条例》,巴黎,1947 年、1948 年。2 卷。)

Dimand,M.（戴蒙德）：Dimand, M. Handbook of Mohammedan Art. The Metropolitan Museum,New York,1944.（《伊斯兰艺术手册》,大都会艺术博物馆,纽约,1944 年。)

Eberhard, Alide ,Wolfram（艾博华、艾利德、沃夫兰）：Eberhard, Alide and Wolfram. Die Mode der Han-und Chin-zeit. Antwerp, 1946.（《汉晋时代的风尚》,安特卫普,1946 年。)

Eckhardt,A.（埃克哈德）：Eckhardt, A History of Korean Art. London,1928.（《朝鲜艺术史》,伦敦,1928 年。)

Edwards,E. D.（爱德华兹）：Edwards, E. D. Chinese Prose Literature of the T′ang Period. London,1937—1938. 2 v.（《唐代中国的散文文学》,伦敦,1937—1938 年,2 卷。)

Erudes d′Orientalisme,Musée Guimet,Mémoires Raymonde Linossier. Paris,1932. 2 v.（《东方研究:集美博物馆雷蒙德·里诺色回忆录》,巴黎,1932 年,2 卷。)

Ferrand, G.（费琅）：Ferrand, G. Relations de Voyages et Textes Géographiques. Paris,1913.（《地理志中有关航海的史料》）

Ferrand,G.（费琅）：Voage du. Marchand Arabe Sulaynān en Inde et en Chine. Paris,1922.（《阿拉伯人苏莱曼印度中国旅行记》,巴黎,1922 年。)

Filcher,W.（费彻）：Filcher, W. A Scientist in Tartary. London,

1940.(《鞑靼的科学家》,伦敦,1940 年。)

Fischer,O.（费舍）:《中国雕塑》,慕尼黑,1948 年。（ Fischer, O. Chinesische Plastik. München,1948.）

Fitzgerald,C.（菲茨杰拉德）:Fitzgerald, C. The Son of Heaven. Cambridge,1933.（《天子》,剑桥,1933 年。)

Geiger,W.（吉若）:Geiger,W. Civilisation of the Eastern Iranians in Ancient Times. London, 1885.（《古代东伊朗人的文明》,伦敦,1885 年。)

Ghirshman,R.（基尔施曼）: Ghirshman, R. Bégram, Recherches archéologiques et historiques sur les Kouchans. Mém. de la Délégation archéologique francaise en Afghanistan,t. XII = Mém. de l'Institut francais d'archéologie orientale du Caire,T. LXXIX,Cairo,1946.（《贝格拉姆:贵霜考古与历史研究》,阿富汗斯坦法兰西考古队纪念文集之 12,开罗法兰西考古研究所纪念系列之 79,开罗,1946 年。)

Ghirshman,R.（基尔施曼）:Les Chionites-Hephihalites,same series, T. XIII – LXXX resp,Cairo,1948.（《匈尼特—嚈哒人》,同系列丛书,卷 13 ~ 卷 80,开罗,1948 年。)

Giles,H.（翟理士）:Giles, H. The Travels ofFa-hsien. Cambridge, 1923.（《法显游记》,剑桥,1923 年。)

Grousset,R.（格鲁塞）:Grousset, R. De la Grèce à la Chine. München,1948.（《希腊与中国》,慕尼黑,1948 年。)

Grousset,R.（格鲁塞）:Histoire del' Extréme Orient. Annales du Musée Guimet. Paris,1929. V. 39 – 40.（《远东史》,集美博物馆年报,巴黎,1920 年,卷 39 – 40。)

Grousset,R.（格鲁塞）:In the Footsteps of the Buddha. London, 1932.（《沿着佛陀的足迹》,伦敦,1932 年。)

Grousset,R.（格鲁塞）:The Civilizations of the East. v. III. China. New York,1931—1934. 4v.（《东方文明》,第 3 卷,《中国》。纽约,1931—1934 年。四卷。)

Grünwedel, A. (格伦威德尔): Grünwedel, A. Altbuddhistische Kultstätten in Chinesich Turkistan. Berlin, 1912. (《中国突厥斯坦的古代佛教文化》,柏林,1912 年。)

Grünwedel, A. (格伦威德尔): Alt-Kutscha. Berlin, 1920. 2 v. (《古代库车》,柏林,1920 年,2 卷。)

Hackin J. (哈金): Hackin J. Recherches archéologiques à Bégram. Paris, 1939. V. IX of the Mémoires de la Délégation archéologique francaise en Afghanistan. (《贝格拉姆考古研究》,巴黎,1939 年。阿富汗斯坦法兰西考古队纪念文集之九。)

Hackin J. (哈金): Nouvelles Recherches archéologiques à Bégram. Paris, 1939 – 40. Mém. De la Délégation archéologique francaise en Afghanistan, T. XIV, Paris, 1954. (《1939—1940 贝格拉姆考古发现新探》,阿富汗斯坦法兰西考古队纪念文集之十四,巴黎,1954 年。)

Hackin J. (哈金): Recherches archéologiques en Asie Centrale. Paris, 1936. (《中亚考古研究》,巴黎,1936 年。)

Hackin J. (哈金): Studies in Chinese Art and Some Indian Influences. London, 1936. (哈金等:《中国艺术与印度的影响研究》,伦敦,1936 年。)

Hackney, L. Yau, C. F. (哈克尼与姚): Hackney, L. And Yau, C. F. Catalogue of Paintings in the Collection of Ada Small Moore. New York, 1940. (《阿达·小摩尔绘画藏品目录》,纽约,1940 年。)

Hamada, K. (滨田): Hamada, K. Ancient Chinese Terra-cotta Figurines. Tokyo, 1927. 2 v. (《古代中国的陶像》,东京。1927 年,2 卷。)

Hedin, Sven. (斯文·赫定): Hedin, Sven. Through Asia. New York, 1899. (《穿越亚洲》,纽约,1899 年。)

Hedin, Sven. (斯文·赫定): Across the Gobi Desert. New York, 1932. (《穿越戈壁沙漠》,纽约,1932 年。)

Hedin, Sven. (斯文·赫定): Riddles of the Gobi. New York, 1933. (《戈壁之谜》,纽约,1933 年。)

·欧·亚·历·史·文·化·文·库·

Hedin, Sven.（斯文·赫定）：The Silk Road. New York, 1938.（《丝绸之路》, 纽约, 1938 年。）

Hentze, C.（亨茨）：Hentze, C. Chinese Tomb Figures. London, 1928.（《中国的随葬塑像》, 伦敦, 1928 年。）

Herrmann, A.（赫尔曼）：Herrmann, A. Historical Atlas of China. Cambridge, 1935.（《中国历史地图》, 剑桥, 1935 年。）

Herzfeld, E.（赫兹菲尔德）：Herzfeld, E. Die Malereien von Samarra. Berlin, 1927.（《萨迈拉艺术》, 柏林, 1927 年。）

Hetherington, A. L.（赫瑟灵顿）：Hetherington, A. L. The Early Ceramic Wares of China, London, 1922.（《中国的早期陶器》, 伦敦, 1922 年。）

Hiroaka, T.（平冈武夫）：Hiroaka, T. Ch'ang-an and Lo-yang. T'ang Civilization Series, Kyoto University, Jimbun Kagaku Kenkyu Shu, 1956.（《长安与洛阳》, 唐文明丛书, 京都大学人文科学研究所, 1956 年。）

Hsiang Ta.（向达）：Hsiang Ta. T'ang Tai Ch'ang-an Yü Hsi-yü Wên-ming. Yenching Monograph no. 3. Peking, 1923.（《唐代长安与西域文明》燕京专刊第三种, 北平, 1923 年。）

Hudson, G.（赫德逊）：Hudson, G. Europe and China. London, 1923.（《欧洲与中国》, 伦敦, 1923 年。）

Jakubovsky, A. J. And Djakonov, M. M.（亚库伯夫斯基与德亚考诺夫）：Jakubovsky, A. J. And Djakonov, M. M. Zivopas Dravnego Pjandzhikenta. Akademia Nauk SSSR, Moscow, 1954.（《片治肯特古代彩画》, 俄罗斯科学院, 莫斯科, 1954 年。）

Kats, J.（凯茨）：Kats, J. The Ramayana as Sculptured in Javanese Temples. Batavia, no date.（《爪哇寺庙中的罗摩衍那雕塑》, 巴达维亚（今雅加达）, 无出版日期。）

Kala, S. C.（卡拉）：Kala, S. C. Terracotta Figurines from Kausāmbi. Allahabad, 1950.（《憍赏弥之陶制塑像》, 阿拉哈巴德, 1950 年。）

Kümmel, O.（库莫）：Kümmel, O. Austellung Chinesischer Kunst.

Berlin,1929.（《中国艺术展》,柏林,1929年。）

Lattimore,O.（拉铁摩尔）: Lattimore, O. Inner Asian Frontiers of China. New York,1940.（《中国的亚洲内陆边疆》,纽约,1940年。）

Latourette,K.（勒陀拉）: Latourette, K. The Chinese, Their History and Culture. New York,1946. 3d ed. rev.（《中国人,他们的历史与文化》,纽约,1946年,第3版修订本。）

Laufer,B.（劳费尔）: Laufer, B. Chinese Clay Figures. Chicago, 1914. Part I,Prolegomena on the History of Defensive Armor. Field Museum,Anthropological series,v. XIII,no. 2（《中国陶俑》,芝加哥,1914年。第一部分,有关护甲历史的绪论。田野博物馆,人类学丛书,第8卷第2号。）

Laufer,B.（劳费尔）: Sino-Iranica. Chicago,1919. Field Museum of Natural History,no. 201,Anthropological series,v. XV,no. 3（《中国伊朗编》,芝加哥,1919年。自然历史田野博物馆,第201号,人类学丛书,第15卷,第3种。）

Lee,J. S.（李）: Lee,J. S. The Geology of China. London,1939.（《中国地质学》,伦敦,1939年。）

Lo Chên-yü.（罗振玉）: Lo Chên-yü. Ku Ming-ch'i t'u lu. Privately Printed,1916.（《昆明池图录》,私印本,1916年。）

Moule,A. C.（穆尔）: Moule, A. C. Christians in China. London, 1930.（《中国的基督教》,伦敦,1930年。）

Naitō,T.（内藤）: Naitō, T. The Wall-paintings of Hōryū-ji. Trans. W. Acker and Benjamin Rowland,Jr. Baltimore,1943.（《法隆寺壁画》,阿克（Acker. W.）与罗兰德（Rowland,B.,Jr.）译,巴尔迪莫,1943年。）

Newell,E.（内维尔）: Newell, E. Royal Greek Portrait Coins. New York,1937.（《希腊王室肖像钱币》,纽约,1937年。）

Orbeli,J. Trever,C.（奥贝里与特雷佛）: Orbeli,J. And Trever,C. Orfèvrerie Sassanide. Academia, Moscow and Leningrad,1935.（《萨珊金银器》,莫斯科与列宁格勒科学院,1935年。）

152

175

Parmentier,H(帕门蒂尔):Parmentier,H. Les Sculptures Chames au Musée de Tourance. Paris,1922.(《托伦斯博物馆的卡尼斯式雕塑》,巴黎,1922 年。)

Pelliot,P.(伯希和):Pelliot,P. Les Grottes de Touen-houang. Paris,1920 - 1924. 6 v.(《敦煌石窟》,巴黎,1922—1924 年,6 卷。)

Pope,A. U.(波普)主编:Pope,A. U. ed. A Survey of Persian Art. New York,1938—1939,6 v.(《波斯艺术综览》,纽约,1938—1939 年,6 卷。)

Priest,A.(普瑞斯特):Priest,A. Chinese Sculpture in the Metropolitan Museum. New York,1944.(《大都会博物馆的中国雕塑》,纽约,1944 年。)

Edwin O. Reischauer(赖治华):Reischauer,E. O. Ennin's Travels in T'ang China. New York,1955.(《圆仁的唐代中国之旅》,纽约,1955 年。)

Rodenwaldt,G.(罗登瓦尔特):Rodenwaldt,G. Olympia. New York,1936.(《奥林匹亚》,纽约,1936 年。)

Rowland,B. Jr.(罗兰):Rowland,B. Jr. Wall Paintings of India,Central Asia,and Ceylon. Boston,1938.(《印度、中亚与锡兰的墙画》,波士顿,1938 年。)

Rudenko,S. I.(鲁登科):Rudenko,S. I. Gornaltaiskie Nakhodki i Skify. Moscow,1952.(《阿尔泰山的发现与斯基泰人》,莫斯科,1952 年。)

Sarre,F(萨勒):Sarre,F. L'Art de la Perse ancienne. Paris,1921.(《古代波斯艺术》,巴黎,1921 年。)

Sauvaget,J.(索瓦格特):Sauvaget,J. Relation de la Chine et de l'Inde rédigée en 851. Paris,1948.(《851 年中国与印度的关系》,巴黎,1948 年。)

Schmidt,R.(施密特):Schmidt,R. Chinesische Keramik-ausstellung im Frankfurter Kunstgewerbe-museum. Frankfurt-am-Main,1923.(《法兰

克福工艺美术博物馆藏中国陶器》,法兰克福—梅因,1923 年。)

Schuyler,E.（舒耶勒）:Schuyler, E. Turkestan. New York,1876.
(《突厥斯坦》,纽约,1876 年。)

Sickman,L. And Soper,A.（斯克曼、索珀）:Sickman,L. And Soper,
A. The Art and Architecture of China. Penguin,New York,1956.（《中国
的艺术与建筑》,企鹅出版社,纽约,1956 年。)

Simmons,P.（西蒙斯）:Simmons,P. Chinese Patterned Silks. The
Metropolitan Museum,New York,1948.（《中国丝绸图案》,大都会博物
馆,纽约,1948 年。)

Sirèn ,O.（喜龙仁）:Sirén,O. Chinese Sculpture. New York,1925,
4v.（《中国雕塑》,纽约,1925 年,4 卷。)

Soper,A.（索珀）:Soper,A. Kuo Jo-hsü′s Experiences in Painting.
Washington,1952.（《郭若虚的绘画体验》,华盛顿,1952 年。)

Stein,Sir M. A.（斯坦因）:Stein,Sir M. A. Ancient Khotan. Oxford,
Clarendon,1907. 2 v.（《古代和田》,牛津,克拉伦登体印刷,1907 年,
2 卷。)

Stein,Sir M. A.（斯坦因）:The Sand-buried Ruins of Khotoan. Lon-
don,1903.（《沙埋和阗废墟记》,伦敦,1903 年。)

Stein,Sir M. A.（斯坦因）:《沿着中亚的古代道路》,伦敦,1913
年。(On Ancient Central Asian Tracks. London,1933.)

Stein,Sir M. A.（斯坦因）:《塞林迪亚——西域考古图记》,伦敦,
1921 年,2 卷。(Serindia. London,1921. 2v.)

Stein,Sir M. A.（斯坦因）:The Thousand Buddhas. London,1921. 2
v.（《千佛洞》,伦敦,1921 年。)

Stein,Sir M. A.（斯坦因）:Innermost Asia. London,1921. 2 v.（《亚
洲腹地考古图记》,伦敦,1921 年,2 卷。)

Tichy,H.（梯彻）:Tichy,H. Afghanistan. Leipzig,1940.（《阿富汗
斯坦》,莱比锡,1940 年。)

Tokiwa,D. And Sekino（常盤、关野）:Tokiwa,D. And Sekino,T.

·欧·亚·历·史·文·化·文·库·

Buddhist Monuments in China. Tokyo,1925 – 39. 6 port-folios of plates,5 v. of English text,6 v. of Japanese text. (《中国的佛教碑铭》,东京, 1925—1939 年。6 套图版,英文本 5 卷,日文本 6 卷。)

Tomita,K. (富田):Tomita,K. A Portfolio of Chinese Paintings in the Museum of Fine Arts. Boston,1935. (《美术博物馆所藏中国绘画集》,波士顿,1935 年。)

Trinkler,E. (特林克勒):Trinkler,E. Through the Heart of Afghanistan. London,1928. (《穿越阿富汗的心脏》,伦敦,1928 年。)

Upjohn,E. Wingert,P. ,and Mahler(阿普琼、温格特、马勒):Upjohn,E. Wingert,P. ,and Mahler,J. G. History of World Art. New York , 1949. (《世界艺术史》,纽约,1949 年。)

Von Le Coq,A. (勒柯克):von Le Coq,A. Bilderatlas zur Kunst and Kulturgeschichte Mittelasiens. Berlin,1925. (《中亚艺术与文化史图解》, 柏林,1925 年。)

Von Le Coq, A. (勒柯克):Buried Treasures of Chinese Turkestan. London,1928. (《中国突厥斯坦地下的宝藏》,伦敦,1928 年。)

Von Le Coq, A. (勒柯克):Chotscho:Facsimile-Wiedergaben der wichtigeren Funde der ersten kgl. Preussischen Expedition nach Turfān in Ost-Turkistan. Berlin,1913. (《高昌》,柏林,1913 年。)

Von Le Coq, A. (勒柯克):Die Buddhistische Spätantike in Mittelasien. Berlin,1922—1924. 7v. (《中亚的晚期佛教》,柏林,1922—1924 年,7 卷。)

Waldschmidt,E. (瓦尔德施密特):Waldschmidt,E. Gandhāra, kūtscha,Turfān. Leipzig,1925. (《犍陀罗、库车和吐鲁番》,莱比锡, 1925 年。)

Wang,K. P. (王):Wang,K. P. The Mineral Industry of China. New York,Columbia University King's Crown Press,1943. (《中国矿业》,哥伦比亚大学,王冠出版社,1943 年 5 月。)

Warner,L. (华纳):Warner , L. The Buddhist Wall Paintings of Wan Fo

153　Hsia.　Cambridge,Harvard Press,1938.(《万佛峡佛教壁画》,剑桥、哈佛出版社,1938 年。)

　　Watters,T.(瓦特斯):Watters,T. On Yüan Chwang's Travels in India,629—645 A. D.　London,1904.(《关于玄奘 629—645 年的印度之行》,伦敦,1904 年。)

　　Wegner,M.(魏格纳):Wegner,M. Das Römische Herrscherbild. II. Abteilung,Band 4. Berlin,1939.(《罗马统治者的形象》第二卷第 4 分册,柏林,1939 年。)

　　White,W. C(怀特),White,W. C. Chinese Jews. Toronto,1942. 3 parts.(《中国的犹太人》,多伦多,1942 年。)

　　Wieger,L.(维格):Wieger,L. Textes Historiques. Paris,1923.(《文书的历史》,巴黎,1923 年。)

　　Wittfogel,K. and Fèng Chia-shêng(魏特夫、冯家昇):Wittfogel,K. and Fèng Chia-shêng. History of Chinese Society. The Liao,907—1125. Philadelphia,The American Philosophical Society,1949.(《中国社会史——辽,907—1125 年》,费城,美国哲学学会,1949 年。)

　　Yazdani,G.(雅兹达尼):Yazdani,G. Ajanta. London,1930—1955,4 v.(《阿旃陀》,伦敦,1930—1955 年,4 卷。)

　　Yule,Sir Henry(玉尔):Yule,Sir Henry. Cathay and the Way Thither. Ed. by H. Cordier. London,1915.(《古代中国闻见录》,考迪尔(Cordier,H.)编辑,伦敦,1915 年。)

　　Zhivopis Dravnego Pjandzhikenta. Akademia Nauk SSSR. Moscow,1954. Institut Istorii Materyalnoi Kultury.(《片治肯特古代彩画》,俄罗斯科学院,莫斯科,1954 年,物质文化史研究所。)

论文

　　Agrawala,V. S.(阿格华尔):Agrawala,V. S. "Terracotta Figurines of Ahichchatra,District Bareilly,U. P."Ancient India,no. 4. July 1947 – January 1949. Bulletin of the Archaeological Survey of India.(《北方邦巴雷利地区阿希切特拉的陶像》,《古代印度》第 4 号,1947 年 7 月—1949

179

年 1 月,《印度考古综录集刊》。)

Altman,V.（阿特曼）:Altman,V. "Ancient Khorozmian Cilization in the Light of the Latest Archeological Discoveries(1937—1947)." In JAOS, v. 67,no. 2,April-June 1947.(《从最近的考古发现(1937—1947 年)看古代花剌子模文明》,JAOS,卷 67,第 2 期,1947 年 4—6 月。)

Babelon,J.（巴伯伦）:Babelon,J. "L'art monétaire sassanide." In Revue des Arts asiatiques,v. XII,1938.(《萨珊石刻艺术》,《亚洲艺术评论》,第 7 卷,1938 年。)

Balázs,Etienne（巴拉兹）:Balázs,Etienne. "La crise sociale et la philosophie politique à la fin des Han." In T'oung Pao,no. 39,P. 101,1949.(《政治哲学角度的社会危机与汉朝的灭亡》,《通报》第 39 期,第 101 页,1949 年。)

Bielenstein,H.（巴伦斯坦）:Bielenstein,H. "The Census of China." In BMFEA,no. 19,1947.(《中国人口统计》,BMFEA,1947 年,第 19 号。)

Bingham W（宾汉姆）:Bingham,W. "Li Shih-min's Coup in A. D. 606."JAOS,vol. 70,no. 4,1950,P. 259.(《606 年的李世民政变》,JAOS,第 70 卷第 4 期,1959 年,第 259 页。)

卜彼得,Boodberg,P.（布德伯格）:Boodberg,P. "Marginalia to the Histories of the Northern Dynasties." In HJAS,v. III,no. I,1938.(《北朝史补白》,HJAS,第 3 卷第 1 期,1938 年。)

卜彼得,Boodberg,P.（布德伯格）:" The Language of the T'o-pa Wei." In HJAS,v. I,1936.(《拓跋魏的语言》,HJAS,第 1 卷,1936 年。)

Briggs,L. P.（布里格斯）:Briggs,L. P. "Dvaravati,the most Ancient Kingdom of Siam." In JAOS,April-June 1945.(《堕罗钵底国:暹罗最古老的王国》,JAOS,1945 年 4 月—6 月。)

Cammann,S.（坎曼）:Cammann,S. "Notes on the Origin of Chinese K'o-ssû Tapestry." In Artibus Asiae,Ascona,v. XI 1/2,1948.(《中国的缂丝挂毯起源考》,《亚洲艺术》,阿斯科纳,第 11 卷,1/2,1948 年。)

Cammann,S. (坎曼)："The T L V Pattern on Cosmic Mirrors of the Han Dynasty."In JAOS,P. 161,Oct. – Dec. ,1948.(《汉代宇宙镜像中的三元模式(TLV Pattern)》,JAOS,第 161 页,1948 年 10 月—12 月。)

Chang Hsing Lang(张星烺)：Chang Hsing Lang. "The cause which Induced the Monk Ǐ-ssǔ,the Nestorian Bishop ofCh′ang-an to come to China,and the Exact Date. "In the Journal of the North China Branch of the Royal Asiatic Society,v. 73,1938.(《长安景教主教伊斯入华的原因及其确切年代》,《皇家亚洲学会华北分会学刊》,第 73 卷,1938 年。)

Chang Hsing Lang(张星烺)："The Importation of Negro Slaves to China under the T′ang Dynasty. "In The Bulletin,Catholic University of Peking,no. 7,Dec. 1930.(《唐代进口到中国的黑奴》,《辅仁英文学志》,第 7 期,1930 年 12 月。)

Cheng Tê-k′un(郑德坤)：Cheng Tê-k′un. "The Royal Tomb of Wang Chien. " In HJAS,v. VIII,nos. 3 and 4,March 1945.(《王建墓》,HJAS,第 8 卷,第 3—4 期,1945 年 3 月。)

Chou Yi-liang（周一良）：Chou Yi-liang. "Tantrism in China. " In HJAS,March 1945.(《中国密教》,HJAS,1945 年 3 月。)

Chu Shih-chia(朱士嘉)：Chu Shih-chia. Review of Hsiang Ta′s monograph "Ch′ang-an of the T′ang Dynasty. "In Far Eastern Quarterly,v. VII,Nov. 1947.(《向达专著"唐代长安"述评》,《远东季刊》,第 7 卷,1947 年 11 月。)

Davis,R. S. (戴维斯)：Davis,R. S. "Set of T′ang Tomb Figures Acquired by Art Institute. "In Bulletin of the Minneapolis Institute of Arts,May 1949. "(《艺术研究所所获的一组唐代随葬俑》,《明尼波利斯艺术研究所集刊》,1949 年 5 月。)

Drake,F. S(林仰山)：Drake,F. S. "Mohammedanism in the T′ang Dynasty. "In Monumenta Serica(Peking) v. VIII,1943.(《唐代的伊斯兰教》,《华裔学志》(北平)第 8 卷,1943 年。)

Drake ,F. S（林仰山）："Foreign Relations of the T′ang Dynasty. "In

154　The Chinese Recorder, v. LXXXI, no. 6, June 1940.(《唐代的对外关系》,《中国纪录》,第 81 卷第 6 期,1940 年 6 月。)

　　Eberhard, W.（艾博华）: Eberhard, W. "Some Cultural Traits of the Sha-t'o Turks." In Oriental Art, v. I, no. 2, Autumn of 1948.(《沙陀突厥的若干文化特征》,《东方艺术》,第 1 卷第 2 期,1948 年秋。)

　　Fêng, Han-yi(冯汉骥): Fêng, Han-yi. "Discovery and Excavation of the Yung Ling." In Archives of the Chinese Art Society of Americaa, v. Ⅱ, 1947.(《永陵的发现与发掘》,美国中国艺术学会成果之二,1947 年。)

　　Fernald, Helen（弗纳德）: Fernald, H. "Some Chinese Grave Figure." In Journal of the Pennsylvania Museum, v. XVII, no. I, March, 1926.(《几件中国随葬俑》,《宾夕法尼亚博物馆学刊》,第 18 卷第 1 期,1926 年 3 月。)

　　Fernald, Helen(弗纳德）: "Influence of the West on the Art of East Asia." Bulletin 21 of the ROMA, Toronto, Oct, 1953.(《西方对东亚艺术的影响》,皇家昂塔利奥博物馆集刊之 21,多伦多,1953 年 10 月。)

　　Ghirshman, R.（基尔施曼）: Ghirshman, R. "Fouillcs de Bégram, Afghanstan." In Journal Asiatique(Paris) 1943—1945.(《阿富汗贝格拉姆考古发掘》,《亚洲学刊》(巴黎)1943—1945 年。)

　　Glaesser, G.（格雷泽）: Glaesser, G. "Archaeology in the USSR." East and West, Rome, Apr, 1957, "Painting in Ancient Pjandzkent." East and West, July, 1957.(《苏联考古学》,《东方与西方》,罗马,1957 年 4 月;《古代片治肯特绘画》,《东方与西方》,1957 年 7 月。)

　　Godard, A.（高达尔德）: Godard, A. "Parthian Statues of Shami." In Athar e Iran, no. 2, 1937.(《沙米的安息塑像》,《亚述与伊朗》,第 2 期, 1937 年。)

　　Goodrich, L. C.（富路特）: Goodrich, L. C, "Negroes in China ." In Bulletin of the Catholic University of Peking, 1931.(《中国的黑人》,北平《辅仁大学英文学志》,1931 年。)

　　Goodrich, L. C.（富路特）: "Polo in Ancient China." In Horse and

Horseman, v. 19, Apr. 1938. (《古代中国的马球》,《马与骑士》, 第 19 卷, 1938 年 4 月。)

Ch'ü T'ung-tsu (富路特, 曲冬竹): Goodrich, L. C, and Ch'ü Tung-tsu. "Foreign Music at the Court Sui Wen-ti." In JAOS, July-Sept, 1949. (《隋文帝宫廷的外来音乐》, JAOS, 7—9 月, 1949 年。)

Gubiand, M. (古比安得): Gubiand, M. "Les Caravaniers asiatiques et Riverains de 1'Ocean indien vus par les Coroplastes de la Smyrne romane." In Artibus Asiae, sect, Ⅰ, X/4, 1947; sect . Ⅱ, XI 1/2, 1948. (《从士麦那传奇故事中的角蜡蚧看印度洋沿岸的亚洲商队》,《亚洲艺术》, 第一部, X/4, 1947 年; 第二部, XI 1/2, 1948 年。)

Hobson, R. (郝布森): Hobson, R. "T'ang Pottery Figures in the Victoria and Albert Museum." In Burlington Magazine, January, 1921. (《维多利亚与阿尔伯特博物馆所藏唐代陶俑》,《博林顿杂志》, 1921 年 1 月。)

Ishida, M. (石田茂作): Ishida, M. "Êtudes sino-iranniennes, Ⅰ. Apropos du Hu-hsüan-wu." In Toyo Bunko Rescach Department, Tokyo, no. 6, 1932. (《中国—伊朗研究之一: 论胡旋舞》, 东洋文库研究部丛书 (东京) 第 6 号, 1932 年。)

Ishida, M. (石田茂作): "Iranian Girls in Ch'ang-an, Metropohs or the T'ang Empire." In Bukkyu Bijutsu (Tokyo) no. 15 (Text Japanese). (《唐都长安的伊朗女子》,《佛教美术》, 第 15 卷 (日文本)。)

Julien, S. (儒莲): Julien, S. "Les Ouigours." In Journal Asiatique , Paris, 1847. (《回鹘考》,《亚洲学刊》 (巴黎) 1847 年。)

Kato, S. (加藤): Katō, S. "On the Hang or the Association of Merchants in China." In Memoirs of the Toyo Bunko, Tokyo, v. XIII, 1936. (《论唐代商人的联合组织——行》, 东洋文库丛书 (东京) 第 8 卷, 1936 年。)

The Kokka , Tokyo, no. 358, March 1920. ; 第 446 期, 1928 年 1 月。(no. 446, Jannuary 1928. (《国家》 (东京), 第 358 期, 1920 年 3 月。)

Kuwabara, J. (桑原骘藏): Kuwabara, J. " Ou P'u Shan-K'ēng." In

Memoirs ofToyo Bunko（Tokyo）no. 2,1928.（《浦寿庚考》,东洋文库丛书第 2 号,东京,1928 年。）

Lamb,H.（兰博）：Lamb,H. "Mountain Tribes of Iran and Iraq." In the National Geographic Magazine,March,1946.（《伊朗和伊拉克的山地部落》,《国家地理杂志》,1946 年 3 月。）

Lee,J. G.（李）：Lee,Jean G. "A Report on some known Forgeries of the Hui-hsien Type." Far Eastern Ceramic Bullctin,vol . VI,no. 1,March,1954.（《一些辉县类型陶像赝品的调查报告》,《远东陶瓷学刊》,第 6 卷第 1 期,1954 年 3 月。）

Lévi ,Sylvain（列维）：Lévi,S. "Le ' Tocharien'." In Journal Asiatique,v. CCXXII,Jan. – March,1933.（《吐火罗语》,《亚洲学刊》,第 222 卷,1933 年 1 – 3 月。）

Lévi ,Sylvain（列维）："Wang Hiuan-ts' ö et Kaniska." In T'oung Pao,1912. pp. 307 – 309.（《王玄策与伽腻色迦》,《通报》,1912 年,第 307 – 309 页。）

Loehr,Max.（劳伊尔）：Loehr,Max. "Clay Figurines and Facsimiles from the Warring States Period." In Monumenta Serica, V. XL,1946.（《战国时期的陶制塑像及其复制品》,《华裔学志》,第 11 卷,1946 年。）

Maenchen-Helfen,O.（曼施赫芬）：Maenchen-Helfen,O. "The Yüeh-chih Problem Re-examined." In JAOS,v. 65,no. 2,April – June 1945.（《月氏问题的再检视》,JAOS,第 65 卷第 2 期,1945 年 4—6 月。）

Marshall,Sir J.（马歇尔）：Marshall,Sir J,Annual Report of Archaeo-logical Survey of India for 1912—1913,Calcutta,1915.（《印度考古综述,1912—1913 年度报告》,加尔各答,1915 年。）

Marshall,Sir J.（马歇尔）："Excavations at Taxila." In Archacological Survey of India,no. 7,1921.（《呾叉始罗的发掘》,《印度考古纵览》,第 7 号,加尔各答,1921 年。）

Marshall,SirJ.（马歇尔）："Exporation and Research." Annual Report of the Archaoological Survey for September 1929—1930. (《考察与研究》，《1929—1930 年 9 月的年度报告》。)

Marshall，Sir J.（马歇尔）："Greeks and Sakas in India ." In Journal of the Royal Asiatic Society，pts，1 and 2，pp. 3 - 32，1947.（《印度的希腊人与萨迦人》，《皇家亚洲学会学刊》，第 1、2 分册，第 3 - 32 页，1947 年。)

Masson，I.（马松）：Masson，I. "How Islam Enterred China." In The Moslem World，v. XIX，July，1929.（《伊斯兰教如何进入中国的》，《穆斯林世界》，第 19 卷，1929 年 7 月。)

约翰·霍布金斯大学沃尔特·辛斯·佩支国际关系学院研究员：Members of the Walter Hines Page Schoolof International Relations，Johns Hopkins University，"Sinkiang Survey." In Far Eastern Survey . March 12，1944.（《新疆概览》，《远东概览》，1944 年 3 月 12 日。)

Minorsky，V.（米诺斯基）：Minorsky，V. "Tamin Ibn Bahr′s Journey to the Uyghurs." In the Bulletin of the British School of Oriental Studies，1948.（《塔米·伊本·巴尔的回鹘之行》，BSOS，1948 年。)

Montell，Gösta（蒙代尔）：Montell，Gösta. "Sven Hedin′s Archacological Collection from Khotan." In BMFEA，Stockholm，no. 7，1935.（《斯文·赫定的和田考古藏品》，BMFEA，斯德哥尔摩，第七号，1935 年。)

Paine，R. T.，Jr（佩恩）：Paine，R. T.，Jr. "A Chinese Horse with a Female Rider ." In the Bulletin of the Museum of Fine Arts，Boston，no. 265，October 1948.（《一件中国女骑马俑》，《美术博物馆集刊》，波士顿，第 265 号，1948 年 10 月。)

Pelliot，P.（伯希和）：《关于〈道德经〉的梵文译本》，《通报》，1912 年，第 351 - 378 页。(Pelliot，P. "Autour d′une traduction Sanskrite du Tao tö king." In T′oung Pao，1912，pp. 351 - 378.)

Pelliot，P.（伯希和）："Des Artisans chinois ā la Capitale abbasiden en 751—762." In T′oung Pao，no. 26，1929.（《751—762 年阿巴斯首都的中国艺术品》，《通报》，第 26 卷，1929 年。)

·欧·亚·历·史·文·化·文·库·

185

Pelliot, P. （伯希和）："Neuf Notes sur des Questions d′Asie Centrale."In T′oung Pao, no. 26, 1929。

Pelliot, P. （伯希和）: Note sur quelques artistes des Six Dynasty et T′ang, In T′oung Pao, 1923, pp. 274 - 282. (《六朝与唐代的几个艺术家》,《通报》,1923 年, 第 274 - 282 页。)

Reischauer, E. O（赖治华）, Reischauer, E. O. "Notes on the T′ang Dynasty Sea Routes. " In HJAS, v. V, 1940. (《唐朝海路考》, HJAS, 第 5 卷, 1940 年。)

Rostovtzeff, M. （罗斯托夫采夫）: Rostovtzeff, M. "Greco-Indian Art."In Revue des Arts Asiatiques, v. VII. 1931. (《希腊—印度艺术》,《古代艺术评论》,第 7 卷, 1931 年。)

Rowland, B. Jr. （罗兰）: Rowland, B. Jr. "The Hellenistic Tradition in Northwest India. " In the Art Bulletin, v. XXI, no. Ⅰ, March 1949. (《西北印度的希腊传统》,《艺术集刊》,第 21 卷第 1 期, 1949 年 3 月。)

Samolin, W. （萨摩林）: Samolin, W. "Historical Ethnography of the Tarim Basin before the Turks", Paleologia, IV, Osaka, 1955. (《前突厥时期的塔里木盆地民族史志》,《古物学》,第 4 卷, 大阪, 1955 年。)

Samolin, W. （萨摩林）:"A note on Kidara and the Kidarites. " Central Asiatic Journal, Ⅱ/4, The Hague, 1956. (《寄多罗与寄多罗人考》,《中亚学刊》第 2 卷第 4 期, 海牙, 1956 年。)

Samolin, W. （萨摩林）:"Some Notes on the Avar Prolem", CAJ, Ⅲ/1, 1957.)《匈奴、匈人与突厥》,《中亚学刊》,第 3 卷第 2 期, 1957 年。"Hsiung-nu, Hun, Turk", CAJ, Ⅲ/2, 1957. (《阿瓦尔问题杂考》,《中亚学刊》,第 3 卷第 1 期, 1957 年。)

Shiratori, K. （白鸟库吉）: Shiratori, K. "The Queue among the People of North Aaia. " In Memoirs of the Research Department of the Tōyō Bunko, Tokyo, no. 4, 1929. (《北亚人的辫子》, 东洋文库研究部文集, 第四种, 东京, 1929 年。)

Soper, A. （索珀）: Soper, A. "The Dome of Heaven in Asia. " In the

Art Bulletin, v. XXIX, Dec. 1947.(《亚洲的"天穹顶"》,《艺术集刊》(Art Bulletin),第 29 卷,1947 年 12 月。)

Stein, R.（斯坦因）:Stein, R. "Le Lin-yi." In Han Hiue Bulletin(Peking), v. Ⅱ, 1947.(《林邑考》,《汉学》(北平),第 2 卷,1947 年。)

Stein, Sir M. A. and Binyon, L.（斯坦因、宾甬）:Stein, Sir M. A. and Binyon, L. "Remains of a T′ang Painting, discovered by Sir Aurel Stein." In Burlington Magazine, June 1925.(《奥里尔·斯坦因爵士发现的唐代残画》,《伯林顿杂志》,1925 年 6 月。)

Sullivan, D. Michael.（苏里万）:Sullivan, D. M. "A Western China Discovery of Immense Importance. The Excavations of a T′ang Imperial Tomb." In Illustrated London News, April 20, 1946.(《华西的重大发现:一座唐代帝王墓的发掘》,《图说伦敦新闻》,1946 年 4 月 20 日。)

Takakusu, J.（高楠顺次郎）:Takakusu, J. "Le Voyage de Ganshin." In BEFEO, v. XXVII, 1928—1929.(《鉴真航海》, BEFEO, 第 28 卷, 1928—1929 年。)

Thomsen, V.（汤姆森）:Thomsen, V. "Inscriptions de l′ Orkhon déchiffées." Mémoires de la Société Finno Ougrienne, v. V, 1896.(《突厥碑铭考释》,《芬兰—乌戈尔学会纪念文集》(Mémoires de la Société Finno-Ougrienne),第 5 卷,1896 年。)

Thomson, D.（汤姆逊）:Thomson, D. "Note on the Dated Rolls from Ch′ien Fo-tung in the British Museum." In Rupam , Calcutta, no. 30, 1927.(《大英博物馆藏千佛洞纪年卷子考》,《Rupam》(加尔各答)第 20 期,1927 年。)

Tomita, K.（富田）:Tomita, K. "Three Chiese Pottery Figurines of the T′ang Dynasty." In the Bulletin of the Museum of Fine Arts, Boston, v. XLII, Dec, 1944.(《唐代的三尊中国陶制塑像》,《美术博物馆集刊》,波士顿,第 42 卷,1944 年 12 月。)

Vernadsky, G.（弗纳德斯基）:Vernadsky, G. "Notes on the History of the Uighurs in the Late Middle Ages." In JAOS, Dec, 1936.(《中世纪

156

后期回鹘史考述》,JAOS,1936 年 12 月。)

Warner,Langdon（华纳）：Warner, Langdon. "An Approach to Chinese Sculpture." In Chinese Art and Some Indian Influences, Hackin and others, London, 1936. (《中国雕塑技法》,见哈金等（Hackin and others）：《中国艺术与印度的影响研究》,伦敦,1936 年。)

图录（Catalogues）

An Exhibition of Chinese Terra Cotta Sculpncre. Oriental Fire Arts, Inc, New York, 1948. (《中国陶俑展》,东方美术公司,纽约,1948 年。)

Andrews, F. H. Descriptive Catalogue of AnhquitiesRecoverad by Sir Aurel Scein During His Explorations in Central Asia, Kansu and Eastern Iran in the Central Asian Antiquities Museum, New Delhi, 1935. (安德鲁斯（Andrews, F. H.）：《新德里中亚古物博物馆藏奥瑞尔·斯坦因爵士中亚、甘肃和东伊朗探险所获古物题解》,新德里,1935 年。)

Catalogue of the Art Treasures of the Hōryū-ji. Tokyo, 1932—1934. 12v. (《法隆寺艺术珍宝目录》,东京,1932—1934 年,12 卷。)

Harada, J. Catalogue of the Imperial Treasures of the Shösöin. Tokyo, 1929. (原田（Jiro Harada）：《正仓院皇家珍宝图录》,东京,1929 年。)

Hobson, R. L. Handbook of the Pottery and Porcetain of Far East. The British Museum, London, 1937. (郝布森（Hobson, R. L.）：《大英博物馆远东陶瓷手册》,伦敦,1937 年。)

The George Eumorfopoulos Collection：Catalogue of the Chinese, Corean and Persian Pottery and Perctlain. London, 1925—1927. 6 v. (——《乔治·尤莫佛颇罗斯藏品：中国、朝鲜和波斯陶瓷目录》,伦敦,1925—1927 年,6 卷。)

Exhibition of Early Chinese Pottery and Porcetlain, Burlington Fine Arts Club. London, 1911. (——《早期中国陶瓷展》,柏林顿美术俱乐部,伦敦,1911 年。)

Kokusai Bunka Shinkokai Lantern Slide Catalogue of Japanese Sculpture. Tokyo, 1937. (《新宿新华康国际株式会社日本雕塑幻灯片目录》,

东京,1937。)

C. T. Loo,Catalogue of Sale. New York,1941—1942.(《C. T. 鲁氏卖品目录》,纽约,1941—1942 年。)

Shin Seikki-ki . New description of the Western Regions,edited by Vehara,Yoshitaro. Tokyo,1937,2v. Collection of accounts by members of three expeditions,1902—1904,1908—1909,1910—1914 to Buddhist sites in Sinkiang,Tibet,India,Mongolia and China,sent by Otani,Kozvi.(《新西域记》,上原芳太郎编,东京,1937 年,2 卷。大谷、橘瑞超三次探险队成员 1902—1904 年、1908—1909 年、1910—1914 年在新疆、西藏、印度、蒙古和中国等地佛教遗址所获藏品的说明。)

Sculptural Forms in Terra Cotta from Chinese Tombs. The Toledo Museum of Art. Toledo, Ohio, 1939. J. Arthur Maclean, Curator, Dorothy Blair,Assistant Curator(《中国古墓中的赤陶雕塑类型》,托莱多艺术博物馆,托莱多,俄亥俄,1939 年。阿瑟·麦克林(J. Arthur Maclean)馆长、多罗提·布莱尔(Doroty Blair)副馆长编。)

Sickman, L. The University Print. Series O, scet. II, China, plate 149. Newton,Mass,1938.(斯克曼(Sickman,L.):《大学印刷品》,O 系列,第二部分,《中国》,149 号图版,纽顿,马萨诸塞,1938 年。)

Tōyō Bijustu Taikwan. Tokyo,1908—1918. 15 v.(《东洋美术大观》,东京,1908—1918 年,15 卷。)

Yamanaka Collcetion of Chinese and Other Far Eastern Art. New York,1943.(《山上的中国与其他远东艺术藏品》,纽约,1943 年。)

Yetts,P. The George Eumorfopoulos Collection:Catalogue of Chinese and Corean Bronzes and Sculpture. London,1929. 3 v.(耶茨(Yetts,P.):《乔治·尤莫佛颇罗斯藏品:中国和朝鲜青铜器与雕塑目录》,伦敦,1929 年,3 卷。)

汉字表

(1) Hu, 胡

(2) Ming ch'i, 明器

(3) Wei Mao, 帷帽

(4) Mu Li, 羃䍠

(5) Chien p'i, 肩帔

(6) Tui chi, 堆髻

(7) Hang, 行

对本研究准备阶段有帮助的藏品

（COLLECTIONS VISITED THAT WERE HELPFUL
IN THE PREPAPATION OF THIS STUDY）

阿拉哈巴德大学博物馆（Allahabad University Museum）

雅典贝纳基博物馆,尤莫佛颇罗斯藏品（Athena,Beanki Museum,
Eumorfopoulos Collection）

德里中亚古物博物馆（Delhi,Museum of Central Asian Antiquities）

奈良法隆寺塔中的雕像（Höryü-ji,Nara,Figurines in Pagoda）

列宁格勒,艾米塔什博物馆:萨珊艺术（Leningad,Hermitage Muse-
um:Sassanian Art）

斯德哥尔摩,古斯塔夫阿道夫六世藏品;远东古物博物馆（Stock-
holm,Collection of H. M. Gustav Adolf VI; and Museum of Far Eastern
Antiquities）

柏林,民族艺术博物馆:中亚艺术（Berlin,Museum für Völkerkunde:
Central Asian Art）

巴黎,集美博物馆、池努奇博物馆、卢浮宫、国家图书馆:波斯艺术
展（Paris,Musée Guimet,Musce Cermuschi,the Louvre,Bibinthèque Na-
tionale:Exhibition of Persian Art,1938.）

喀布尔博物馆,阿富汗斯坦（Kābul Museum,Afghanistan）

白沙瓦博物馆（Peshawer Museum）

卡拉奇,巴基斯坦国家博物馆（Karachī,Pakistan National Museum）

拉合尔博物馆（Lahore Museum）

呾叉始罗博物馆（Taxila Museum）

伦敦,大英博物馆,维多利亚与艾伯特博物馆（London,British Museum, Victoria and Albert Museum)

德黑兰,伊朗巴斯坦博物馆(Teheran, Iran Bastan Museum)

多伦多,皇家昂塔利奥博物馆(Toronto, Royal Ontario Museum)

美国境内(In the United States)

巴尔迪莫,瓦尔特斯藏品(Baltimore, Walters Collection)

波士顿,美术博物馆以及剑桥福柯博物馆(Boston, Museum of Fire Arts, and the Fogg Museum in Cambridge)

布法罗,艺术与科学博物馆(Buffalo, Museum of Arts and Sciences)

芝加哥,艺术研究所与田野博物馆(Chicago, Art Institute and Field Museum)

克利夫兰,艺术博物馆(Cleveland, Art Museum)

底特律,艺术研究所与克兰布鲁克科学院(Detroit, Instiute of Arts, and Cranbrook Academy)

堪萨斯城,威廉姆·柔克义·纳尔逊艺术陈列馆(Kansas City, William Rockhill Nelson Gallery of Art)

明尼波里斯,艺术研究所(Minneapolis, Art Institute)

纽约,大都会艺术博物馆(Metropolitan Museum of Art)

摩尔夫人(现在纽黑文耶鲁大学,now Yale University, New Haven)的额外藏品(ex-Collection of Mrs. Wm. H. Moore)

梅隆·法尔科藏品(Collection of Myron Falk, Jr.)

陈列馆包括:

C. T. 鲁(C. T. Loo)

东方美术公司(Oriental Fine Arts Co,已不在纽约营业)

拉尔斐·柴特(Ralph Chait)

爱丽丝·伯恩尼(Alice Boney)

159 伊利斯·摩恩若依(Ellis Monroe,已不在纽约营业)

瓦伦·考克斯联合公司(Warren Cox Associates)

玛瑟亚斯·考摩尔(Mathias Komor)

科勒基安（Kelekian，已不在纽约营业）

希拉曼内克（Heeramaneck）

托宁（Tonying）

爱德华·威尔斯（Edward Wells，已不在纽约营业）

山上，艾利恩财产监护人购买前（Yamanaka，before the sale by the Alien Property Custodian）

费城，宾夕法尼亚大学博物馆（Philadelphia，Art Museum of the University of Pennsylvania）

赛特，赛特艺术博物馆（Seattle，Seattle Art Museum）

托莱多艺术博物馆（Toledo Museum of Art）

华盛顿，弗里尔艺术陈列馆，史密斯逊研究所（Washigton，Freer Gallery of Art，Smithsonian Institution）

本研究中所涉及的各种塑像人种类型[1]

（CLASSIFICATION OF THE DIFFERENT TYPES
OF FIGURINES CONSIDERED IN THIS STUDY）

（1）阿拉伯人

第 11 – 13 页；33 页；72 页；98 – 105 页。阿拉伯人塑像，托莱多艺术博物馆图录，图版 14、55。

（2）类亚美尼亚人

第 11 页，图版 3 之 a、b、c、d、e。波斯式服饰，均为卖酒者。有一件卖酒俑的人种类型则与此不同，类似花剌子模人，见于郝布森刊布的《尤莫佛颇罗斯藏品目录》第 171 号；另一件见于海瑟琳顿的《中国早期陶器》，图版 6，图 2。[2]

（3）东伊朗人或北伊朗人

A. 花剌子模人：第 72、74 页。

①图版 10，19，20a，21，22。

与图版 20a 类似的塑像见于《尤莫佛颇罗斯藏品目录》第 297 – 298 号。

与图版 21 类似的牛车见于波士顿美术博物馆中的霍伊特藏品（Hoyt coll.）

②与图版 22a 中那些人类似的男俑见于瓦伦·考克斯联合公司藏品，但未上架。

B. 疏勒人：第 58 页。

---

〔1〕以下所列页码均为原文页码（汉译者按）。

〔2〕Hetherington，A. L.（海瑟琳顿）：Hetherington，A. L. The Early Ceramic Wares of China，London，1922.（《中国早期陶器》，伦敦，1922 年。）

①图版 17。类似的塑像见于皇家昂塔利奥博物馆第 2934 号,可能出自同一个模子。又见海瑟琳顿的《中国早期陶器》,图版 6,图 3;亨茨《中国的随葬塑像》收录的来自巴黎赛努奇博物馆的 74 B 号藏品。

②图版 17 b。

(4)昆仑或爪哇人:第 85 - 88 页。

舞俑或鼓手俑,图版 24 - 25。类似的俑像见于纽约的大都会博物馆和梅隆·法尔科藏品;尤莫佛颇罗斯藏品第 197 号以及亨茨收录的 73 号。

(5)于阗人:第 83 页、92 - 98 页,100 页;111 页。

①图版 11 a(类似俑像还见于山上目录中的 481 号和 559 号)。

②图版 27,此种类型的代表是大都会博物馆另外 3 件藏品以及亨茨收录的 67B 号。

③图版 18 a。

④图版 29。

(6)波斯人:第 12 - 22 页,24 页,32 页,35 - 36 页,39 页,41 - 44 页,52 - 54 页,59 页,69 - 70 页,72 页,79 页;附录 7,图版 4。据我所知波斯人的俑像较少,这可能是因为萨珊王朝的势力在 7 世纪开始衰落。具有萨珊装饰风格的一件马俑见于图版 17 a。一件波斯青年骑骆驼的俑像见于尤莫佛颇罗斯藏品第 304 号以及《西方与东方》图版 2,第 4 号。

(7)闪米特人:参见正文第 10 页。图版 2a,b,c,d;图版 5 b。(图版 2a 又刊布于托莱多图录中的图版 12 第 15 号,《艺术消息》1946 年 3 月,第 42 页)。图版 2c,d 上面的长袍是波斯式的;其中 d 俑身上还带着一件波斯壶。类似的俑身还见于尤莫佛颇罗斯藏品第 196 号(但却安装了另外一个俑头);滨田《古代中国的陶像》收录的第 57 号,图版 5 b 穿着一双近东风格的高筒靴;参见正文第 17 页。

(8)吐火罗人和粟特人:第 25 - 26 页,32 - 33 页,40 - 41 页,49 - 58 页,68 页,70 页,77 页,附录 5 与附录 7。

A. 图版 12。

①刊布于托莱多图录中的图版 15，第 14 号。与 b 类似的俑像见于亨茨收录的 67A 号；与 d 类似的见于郝布森《早期中国陶器展》中的图版 III 之 26，尤莫佛颇罗斯藏品第 224 号。皇家昂塔利奥博物馆也收藏有几件。

②贸易北道的吐火罗人。刊布于托莱多图录中的图版 15，第 47 号。

B. 图版 8。类似的俑像见于托莱多图录，宾夕法尼亚大学博物馆（PUM）图录图版 8 第 154－162 号，明尼波里斯艺术研究所图录图版 9 第 299—30 号，相同类型的俑像也见于旧金山陈（T. Y. Chen）的藏品，山中卖品目录第 502 号也有一件，其他的则见于库莫《中国艺术展》第 354－359 号以及滨田收录的第 27－30 号。

C. 图版 15。a 与 b 原为鲁氏藏品那一套 25 件俑像中的两件，其中 4 件是乐俑（两件弹琵琶、两件击杯钹）。c 是东方美术藏品中的一件。类似的一件俑像见于托莱多图录中的图版 8 第 124 号，原为明尼波里斯艺术研究所 3 件套中的一件。皇家昂塔利奥博物馆藏品第 NA3269 与 986 号也属于此种类型。

D. 粟特人，见图版 12c。

（9）突厥人及其属民：第 9 页，22 页，25 页，34 页，59－67 页；附录 6。

A. 西突厥人，见图版 18a，以及托莱多图录第 19、79、83 号。我们无法对东突厥和西突厥联盟中的所有成员作出准确的区分，因为现在尚无他们在唐代的图像。我们曾指出，突厥人及其属民朝贡了大量的马匹，据此能大致区分出那些具有阿尔泰特征的马夫俑和满脸络腮胡须的长辫男子。

B. 属民

①图版 18b，辫发男子，穿着东伊朗样式的长袍和靴子，皇家昂塔利奥博物馆藏品。该组随葬俑中还有另一件这样的马夫俑，除了俑头的角度外两者几乎完全一样。图版 34 b 也见于尤莫佛颇罗斯藏品第

280－283号以及亨茨收录的75－76号；托莱多图录中第56号a、b、c、d以及80号。

②卷首插图以及图版35，带络腮胡的马夫俑；见山中卖品目录中的第457和588号。

C. 回鹘人：第22页，25页，34－42页，44－46页，100－101页，116页；附录6。

①图版6，类似的俑像见于库莫《中国艺术展》第324号、328号以及331－332号（俑头有差异）。

②图版9，类似的俑像见于鲁氏藏品以及莫佛颇罗斯藏品第222号。

③图版10，又见于托莱多图录中第67－71号。

④图版11b。

⑤图版28b；参见亨茨收录的71号。

（10）明显受到希腊—罗马影响的塑像

①图版5a，卷发。

②图版6，露齿微笑。

③图版12a，写实的模化设计与酒窝。

④图版17a，带皱纹的前额以及三角眼。

⑤图版23a，b，c，d，卷发。

⑥图版24a和b，卷发；欧罗巴人的脸庞。

⑦图版29，卷发和微笑的脸庞。

⑧图版37a和b，蹙额；c，模化的面部、微笑、酒窝等。

身份类型
（CLASSIFICATION BY OCCUPATION）

（1）侍者：图版 12 a,b,c。

（2）朝臣,仕女和贵妇：图版 1;7a;8;16;31;41。

（3）舞者、乐师和百戏俑：图版 7a,b,c;10;13;14;24c,d;25 a,b,c。

（4）显贵：图版 9;11;20b;27;35。

（5）骑手：图版 15a,b,c;22 a;30;33 b。

（6）放鹰者：图版 6 a,b。

（7）驮夫、马夫和商队杂役：图版 5a,b;6 c;18 a,b;19;20a;23;24a,b;34b。

（8）商人：图版 2a,b,c,d;3 a,b,c,d,e;17 a,b;21a,b。

（9）士卒：图版 12c;33;36;37;38 a,b,c,d;40。

索　引

GENERALINDEX（by G. MORICHINI）

（以下均为原著页码,见本书边码——译者）

A

Abbasid period, Abbasids（阿拔斯王朝时期,阿巴斯）　18,99,102

Abū Zayd（阿布·再德）　72

Achaemenid（阿契美尼德）　16,18,108,140

Afghanistan（阿富汗斯坦）　3,9,12,23,24,25,33,47,76,78,82,83,128,142

Afghans（阿富汗人）　33,105

Africa, Africans（非洲,非洲人）　86,87

A Group of Court Ladies Fatigued by Embroidering（Chinese painting）〔《宫廷仕女图》（中国画）〕　32

Āhurā Mazdä（阿胡拉·马兹达,祆神）　69

Ajantā（阿旃陀）　86

Alaï（阿莱山脉）　93

Ala-shan, mountains（阿赖山脉）　145

亚历山大大帝（Alexander the Great）　68,140

A-lo-pen（阿罗本）　46,47

Altaï Mountains（阿尔泰山脉）　59

Amarāvatï（阿摩罗婆提）　91

Amidism（阿弥陀宗）　138

Amoghavajra（不空,阿目佉跋折罗）　138

Amu Darya（阿姆河）　23,74

An（安国,即 Bokhārā 布哈拉）　14,52,71

Andrews（安德鲁斯）　128

An-his（安西,即 Kuchā 龟兹）　30,57,58,100,138

An Lu-shan（安禄山）　66,95,100,146,148

Annam（安南,即 Champa 占婆）　3,85

[1]汉译者按:原文未给出页码,此据汉译文补。

---

〔1〕汉译者按:长兴是后唐明宗的年号,本书作者在此将其误作皇帝的名号(原文作长兴皇帝 Ch'ang-hsing,Emperor),而且在正文中混淆了唐朝和五代时期后唐的区别。

·欧·亚·历·史·文·化·文·库·

〔1〕汉译者按：本文此处疑将"赵汝适"（Chao Ju-shih）误作"赵汝括"（Chao Ju-kua）。

·欧·亚·历·史·文·化·文·库·

·欧·亚·历·史·文·化·文·库·

---

[1]汉译者按:原译文误作 Mao-ch'ang,当做 Kao-Ch'ang。

Nāgarahāra（那揭罗曷） 81

Nālandā（那烂陀） 47,137,138

Nanchao, Kingdom of（南诏王国） 86

Nankin（南京） 6

Nan-shan（南山） 22[1]

Nan-t'o（难陀） 75

Nara（奈良） 104

Narendrayasas（那连提黎耶舍） 136

Narses（纳尔塞斯，即 Ni-nieh-shih 泥涅师） 13

National University of Peking（国立北平大学） 131

Near East（近东） 46

Negritoes（矮小黑人） 87

Negroes（黑人） 11 注③,84,86,87,88

Nepal（泥波罗） 137

Nestorians（景教徒） 14,40,41

Nestorianism（景教） 45

Nestorius（聂斯托里） 45

Ning-ho, Princess（宁国公主） 146

Ning-yüan（宁远，即 Ferghāna 费尔干那） 67

Ni-nieh-shih（泥涅师，即 Narese 纳尔塞斯）

Niya（尼雅） 22,128

Noah（诺亚） 103

Nomads（游牧部落） 4

北非（North Africa） 11 注③

Northern Ch'i, dynasty or period（北齐王朝或时期） 6,14,139

Northern Chou（北周，又作周、后周） 6,14

Northern Iranians（北伊朗人） 160

Northern Wei（北魏） 14,82

Nu-shih-pi（弩失毕） 145

O

Onion Mountains（葱岭，即 Ts'ung-ling 或 Pamir 帕米尔）

Ordos（鄂尔多斯） 66,100

Orkhon, river（鄂尔浑河） 9,60,145

Othman（奥斯曼） 98

Oudh（欧达） 135

Oxus country（乌浒水诸国） 72,73

Oxus River, or basin（乌浒水、盆地） 23,33,59,77,142

P

Palembang（巨港） 86

Palmyra（巴尔米拉） 84

Pamir, Pamirs（帕米尔、帕米尔人） 23,76,77,93,98,100,147

Pan Ch'ao（班超） 93

---

〔1〕汉译者按:此处原文误作 Nan-shou。

[1]汉译者按：原文误作 20。

---

〔1〕汉译者按：原文该页无此条目。

215

欧·亚·历·史·文·化·文·库

·欧·亚·历·史·文·化·文·库·

219

塑像线描图

塑像目录

图1　东周塑像。

图2　汉代塑像。

图3　六朝时期塑像。

图4　6、7世纪的服饰。

图5　同时代的外套和斗篷。

图6　初唐朝臣长袍与库车克孜尔男装之比较。

图7　初唐贵妇装与库车·克孜尔朝臣装之比较。

图8　唐代女子服饰。

图9　唐代男子服饰。

图10　8世纪的服饰:邵芳绘自敦煌壁画。

图11　8世纪的服饰:邵芳绘自敦煌壁画的贵妇。

图12　10世纪的服饰,显示出回鹘的强烈影响。邵芳绘自敦煌壁画。

图13　禽鸟与花的主题。

图14　随葬俑的原来位置,据山中草图。

图1 东周塑像

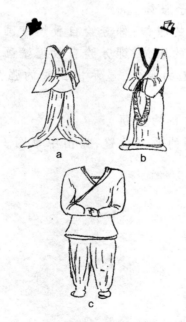

图2 汉代塑像。a.仕女;b.贵族;c.侍从

222

图3　6朝时期塑像。a.拓跋魏的女供养人；b.拓跋魏的男供养人；
c.汉人仕女；d.汉人贵族。

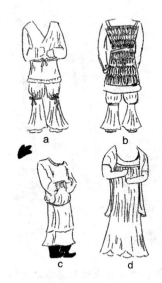

图4　6、7世纪的服饰。a.马夫或侍从；b.士卒；
c.7世纪的供养人；d.6世纪晚期和7世纪早期的女乐伎。

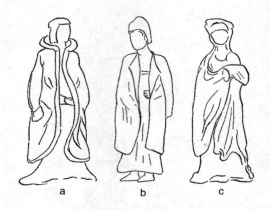

图5　同时代的外套和斗篷。a.波斯风格的高领外套；
b.高昌披风；c.长斗篷，可能即羃䍦。

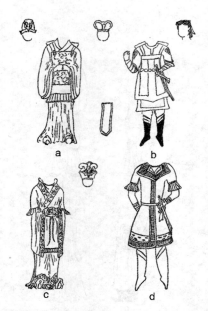

图6　初唐朝臣长袍与库车克孜尔男装之比较。a.唐初的贵族；
b.克孜尔的朝臣；c.唐代的朝臣；d.克孜尔的朝臣。

图 7　初唐贵妇装与库车克孜尔朝臣装之比较。a.汉人朝袍,背面;
b.汉人朝袍,正面;c.初唐的仕女;d.克孜尔的宫廷仕女。

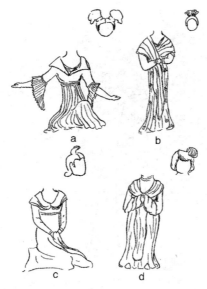

图 8　唐代女子服饰。a.舞伎;b.8 世纪时的苗条样式;
c.8 世纪的供养女;c.8 世纪丰腴贵妇的服饰。

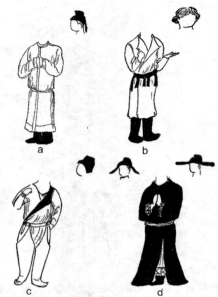

图 9　唐代男子服饰。a. 8 世纪的男供养人；b. 8 世纪的马夫；
c. 穿高筒靴的马夫；d. 9 世纪和 10 世纪的供养人服饰。

10　8 世纪的服饰：邵芳绘自敦煌壁画。

226

图 11　8 世纪的服饰：邵芳绘自敦煌壁画的贵妇。

图 12　10 世纪的服饰，显示出回鹘的强烈影响。邵芳绘自敦煌壁画。

图 13　禽鸟与花的主题。

图 14　随葬俑的原来位置,据山中草图。

图版说明

图版 1：西汉与东汉时期的传统长袍与发式

  无釉陶器，灰陶，191/2 英寸高。

  费城休格·斯考特（Huge Scott）藏品。

  承蒙东方美术公司提供。

图版 2：闪米特商人

  a.与 b.六朝塑像，无釉，有多色彩绘痕迹，121/2 英寸高。

  承蒙鲁氏（C. T. Loo）提供。

  c.唐代塑像，带釉，乳白色，12 英寸高。

  承蒙多伦多皇家昂塔利奥博物馆提供。

  d.唐代塑像，无釉，红色颜料彩绘，91/2 英寸高。

  承蒙鲁氏（C. T. Loo）提供。

  塑像 c.和 d.都头戴平折的折沿帽。

  他们都穿着波斯风格的短袍，其中塑像 d.还手执一件波斯式的罐子。

图版 3：唐代的亚美尼亚卖酒人

  a.与 b. 带釉塑像：白色，绿色，黄色，棕色和黑色。131/4 英寸高。

  承蒙波士顿美术博物馆提供。

  8 世纪。

  c.与 d. 带釉塑像：白色和多色。143/4 英尺高。

  承蒙塞特艺术博物馆提供，尤格纳·福勒（Eugene Fuller）荣誉藏品。

  e.带釉塑像：白色，淡黄色和绿色。141/2 英寸高，肘弯曲部到右臂的宽度为 10 英寸。

  承蒙多伦多皇家昂塔利奥博物馆提供。

·欧·亚·历·史·文·化·文·库·

所有这些塑像都长着从深陷的前额突起的鹰钩鼻子。

双目深陷、有神,眉毛浓密。

头发浓密而富有光泽。颈部很短,头部看起来好像直接长在宽厚的前胸上。他们身着波斯风格的短袍,售卖皮囊中的酒。

196　图版4:耶兹德格二世(Yezdegerd II)的碗,波斯萨珊王朝时期

在这件5世纪时期的金属碗上,服装上的细节可以看得很清楚。国王身穿特色鲜明的圆领窄袖短袍,细腰紧束着一条腰带,上面悬挂着他的佩剑。他足蹬齐膝的尖头长靴,紧身长裤上饰有连珠纹。他的伴侣身着窄袖束腰的长袍,下衬百褶裙。她也和国王一样带着珍珠项链,身着连珠纹织物。两人的头饰上都带有彩带或丝巾。

承蒙巴尔迪莫的瓦尔特斯艺术陈列馆提供。

图版5:足蹬高筒靴的西域人

a. 无釉塑像,带灰色彩绘痕迹。

承蒙爱德华·威尔斯(Edward Wells)提供。

b. 乳白釉,10英寸高。类似赫梯人的闪米特男子。

承蒙多伦多皇家昂塔利奥博物馆提供。

图版6:身着长外套的养鹰者和旅行者

a. 与b. 养鹰者或狩猎的贵族。

绿色、黄色和白色釉。151/4英寸高。

承蒙鲁氏提供。

c. 身着较小外套的旅行者,称作牵驼俑。

无釉灰陶,带釉彩绘痕迹。15英寸高。

承蒙堪萨斯城的尼尔森艺术陈列馆提供。

所有这些塑像都身着波斯式的硬翻领长外套,并像波斯人那样腰系带袢扣的宽带。"养鹰者"[1]右侧臀部挂着带囊;旅行者塑像则类似托莱多图录(第42号)中的那个一样,腰带上挂着一个圣瓶。虽然这些塑像身上的外套、腰带和靴子带有近东风格,但是其族属却是回鹘

---

〔1〕参见库莫(Kümmel,O.)《中国艺术展》,第324号。

人。养鹰者(他放养的肯定不是鹰)表情和善,双唇微张,面带微笑,牙齿微露,是一种典型的西方写实风格。

图版7:宫廷女舞伎和女乐伎

a. 一组无釉塑像,白中带红、棕色和黑色彩绘。平均高7英寸,宫廷仕女高15英寸。

b. a组中的单个塑像。

承蒙费城大学博物馆提供。

c. 白釉,7～10英寸高。

承蒙多伦多皇家昂塔利奥博物馆提供。

舞伎和乐伎所表演的西方风格乐舞及其身上的西方服饰,表明她们已经从根本上脱离了传统的飘逸长袍的风格。

图版8:8世纪的仕女服饰　　　　　　　　　　　　　　197

这些或坐或立的带釉塑像在服饰上和发式上呈现出各种西方风格。

多种色彩。73/4英寸到8英寸高。

所有这些塑像都身着高腰上衣或外套,百褶长裙和披肩,足穿宫鞋。

承蒙鲁氏提供。

图版9:回鹘人

一对官吏俑,无釉白陶,面部、颈部和手上涂有粉红色的釉泥。用黑色的毛笔绘出眉毛和胡须。胸甲上装饰着红色、蓝色和蓝绿色的花纹图案;绿色的袖子,红色的衬衣,白色的裤子。231/2英寸高。

承蒙东方美术公司提供。

图版10:4个吐鲁番出土的乐伎和1个花剌子模青年

乐伎为无釉白陶,带釉红色和黑色彩绘痕迹,5英寸高,显示出吐鲁番地区种族融合的情况;这些乐伎似乎融合了回鹘人和粟特人的血统,其沉浸于音乐之中的表情显得栩栩如生。他们身着长袍和靴子,坐在中亚地区常见的那种柳条圆凳上,底特律藏品中有一组类似的带釉乐伎。(参见《托莱多图录》,图67～71。)

·欧·亚·历·史·文·化·文·库·

作者收藏的左侧塑像,图片承蒙鲁氏提供。

中间的那个花剌子模青年塑像为乳白色釉,71/4 英寸高。

图版 11:宫廷贵族

一对大型塑像,46 英寸高,可能出土于河南省。他们立于假山基座上,是一种典型的精美带釉塑像,其规格要大于朝廷典制的规定。头部无釉,俑身和基座上带有绿釉、黄釉、棕色和白色釉,运用了泼釉或滴釉工艺。

a. 于阗或其他南亚类型的内臣(眼距较宽,阔鼻宽嘴,面部平阔,额头较低。)

b. 回鹘廷臣。

承蒙多伦多皇家昂塔利奥博物馆提供。

图版 12:吐火罗人和粟特人

a. 身着波斯式披风或斗篷的男子,可能即为汉文文献中的"羃䍦"(Mu-li)。无釉,可见白色的泼染以及红色的颜料。91/2 英寸高。

堪萨斯城的尼尔森艺术陈列馆。

b. 吐火罗人,也许就是高昌壁画中所见的景教徒。无釉,10 英寸高,有未经烧制的颜料痕迹。

承蒙鲁氏提供。

c. 作手牵缰绳状的马夫,身着能抵御草原恶劣气候的服饰,诸如头戴有护耳的尖顶折檐帽,身穿东伊朗风格的厚外套,厚靴子。粟特人。

198

带釉。291/4 英寸高。

承蒙堪萨斯城的尼尔森艺术陈列馆提供。

d. 吐火罗人与阿尔泰人的混血类型:男仆,91/2 英寸高。无釉。面部有白色的泼染,上衣有红色彩绘。唐代早期。

承蒙纽约东方美术公司提供。

e. 身着盔甲的男子。实心。吐火罗人。115/8 英尺高。

堪萨斯城的尼尔森艺术陈列馆。

图版 13:龟兹的乐伎与舞伎

6 世纪被送至唐廷的西域女子。唐代早期塑像;淡黄色彩釉。站立舞伎 10 英寸高。

承蒙多伦多皇家昂塔利奥博物馆提供。

图版 14:唐代早期的乐伎

类似图版 8 的一组女俑。黄白色彩釉。10 英寸高。7 世纪的墓中发现。

承蒙多伦多皇家昂塔利奥博物馆提供。

图版 15:头戴帷帽的吐火罗女子

a.与 b. 隋和初唐时期的米黄釉塑像;施加的颜料有红色、绿色、蓝色和黑色。13 英寸高。

承蒙鲁氏提供,以及作者的收藏。

c.类似的塑像,121/2 英寸高。

承蒙纽约东方美术公司提供。

图版 16:身着龟兹风格服饰的初唐仕女

代表 7 世纪中亚风格影响的塑像。无釉,白色泼染并带有红色和黑色颜料彩绘的痕迹。左侧塑像高 10.3 英寸。

承蒙多伦多皇家昂塔利奥博物馆提供。

图版 17:疏勒男子

a. 地毯商,他的左胳膊下夹着一卷东西,似乎在敲门卖自己的东西。他长着一对东伊朗边境地区人所常见的深目,黑色的直发,分叉的黑须,颈部长度适中。眼部上面的前额十分突出。他身着一件短袖短袍,臀部周围系着一条厚腰带;一侧长翻领敞开着。无釉,白陶上带有粉红色和红色的颜料。13 英寸高。

承蒙鲁氏提供。

b. 面带微笑的男子,其体形与图版 2,d.非常相像。无釉,带釉彩绘痕迹。101/2 英寸高。

承蒙塞特艺术博物馆提供,尤格纳·福勒(Eugene Fuller)荣誉藏品。

图版 18:西突厥人及其属民

a. 阿尔泰突厥人,马夫。黄褐色陶胎,分化的琥珀色和绿色釉。13 英寸高。

承蒙多伦多皇家昂塔利奥博物馆提供。

文字说明:皇家昂塔利奥博物馆集刊之 21,《东方与西方展图录》第 18 号,图版 I。弗纳德(Helen E. Fernald)撰文。多伦多皇家昂塔利奥博物馆,1953 年 10 月。

199

b. 马夫和马,属于 693 年下葬的杨将军墓中的随葬俑。绿色、黄色和棕色釉。马饰带有萨珊风格。该男子属于混血类型,虽然其服饰是东伊朗的,但是却按照突厥的习俗辫发。

承蒙多伦多皇家昂塔利奥博物馆提供。

图版 19:来自伊朗东北部的商队男子

a. 骆驼和牵驼俑出土于 693 年下葬的杨将军墓。多色釉,包括绿色、黄色和棕色。骆驼高 32 英寸。男子头戴一顶折檐高帽,这种样式的帽子见于萨珊钱币上。他深目高鼻,属于生活在天山北部的高加索—伊朗(Caucaso-Iranian)类型的人。

b. 侧面。

c. 正面。

他可被视为唐代艺术家制作的一个写实的"商队人"(caravanier)的代表,但却具有突厥人甚至欧洲喜剧中具有戏剧性的滑稽特征。

承蒙多伦多皇家昂塔利奥博物馆提供。

图版 20:高加索—伊朗类型的男子

a. 部分上釉塑像;头部和颈部为白陶,上衣为绿釉,黄色的翻领和上衣后摆线。(他们都向后弯折。)裤子为白釉。眼睛用黑色的颜料绘染。面部精心模制;两眼深陷,前额突起。高鼻梁,阔鼻孔;笔直的胡须,阔口,嘴唇下的胡须明显向外突出,不同于闪米特人和亚美尼亚人。18 英寸高。

承蒙多伦多皇家昂塔利奥博物馆提供。

b. 大型塑像,401/2 英寸高,绿色、棕色和白色釉;眉毛、眼睛和胡须都用浓重的黑色颜料绘制。眼睛既不像 a 那样深,鼻梁也不那么高。

特别浓重的眉毛和胡须表明,这是按照一个伊朗人或粟特人的要求制作的,而塑像这样描绘是主要是为了满足出资者的需要,并非仅仅表现此种类型的人。

承蒙塞特艺术博物馆提供,尤格纳·福勒(Eugene Fuller)荣誉藏品。

图版21:来自花剌子模的驾牛车商人

a. 带釉,161/2 英寸高,21 英寸长,141/2 英寸宽。

承蒙塞特艺术博物馆提供,尤格纳·福勒(Eugene Fuller)荣誉藏品。

b. 无釉塑像,带有颜料痕迹,22 英寸高,28 英寸长。

承蒙芝加哥艺术研究所提供。

图版22:来自同一场所的男子

a. 骑手和灰狗。男子头戴折檐帽。面部接近驾牛车者,体型和服饰表明可能是花剌子模人。大部分部位无釉,只有一点儿釉的残留痕迹。嘴唇和服装的一些细部用白色和红色的颜料彩绘。91/2 英寸高;狗高 5 英寸,无釉。

承蒙纽约东方美术公司提供。

b. 花剌子模人与阿尔泰人的混血。[1] 上半部敷有淡黄色釉。 200
111/2 英寸高。

承蒙塞特艺术博物馆提供,尤格纳·福勒(Eugene Fuller)荣誉藏品。

图版23:卷发青年马夫

a. 无釉塑像,11 英寸高。

b. 无釉塑像,111/4 英寸高。

承蒙塞特艺术博物馆提供,尤格纳·福勒(Eugene Fuller)荣誉藏品。

c. 带釉塑像,身体为棕色,头发为黄色,117/8 英寸高。

---

〔1〕参见图版10,中间的那个塑像也是花剌子模人。

d. 无釉塑像,衣服上有红色颜料的痕迹。

承蒙芝加哥艺术研究提供,波特·帕尔默(Potter Palmer)藏品。

这些塑像和多伦多的非常相似,除了在高度上略有差异外,就像是一个模子里做出来的。它们是用两片垂直的模子夹合制作而成,胳膊则是按照不同的角度添加上去。卷发根本不是汉人的,反而令人想起奥林匹亚山上宙斯神庙西侧石雕中的拉皮斯人(Lapith)。[1] 即使在艺术的希腊化时期,模仿早期古风的现象也很常见;在晚至 4—5 世纪的咀叉始罗石雕头像上也可以见到这种"帽子似的卷发"(cap of curls)。[2] 在中亚地区的泥塑中也可以见到这种希腊的主题,诸如勒柯克《雕塑艺术》,同前,图版 26。

图版 24:昆仑男孩与青年马夫

a. 与 b. 与图版 22 中的那些类似的塑像。无釉,有颜料痕迹。10 英寸高。可以看出塑像身上印度式的褶子衣料以及卷发,表明塑像是用同一个模子制作的;塑像 b 的腿和脚部很厚,说明在用模子夹合的时候技艺还不够熟练(塑像 b 比 a 要宽 1/4 英寸)。白陶,头部有上釉的痕迹。带有粉红色、红色和绿色的彩绘。

c. 舞伎或带队者,与塑像 d 相像,躯干上多一块褶子衣料,但是没有像 d 那样带有项链、手镯和脚镯。其头发虽然和 a 和 b 那样的发卷不同,但显然也是卷发。部分部位带有黄绿色透明釉。111/8 英寸高。

d. 昆仑类型的击鼓男孩。其躯干、褶子衣料和佩戴的首饰都是印度式的。面部和卷发近似巴兰班南(Prambanan)的爪哇人。塑像的姿势说明他正手执鼓槌,准备敲击可能挂在脖子上的一面鼓,这与敦煌壁画中的那个带队人物的姿态是一样的。在壁画和寺院幡画中,这些人物的肤色都是黑的。无釉塑像,带有黑色和金色的颜料痕迹。103/4 英寸高。

承蒙多伦多皇家昂塔利奥博物馆提供。

201

---

〔1〕参见皮卡德(Picard,C).:《考古学手册》,巴黎,1939 年,第二卷,图 99。
〔2〕罗兰《西北印度的希腊传统》,同前,图 5。

图版 25：昆仑鼓手

a. 与 b. 击鼓男孩,卷发的黑皮肤属于南方类型(参见正文中有关昆仑的讨论)。其躯干、褶子衣料和佩戴的首饰都是印度式的;卷曲的头发说明应当是卷发。无釉塑像,带有颜料的痕迹。9 1/2 英寸高。

承蒙堪萨斯城的尼尔森艺术陈列馆提供。

c. 类似的塑像,手臂的安装角度有所不同;左侧脚后跟抬起。通体绿釉。11 英寸高。

承蒙芝加哥艺术研究提供,波特·帕尔默(Potter Palmer)藏品。

图版 26：盖子上带有禽鸟主题的盒子

蓝底金色和银色彩绘。《正仓院藏品图录》,第九卷,图版 6。

图版 27：于阗权贵

a. 贸易南道生活的文官类型。前额后倾,目距较宽,眼球突出,阔鼻孔,厚嘴唇。无釉,深灰色粗陶;胎体中空,体内使用一大块木头模制的印记仍然清晰可见。袖子上绘以绿色颜料,外衣则是红色的。衣服下可见黄褐色与白色。24 1/2 英寸高。

b. a 的细部。

承蒙瓦伦·寇克斯(Warren E. Cox)副馆长提供。

图版 28：两名权贵,其中一个来自于阗

a. 于阗人类型的文官。身体上有白色、绿色、黄色和棕色釉。头部无釉。塑像面部蹙额上那深深的皱纹,类似于哈达具有希腊化风格的模式化人物头部(巴托克前引书,图版 42、63b 与 c、87c),呾叉始罗的石雕头像(罗兰前引书,图 5),呾叉始罗的早期雕塑(同上,图 1),以及公元一世纪卡利亚(Caria)的阿芙洛迪西亚斯(Aphrodisias)(同上,图 2)[1]。32 3/4 英寸高。

b. 回鹘人类型的文官。身上有白色、绿色、黄色和棕色釉。头部无釉。33 英寸高。

──────────────

〔1〕汉译者按:卡利亚(Caria),地名,位于今葡萄牙境内;阿芙洛迪西亚斯(Aphrodisias),古希腊神话中的爱与美神。

237

承蒙大都会艺术博物馆提供。

图版29：于阗青年

a. 白陶塑像,至腿部敷有透明亮釉。卷发、袖子和腰带等部位带有黑色颜料的痕迹。腰带是一块宽布,在背后结扣。其面部与呾叉始罗的男子塑像相像(约翰·马歇尔爵士,《印度考古综述,1929—1930年度报告》,图版14,3)。该男子张口露齿,眼部瞳孔明显下斜,目距较宽,高鼻梁、阔鼻孔,后倾的前额很低。巴米扬发现的另一个头像(哈金,《巴米扬新探》,同前,图版66,图77)也外观相似,诸如刘海卷曲、目距较宽、张唇露齿等。所有这些非汉的特点都显示出希腊—罗马因素对唐代艺术的影响。这名青年面带酒窝,表情愉悦,显示出当时于阗居民的随和性格。

b. a的侧面。101/2英寸高。

承蒙多伦多皇家昂塔利奥博物馆提供。

202　图版30：打马球者

4名骑马俑共同在参加当时流行于唐朝和于阗的这种体育活动。无釉,有颜料痕迹。平均高度为10英寸。

承蒙堪萨斯城的尼尔森艺术陈列馆提供。

图版31：身穿羃䍠斗篷的仕女

初唐塑像,无釉,敷有白色釉泥,带有红色、粉红色和黑色颜料痕迹。

141/2英寸高。

作者藏品。

图版32：北魏百戏俑

a. 无釉塑像。91/2英寸高。

b. 与c. 无釉塑像。101/2英寸高。

个性鲜明,但仍然没有刻意表现写实的躯体。

承蒙堪萨斯城的尼尔森艺术陈列馆提供。

图版33：北魏随葬侍从俑

a. 士卒、乐伎等侍从俑。

灰陶,无釉,红色和白色釉泥。

立俑 8 英寸高。

手执盾牌的武士俑,71/4 英寸高。

身穿斗篷的侍从俑,71/4 英寸高。

牛车,81/2 英寸高。

骑马卫士俑,91/2 英寸高。

所有塑像都是空心的。

b. a 的局部。

承蒙东方美术公司提供。

图版 34:男身女首塑像和类似的男性塑像

a. 带釉的躯体与无釉的头部组合,溅泼至后颈部的釉证明唐代是这样制作塑像的。绿色与黄色釉。

b. 男性塑像,可能是用同一模子做的,靴子、胳膊、头部以及腰带上的带囊则是加上去的。

头部与西域马夫属于同一类型,辫发盘于脑后。101/2 英寸高。

承蒙多伦多皇家昂塔利奥博物馆提供。

图版 35:唐代随葬侍从俑

两名权贵。

两名武士(天王)。

两峰骆驼和 3 名商队成员。

两匹马和一名马夫。

两个土地神(Earth Spirits,镇墓兽?)。

多色釉。

承蒙芝加哥艺术研究所提供,波特·帕尔默(Potter Palmer)藏品。

图版 36:六朝时期的士卒

灰陶塑像,无釉,15 英寸高。

承蒙多伦多皇家昂塔利奥博物馆提供。

图版 37:身着铠甲的中亚士卒以及初唐的武士

a.与 b. 身着铠甲的中亚士卒。用布纤维加固的阿斯塔纳类型陶制塑像。局部有红色、黄色、蓝色和白色的颜料。无釉。在人种上属于带有东伊朗人成分的吐火罗人。含底座高 131/8 英寸。

c. 初唐武士,身着薄盔甲和铠甲裙。可能出自河南。塑像部分带釉,带有彩绘颜料。盔甲被绘成红色,并带有金色、黑色和一点绿色的高光。面部无釉;眉毛绘得很黑,长胡须末端卷曲;一个黑点表示下巴上的胡子。在人种上属于混有阿尔泰血统的吐火罗人。10 英寸高。

承蒙波士顿美术博物馆提供。

图版 38:唐代的士卒

a. 半身武士塑像。浅色釉。121/2 英寸高。

b. 全身武士塑像,与 a 很相像。盔甲局部在浅色釉上敷加有红色、绿色和黑色颜料。261/2 英寸高。

源自希腊艺术的夸张蹙额已经变成了一条线状的主题。

类似"心理战"的狞厉表情曾在中国和日本都流行过。

承蒙多伦多皇家昂塔利奥博物馆提供。

c. 级别略低的士卒。身着薄甲和铠甲的黄釉塑像。头盔紧扣在头上。脸庞类似在哈达发现的西亚人,很像希腊艺术中的高卢人(参见拜因科夫斯基,Bienkowski,P. R. von:《希腊艺术中的高卢人形象》,Die Darstellungen der Gallier in Hellenistischer Kunst,维也纳,1908 年。图 24 a,第 18 页),也许就是据灰泥头像判断活动在阿富汗斯坦的众多加里西亚人(Galicians),参见斯坦因《亚洲腹地考古图记》,同前,第三卷,图版 5。高度为 22 英寸。

d. 身躯部分与 c 很相像,可能是同一个模子做出来的。黄釉,盔甲上也有红颜料。头戴兽首盔;脸庞很像哈达的男子(格鲁塞,《希腊与中国》,第 46 页)。

22 英寸高。

承蒙堪萨斯城的尼尔森艺术陈列馆提供。

图版 39:天王

四方守护神之一,原为佛教的神祇,被作为唐代随葬侍从俑的一部分。盔甲与唐朝武将穿的很相像。面部怪异,就像于阗陶工制作的半兽半人（蒙代尔前引书，图版 7,8 以及第 173 页图 4,a 与 b）。无釉塑像。28 英寸高。

承蒙堪萨斯城的尼尔森艺术陈列馆提供。

图版 40：侍卫或士卒

身着复合盔甲的塑像，无釉，未经烧制的颜料绘出精美的图案。面部怪异，看起来更像是神怪而不是士卒。261/2 英寸高。

承蒙东方美术公司提供。

图版 41：8 世纪仕女 204

彩绘陶像，用一块实心红陶制成，面部和衣服上敷有白色和红色的颜料，头发上则是黑色的。丰腴类型，身上穿的衣服原本是一个苗条女孩的，在此进行了裁剪。这种服饰一直存在到 9 世纪。14 英寸高。

承蒙东方美术公司提供。

图版 42：彩绘弓盒上的百戏和乐伎

在一只弯弓上彩绘的微小人物身上可以看到各种短袍、靴子和帽子。

正仓院藏品。原田《正仓院皇家珍宝图录》第八卷，图版 40。

图版 1　汉人仕女。西汉或东汉时期。

图版 2，a、b。闪米特商人。六朝时期。

图版 2，c、d。闪米特商人。唐代。

图版 3，a。亚美尼亚卖酒者。唐代。

图版 3，b。亚美尼亚卖酒者（a 侧面）。

图版 3，c。亚美尼亚卖酒者。唐代。

图版 3，d。亚美尼亚卖酒者（c 正面）。

图版 3，e。亚美尼亚卖酒者。唐代。

·欧·亚·历·史·文·化·文·库·

图版 4　萨珊波斯耶兹德格二世的碗。5 世纪。

图版 5,a。足蹬高筒靴的西亚人。

图版 5，b。闪米特人。唐代。

图版 6，a、b。回鹘"养鹰者"。唐代。

·欧·亚·历·史·文·化·文·库·

图版6，c。牵驼者。唐代。

图版7，a。宫廷女舞伎与乐伎。初唐。

图版 7，b。图版 7a 中的舞伎。

图版 7，c。舞伎与乐伎。初唐。

图版 8　身着 8 世纪服饰的汉人仕女。

图版 9　回鹘官吏。唐代。

图版10　4名高昌乐伎与花剌子模青年。唐代。

11　宫廷权贵。唐代。a. 于阗人或南亚人。b. 回鹘人。

图版 12，a。吐火罗男子。唐代

图版 12，b。高昌男子，汉人—吐火罗人类型。初唐。

图版 12,c。粟特马夫。唐代。

图版 12,d。男仆,吐火罗——阿尔泰人类型。唐代。

·欧·亚·历·史·文·化·文·库·

图版 12,e。吐火罗士卒。

图版 13　龟兹乐伎与舞伎。初唐。

图版 14　7 世纪墓中出土的乐伎。

图版 15　吐火罗女骑手。初唐。a. 带帷帽者。b. 去掉帽子者;面纱头饰。

·欧·亚·历·史·文·化·文·库·

图版 15,c。戴帷帽的吐火罗女骑手。初唐。

图版 16　身着龟兹风格服饰的汉人女子。初唐。

图版 17,a。疏勒地毯商。唐代。

图版 17,b。疏勒小贩。唐代。

图版 18,a。西突厥(阿尔泰)马夫。唐代。

图版 18,b。混血类型的马夫与马匹。7 世纪。

图版 19,a。伊朗东北的商队男子与骆驼。7世纪。

图版 19,b、c。图版 19a 中的商队男子（局部）。

·欧·亚·历·史·文·化·文·库·

图版 20　高加索—伊朗类型的男子。唐代。a. 马夫；b. 权贵。

图版 21，a。花剌子模人与牛车。初唐。

图版 21,b。花剌子模人与牛车。初唐。

图版 22,a。花剌子模骑手与灰狗。初唐。

图版 22，b。阿尔泰—花剌子模人。初唐。

图版 23，a、b。卷发青年马夫。唐代。

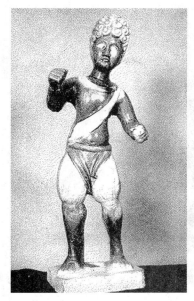

图版 23,c、d。卷发青年马夫。唐代。

图版 24,a、b。卷发青年马夫。唐代。c、d 东南亚的舞伎与鼓手。唐代。

·欧·亚·历·史·文·化·文·库·

图版 25,a、b、c。东南亚鼓手。唐代。

图版 26　蓝底金银彩绘图案盒。8 世纪。正仓院。

图版 27，a、b。于阗权贵。唐代。

图版 28 权贵。唐代。a. 于阗类型的文官。b. 回鹘类型的文官。

265

・欧・亚・历・史・文・化・文・库・

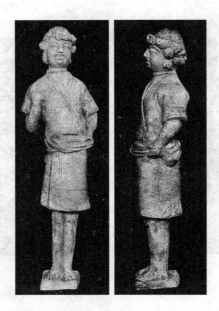

图版29,a、b。于阗青年。初唐。

图版30　打马球女俑。唐代。

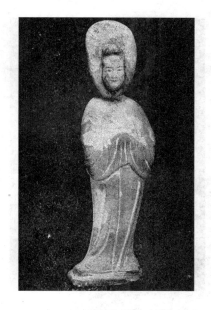

图版 31　身着羃䍦斗篷的女子。初唐。

图版 32，a、b。六朝时期的百戏俑。

图版 32,c。图版 32 之 b。

图版 33,a。随葬侍从俑。六朝时期。

图版 33，b。图版 33 a 中的塑像（局部）。

图版 34，a. 男身女首俑；b. 西亚男子。

·欧·亚·历·史·文·化·文·库·

图版 35　唐代随葬俑。

图版 36　士卒。六朝时期。

图版 37,a、b,中亚士卒;c,初唐武士,阿尔泰—吐火罗类型。

图版 38,a、b。军官。唐代。

·欧·亚·历·史·文·化·文·库·

图版 38，c、d。士卒。唐代。

图版 39 天王。唐代。

图版 40　侍卫或士卒。唐代。　　　　图版 41　汉人仕女。8世纪。

图版 42　彩绘弓盒上的百戏与乐伎。8世纪。正仓院。

·欧·亚·历·史·文·化·文·库·

地图 1

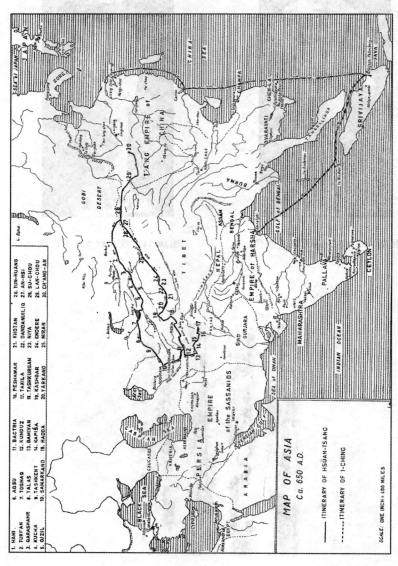

650 年前后的亚洲地图（示意图）

地图 2

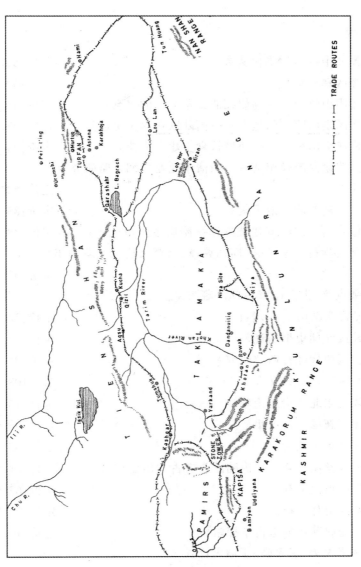

丝绸之路地图（示意图）

·欧·亚·历·史·文·化·文·库·

欧亚历史文化文库

已经出版

林悟殊著:《中古夷教华化丛考》	定价:66.00 元
赵俪生著:《弇兹集》	定价:69.00 元
华喆著:《阴山鸣镝——匈奴在北方草原上的兴衰》	定价:48.00 元
杨军编著:《走向陌生的地方——内陆欧亚移民史话》	定价:38.00 元
贺菊莲著:《天山家宴——西域饮食文化纵横谈》	定价:64.00 元
陈鹏著:《路途漫漫丝貂情——明清东北亚丝绸之路研究》	
	定价:62.00 元
王颋著:《内陆亚洲史地求索》	定价:83.00 元
〔日〕堀敏一著,韩昇、刘建英编译:《隋唐帝国与东亚》	定价:38.00 元
〔印度〕艾哈默得·辛哈著,周翔翼译,徐百永校:《入藏四年》	
	定价:35.00 元
〔意〕伯戴克著,张云译:《中部西藏与蒙古人	
——元代西藏历史》(增订本)	定价:38.00 元
陈高华著:《元朝史事新证》	定价:74.00 元
王永兴著:《唐代经营西北研究》	定价:94.00 元
王炳华著:《西域考古文存》	定价:108.00 元
李健才著:《东北亚史地论集》	定价:73.00 元
孟凡人著:《新疆考古论集》	定价:98.00 元
周伟洲著:《藏史论考》	定价:55.00 元
刘文锁著:《丝绸之路——内陆欧亚考古与历史》	定价:88.00 元
张博泉著:《甫白文存》	定价:62.00 元
孙玉良著:《史林遗痕》	定价:85.00 元
马健著:《匈奴葬仪的考古学探索》	定价:76.00 元
〔俄〕柯兹洛夫著,王希隆、丁淑琴译:	
《蒙古、安多和死城哈喇浩特》(完整版)	定价:82.00 元
乌云高娃著:《元朝与高丽关系研究》	定价:67.00 元
杨军著:《夫余史研究》	定价:40.00 元

276

梁俊艳著:《英国与中国西藏(1774—1904)》　　　　定价:88.00 元

〔乌兹别克斯坦〕艾哈迈多夫著,陈远光译:

　《16—18 世纪中亚历史地理文献》(修订版)　　定价:85.00 元

成一农著:《空间与形态——三至七世纪中国历史城市地理研究》

　　　　　　　　　　　　　　　　　　　　　　　　定价:76.00 元

杨铭著:《唐代吐蕃与西北民族关系史研究》　　　定价:86.00 元

殷小平著:《元代也里可温考述》　　　　　　　　定价:50.00 元

耿世民著:《西域文史论稿》　　　　　　　　　　定价:100.00 元

殷晴著:《丝绸之路经济史研究》　　　定价:135.00 元(上、下册)

余大钧译:《北方民族史与蒙古史译文集》　　定价:160.00 元(上、下册)

韩儒林著:《蒙元史与内陆欧亚史研究》　　　　　定价:58.00 元

〔美〕查尔斯·林霍尔姆著,杨军译:《伊斯兰中东——传统与变迁》

　　　　　　　　　　　　　　　　　　　　　　　　定价:75.00 元

〔美〕J. G. 马勒著,王欣译:《唐代塑像中的西域人》　定价:58.00 元

顾世宝著:《蒙元时代的蒙古族文学家》》　　　　定价:42.00 元

敬请期待

周伟洲著:《西域史地论集》

杨铭编:《国外敦煌学、藏学研究——翻译与评述》

〔俄〕T. Б. 巴尔采娃著,张良仁、李明华译:

　《斯基泰时期的有色金属加工业——第聂伯河左岸森林草原带》

李鸣飞著:《玄风庆会——蒙古国早期的宗教变迁》

马小鹤著:《光明的史者》

许全胜著:《黑鞑事略汇校集注》

张文德著:《朝贡与入附——明代西域人来华研究》

尚永琪著:《胡僧东来——汉唐时期的佛经翻译家和传播人》

筱原典生著:《西天伽蓝记》

桂宝丽著:《可萨突厥》

张小贵著:《祆教史考论与述评》

贾丛江著:《汉代西域汉人和汉文化》

王冀青著:《斯坦因的中亚考察》

·欧·亚·历·史·文·化·文·库·

王冀青著:《斯坦因研究论集》

王永兴著:《敦煌吐鲁番出土唐代军事文书考释》

薛宗正著:《汉唐西域史汇考》

李映洲著:《敦煌艺术论》

牛汝极著:《新疆文化的现代化转向》

蓝琪著:《16—19世纪中亚各国与俄国关系论述》

许序雅著:《唐朝与中亚九姓胡关系史研究》

叶德荣著:《汉晋胡汉佛教论集》

〔俄〕波塔宁著,〔俄〕奥布鲁切夫编,吴吉康译:《蒙古纪行》

王颋著:《内陆亚洲史地求索》(续)

〔德〕施林洛甫著,刘震译校:《叙事和图画
————欧洲和印度艺术中的情节展现》

王冀青著:《斯坦因档案研究指南》

刘雪飞著:《上古欧洲斯基泰文化巡礼》

汪受宽著:《骊轩梦断——古罗马军团东归伪史辨识》

〔前苏联〕巴托尔德著,张丽译:《中亚历史》

徐文堪编:《梅维恒内陆欧亚研究文选》

〔前苏联〕К.А.阿奇舍夫、Г.А.库沙耶夫著,孙危译:
《伊犁河流域塞人和乌孙的古代文明》

徐文堪著:《古代内陆欧亚的语言和有关研究》

刘迎胜著:《小儿锦文字释读与研究》

李锦绣编:《20世纪内陆欧亚历史文化研究论文选粹》

周晶著:《纷扰的雪山》

李锦绣、余太山编:《古代内陆欧亚史纲》

郑炳林著:《敦煌占卜文献叙录》

陈明著:《出土文献与早期佛经词汇研究》

李锦绣著:《裴矩〈西域图记〉辑考》

王冀青著:《犍陀罗佛教艺术》

王冀青著:《敦煌西域研究论集》

李艳玲著:《公元前2世纪至公元7世纪前期西域绿洲农业研究》

许全胜、刘震编:《内陆欧亚历史语言论集——徐文堪先生古稀纪念》

张小贵编:《三夷教论集——林悟殊先生古稀纪念》

李鸣飞著：《横跨欧亚——马可波罗的足迹》

杨林坤著：《西风万里交河道——明代西域丝路上的使者与商旅》

杜斗诚著：《杜撰集》

林悟殊著：《华化摩尼教补说》

王媛媛著：《摩尼教艺术及其华化考述》

〔日〕渡边哲信著，尹红丹、王冀青译：《西域旅行日记》

李花子著：《长白山踏查记》

王冀青著：《佛光西照——欧美佛教研究史》

王冀青著：《霍恩勒与鲍威尔写本》

王冀青著：《清朝政府与斯坦因第二次中国考古》

芮传明著：《摩尼教东方文书校注与译释》

马小鹤著：《摩尼教东方文书研究》

段海蓉著：《萨都剌传》

〔德〕梅塔著，刘震译：《从弃绝到解脱》

郭物著：《欧亚游牧社会的重器——鍑》

王邦维著：《玄奘》

冯天亮著：《词从外来——唐代外来语研究》

芮传明著：《内陆欧亚中古风云录》

王冀青著：《伯希和敦煌考古档案研究》

王冀青著：《伯希和中亚考察研究》

李锦绣著：《北阿富汗的巴克特里亚文献》

〔日〕荒川正晴著，冯培红译：《欧亚的交通贸易与唐帝国》

孙昊著：《辽代女真社会研究》

赵现海著：《明长城的兴起
　　——"长城社会史"视野下明中期榆林长城修筑研究》

华喆著：《帝国的背影——公元 14 世纪以后的蒙古》

〔前苏联〕伊·亚·兹拉特金著，马曼丽译：《准葛尔汗国史》(修订版)

杨建新著：《民族边疆论集》

〔美〕白卖克著，马娟译：《大蒙古国的畏吾儿人》

余太山著：《内陆欧亚史研究自选论集》